国学系列公开课

墨子公开课

李守信
邵长婕
主编

商务印书馆
创于1897
The Commercial Press

2018 年·北京

图书在版编目(CIP)数据

墨子公开课/李守信,邵长婕主编.—北京:商务印书馆,2018(2018.11重印)
(国学系列公开课)
ISBN 978-7-100-16029-2

Ⅰ.①墨… Ⅱ.①李… ②邵… Ⅲ.①墨家 ②《墨子》—通俗读物 Ⅳ.①B224-49

中国版本图书馆 CIP 数据核字(2018)第 067822 号

墨子公开课

李守信　邵长婕　主编

商 务 印 书 馆 出 版
(北京王府井大街 36 号　邮政编码 100710)
商 务 印 书 馆 发 行
北京中科印刷有限公司印刷
ISBN 978-7-100-16029-2

2018 年 6 月第 1 版　　　　开本 880×1230　1/32
2018 年 11 月北京第 2 次印刷　印张 11½　插页 5
定价:49.00 元

墨子像

杨向奎题写墨子诞生地石碑

任继愈题写墨子故里石碑

墨子纪念馆名人石刻碑廊

墨子纪念馆

墨子纪念馆墨子半身像

墨子纪念馆目夷亭

滕州市墨子文化广场墨子圣迹图

滕州市墨子研究中心全景图

第十一届国际墨子鲁班学术研讨会"儒墨高端对话"

国学系列公开课

策划

光明日报·国学版

中共滕州市委

滕州市人民政府

山东大学儒学高等研究院

滕州市墨子研究中心办公室

编委会

李守信　董沂峰　远义彬　王学典　梁　枢　刘　光

张宪依　邵长婕　张庆军　颜玉明　张西锋

主编

李守信　邵长婕

作者（按音序排列）

陈克守　郭齐勇　姜宝昌　李存山　李贤中　廖名春

秦彦士　孙中原　谭家健　薛柏成　颜炳罡　杨武金

前言

　　《墨子公开课》是滕州市委、市政府主办，由《光明日报》社国学版策划，山东大学儒学高等研究院作为教学单位，滕州市墨子研究中心办公室承办的国学系列公开课之一。本书是在墨子公开课课堂录音稿基础上整理而成的演讲体书稿。

　　墨子是我国伟大的思想家、科学家、教育家、军事家及社会活动家，墨子创立的墨家学说与儒家学说并称为"显学"，是中华优秀传统文化的重要组成部分，其科学成就及"摩顶放踵利天下而为之"的精神，对中国社会发展和中华民族精神的塑造具有深远的影响。墨子主张的"兼爱非攻"，在今天和平与发展的时代，仍然代表了世界各国人民的利益与期待。墨家倡导勤劳节俭，在我们提倡廉政，强调政德，反对奢靡之风的今天，对全社会及每位干部来说，墨家的俭德与勤德都是榜样。

　　二十多年来，滕州市委、市政府立足自身的文化特色，不断挖掘、传承、整合墨学研究资源，营造浓厚的墨学研究氛围,努力打造"墨子故里"这一独具特色的文化品牌。特别是党的十八大之后,培育和弘扬社会主义核心价值观必须立足中华优秀传统文化已经成为全社会共识。中华传统文化是中华民族生生不息、发展壮大的丰厚滋养,也是我们今天全面深化改革和推进社会主义现代化建设的强大精神力量。习近平同志在全国哲学社会科学工作座谈会上指出:"我们说要坚定中国特色社会主义道路自信、理论自信、制度自信,说到底要坚持文化自信";"文化自信是更基础、更广泛、更深厚的自信,是更基本、更深沉、更持久的力量";"坚定文化自信是事关国运兴衰,事关文化安全,事关民族精神独立的重大问题"。滕州作为全国最早一批坚定坚持文化自信,把挖掘、传承、弘扬、普及优秀传统文化作为发展动力之一的城市,如今的滕州更是在市委、市政府的带领下,在总结以往经验的基础上,整合资源,创新平台,把墨子公开课开到墨子故里,大力宣讲推广墨家文化,努力讲清楚墨家文化的历史渊源、发展脉络,讲清楚墨家文化的独特创造、价值理念、鲜明特色。让墨子故里的领导干部和群众以及全社会更多的了解博大精深的墨家文化,在全社会营造了浓郁的学习传承弘扬优秀传统文化的氛围,这对于培育墨子故里特有的人文素养,提升全社会的文化自觉和文化自信,延续中华优秀传统文化的文脉精神,必将产生深远的影响。

墨子公开课这一创新形式,是贯彻落实党的十八大及三中、四中、五中全会精神的重要举措,也是创新国学教育模式,全面整合各方优势资源,并转化成可为社会大众共享的公共文化资源的具体体现。墨子公开课的各位讲课教师,均为国内外著名大学的知名教授及墨子研究领域的专家,他们治学严谨、学养深厚,他们的授课受到了学员们的热烈欢迎和期待,不仅吸引了墨子故里的干部群众,也吸引了河北、广东、河南、陕西、湖北、北京、上海等其他省市的墨学爱好者前来聆听。

习近平总书记强调,"要充分发挥优秀传统文化教化人、培育人的作用,塑造中国心、民族魂,助推中国梦的实现"。墨子公开课的实践与成功表明中国人的思想和文化需要用中国人自己的方式表达,并也只能用中国人的方式才能表达清楚。墨子公开课作为又一个弘扬中华传统文化的成功案例,对进一步推动学习、研究、弘扬、宣传墨子思想,不断提升墨子思想在学术界的重要地位和影响力奠定了坚实基础,为早日实现中华民族伟大复兴的中国梦提供了强大的精神动力。

编　者

2016 年 11 月 6 日

目录

第一讲 墨学概观

郭齐勇

内容提要：概述墨子其人其书与墨家学派；综论墨子以"兼爱"为中心的十大社会政治主张；介绍墨家的认识论与科学成就；讨论墨家的逻辑学，即以辩学为中心的"名""辞""说""辩"系统；总说墨子、墨家学派在中国哲学思想史乃至世界文化史上的地位、贡献、影响与现代意义。

一、墨子其人其书与墨家学派

墨子其人，在座各位都比我更清楚。他叫墨翟，出生于春秋末战国初。他是伟大的思想家、哲学家、教育家、科学家、军事家。关于他的籍贯，也是众说纷纭，有楚人说、鲁人说、宋人说，多种说法。大体上学者们肯定他是宋国大夫，长期生活在鲁国（鲁东地区）。墨子说自己是"上无君上之事，下无耕农之难"，也就是说他可能是有一定的文化身份，又接近"农与工肆之人"的士。他早年学习儒术，也是从儒家过来的，但是不满意周礼的繁文缛节,他自创了学派。

墨子师徒组成的是宗教性、政治性的社团。他奔走于齐、鲁、宋、楚、魏诸国。大家看当时的地图,当时没有高铁、没有飞机,非常艰难。孟子也不得不承认、不得不肯定"墨子兼爱,摩顶放踵利天下为之"。可见儒家学派虽然批评墨家学派,两派之间有一些不同,但他们是同源的伟大的思想流派。

据说,公输班为楚国制造了云梯,准备攻打宋国。墨子听到这一消息,从齐国出发,星夜兼程,十天赶到楚国的郢都(江汉平原)。大家想想这是很不简单的,像飞一样,那个时候路很不好走,从齐国一直到楚的郢都,还有山河的阻隔,非常不容易。他十天就赶到了,把鞋子也走破了,裂裳裹足。他同时向楚王宣讲"兼爱""非攻"的道理,在楚国演示了自己守城的方法,公输班比不过他。所以墨子告诉楚王,他说城中弟子300人已经拿着守城的武器在宋城等待楚寇矣。楚王不得不放弃攻打宋国的主张、计划。这也是历史上非常著名的墨子止楚攻宋的故事,是大家耳熟能详的。另外他还阻止了鲁阳文君攻打郑国和宋国。我们知道春秋战国时期有很多的战争。墨子后来又来到了楚国,南游到楚都,献书给楚惠王。楚惠王欣赏这是"良书"(很好的书),但是不准备实行。所以他就拒绝了楚惠王给的一些优厚的待遇。他的意思是说,"道不行不受其赏,义不听不处其朝",如果你不听我主张的话,就是高官厚禄我也不受。

墨子的"墨"、墨家的"墨",当然是因为墨子叫墨翟,姓墨。

"墨"字怎么来？据文字学家们说，"墨"字有三种含义：一种含义是木匠用绳墨；一种是墨刑，过去在脸上刺，很残酷；还有墨瘠，贫穷、贫贱。所以墨子一生"以自苦为极"，向往大禹精神。墨家学派有很多很多的首领，叫"巨子"，都是能够吃苦耐劳，脸上黢黑，胫无毛，沐雨栉风，非常了不起的一些人。所以墨家和其他学派不一样，基本上是以手工业者、下层人士甚至刑徒等组成的。他们具有宗教色彩，也是学术团体。他们穿的是布衣草鞋，生活勤俭。他们到各国从事宣传活动，都要遵守墨家的纪律，推行墨家的主张，而且还要向团体缴纳一定的钱财。墨家都能够仗义执言、见义勇为、赴汤蹈火、死而后已。墨家的巨子像孟胜为了守义，死于阳城君的封地。他的弟子徐弱先孟胜徇死，所有弟子共死 183 人。墨家的巨子腹䵍居于秦国，他的儿子杀了人，秦惠王免死。腹䵍说，我们墨家有墨家的法律，按法律他一定要被处死。墨家学派就是由这样一些非常有奉献精神的下层劳动者组成的团体。

　　孟子说："杨朱、墨翟之言盈天下，天下之言不归杨，则归墨。"杨朱是极端的利己主义者，墨翟是伟大的利他主义者。当时有一阵子是杨墨两家的主张在中原流行。韩非子的《显学篇》讲，当时的"显学"（就是最热闹的学问，信众最多的学问）无非两家：一家是儒学，一家是墨学。"儒之所至，孔丘也；墨之所至，墨翟也。孔子、墨子俱道尧舜，而取舍不同。"他们都自谓真尧舜，自己说自己是真正奉行尧舜主张的门徒。可见当时儒墨两家成为显学，他们有共同性，也有区别性。当时社会影响力极大,足以和孔子儒家来相比肩的是墨家学派。儒墨的区别在于,墨子之学出于夏礼,孔子之学出于周礼。但他们同样尊重尧舜,都有很高的道德追求标准。墨子对《诗》《书》之教颇有修养,他反对的只是烦琐的、形式化的礼乐。

墨家活动的时期大概有两个世纪,二百年,墨子之后的传衍不太可信。《吕氏春秋》讲,孔墨"皆死久矣,从属弥众,弟子弥丰,充满天下"。关于墨家学派,《韩非子》讲,"墨离为三"。墨子去世以后墨家学派分成了三派,有相里氏之墨,有相夫氏之墨,有邓陵氏之墨。《庄子·天下》提到墨子,讲到南方的学派,比方说有苦获、己齿、邓陵子。他们以自己为中心,互相称别人为"别墨"。墨家学派在中原地区的确有很大的发展。他们拥有侠义精神,多勇武之士。墨家善于运用概念、判断、推理的逻辑方法和辩证思维来批驳论敌。因此,墨学含有"侠"义和"辩"义。还有人说墨家学派有游侠派、论辩派、游仕派。说法当然还有很多很多。

墨子其书。《汉书·艺文志》是当时最好的图书目录,那时候记载有七十一篇,宋以后实际只有五十三篇,也就是今本《墨子》,这些书都放到《道藏》里面。如果不是清代学者的整理,我们今天就看不懂墨子的书,特别是后期墨家的《墨经》。《墨经》有所谓"旁行",什么叫"旁行"?《墨经》的"经、说"是两部分,过去用竹简、木简抄写时,是作为上下段两段抄的。上段写的是经文,下半段写的是说文(解释的文字)。后人不知道是旁行结构,把这两段抄在一起,没有办法来句逗和断句,就引说来辅助。清毕沅校注才指出旁行句逗。《墨经》经过清毕沅、张惠言、孙诒让整理校释,又有梁启超《墨经校释》、谭戒甫《墨辩发微》、高亨《墨经校释》等。所以墨学的复兴,是自此以后才开始的。

根据梁启超、胡适之、方授楚等人的研究,大体上这五十三篇文章可以分为五类。今本的《墨子》大概有五个方面的主要内容:

第一类,是卷一的《亲士》《修身》等七篇。墨家的数传弟子利用墨子某一言论来论述自己的主张。这是墨子的后学论述自己主张的一卷七篇,这是第一类。

第二类,是最重要的内容,包括从卷二到卷九的《尚贤》《兼爱》《非攻》《尚同》等,各分上、中、下,共二十四篇。十大主张,如果每一种有三篇的话就是三十篇,现在只有二十四篇。这是墨子思想的大汇集,这是第二类书。为什么是三篇呢?有人认为是三部,墨家的三派,"墨离为三",对墨子的传承不一样。墨子讲"兼爱",三派各有自己的一种记录。这是一种说法。大同小异的三种文本,大体上是三派的记录。陈柱认为,墨子随地演说,弟子各有记录,详略不同,古人以"三"为成数,所以编书者仅成三篇。这大概是两种不同的说法,意思都是墨子主要思想的记录,但是记录有所不同。这二十四篇是《墨子》的核心内容。它是二传、三传弟子驳斥其他的非墨学派而写的文章,或者是对墨子的思想言论的记录,体现了墨子主要的社会政治思想,也就是十义。下面我们会说到这十大主张。

第三类，就是前面提到整理最难的、最不容易读懂的所谓"墨经"，也叫"墨辩"。《经》有上下篇，《经说》也有上下篇。《经说上》是解释《经上》的，《经说下》是解释《经下》的。还有《大取》《小取》，一共有六篇。这一类文字是所谓"墨经"，有的叫"墨辩"，其实胡适之把它分开讲，也不对。学者现在一般认同《经》和《经说》上下应该是墨子自著或者演说而成的，主要是墨子的思想，而《大取》《小取》才叫"墨辩"，是后期墨家辩者逻辑学的思想。清末以来，迎合西方思想，接纳西方文化，墨子、墨学大兴，就是因为其有墨经、墨辩之说。喝洋墨水、学习西方的学者，觉得这就是我们的逻辑学，而且比古希腊的逻辑学水平还要高。

第四类，从卷十一到卷十三《耕注》等，有五篇文字。他是墨子言论、行迹的记录，有点类似《论语》的最后一篇《乡党》。它是墨子门人写的。

最后一类著作，包括卷十四《备城门》等，还有卷十三一部分，一共有十一篇文字。主要内容是城市守备的方法，包含有某些兵家之言。李学勤先生认为，这是在秦之墨者所言。

另外，除了传世《墨子》之外，还有出土文献。1956年，在河南信阳长台关楚墓里面出土了《墨子》的佚篇，这也可供我们参读。大家可以看李学勤先生的书。

二、 墨子以"兼爱"为中心的十大主张

当然,关于墨子的中心思想,有人认为就是"义",我们认为还是"爱"。世界上大的宗教文化思想无不以"爱"来立教。墨教就是"兼爱"之教,儒教就是"仁爱"之教。当然,基督教有博爱的学说,伊斯兰教也有仁爱的学说,佛教有慈悲的学说等等。这都是以爱来立教的。

墨子思想很丰富,总体上是"兴天下之利,除天下之害"。他的十大主张,表面看来有一些矛盾,但是这些治国方略是为救治列国的病态准备的,针对某国某地只需要具体情况对症下药。所以墨子教导他的弟子:各位,你们到列国去,要因时因地制宜。假如这个国家的统治者昏乱,你就先从尚贤、尚同着手,把真正贤能的人放到恰当的位置上来,又要依从上面的指令。你到另外一个地方去,这个国家或地区人民很贫穷,但是统治者还在奢华地搞一些烦琐的礼仪,你就给他们宣传节葬、节用,不要厚葬,不要浪费。他是有针对性地讲。这个国家非常享乐腐化,你就宣传非乐、非命。有些国家的国君不爱民,就要讲天有意志,天爱民,鬼就在你上面,君主若违天意就要受天的惩罚。你如果到了一定要称霸的国家,他搞掠夺、搞欺凌,那你就要讲兼爱、非攻。所以他的十大主张看起来有矛盾,实际是有针对性的因时制宜的一些主张,这叫"择务而从事"。

　　墨子的核心主张是兼爱互助。当时国与国之间、家与家之间、人与人之间相互抢夺、残害，发生强凌弱、富侮贫等一系列罪恶的社会现象。这都是天下之大害也，他决心加以救治。他认为这是"不相爱"引起的。因为我们只晓得爱自己的身、家、国，而不爱他人的身、家、国。其实我们要不分你我，不分彼此，一统天下之利害好恶。他以爱人又爱己、为人又为己来解释仁德，把"兼相爱"作为仁德所追求的最高目标。他反对"别"，他讲"兼"，方法是"以兼易别"。"兼"在金文里面，就是一手握住两禾，是并举的意思，表示平等。兼爱当然不同于孔子的仁爱。儒家的仁爱思想其实也是博爱，孔子讲"泛爱众"，韩愈讲"博爱之谓仁"。儒家讲"爱有差等"，意即我对父母的爱与对兄长的爱不同，对自己父母的爱与对别人父母的爱不同。儒家主张从亲情出发，推己及人，"老吾老以及人之老，幼吾幼以及人之幼"。儒家讲"善推其所为"，这种推广是推己及人，他有一个推的、体验的过程。墨子是"爱无差等"。墨子要当下有一种奉献牺牲精神，很了不起。他要求人们对别人的爱和对自己父母的爱、对自己亲人的爱没有差别，一视同仁。"故圣人以治天下为事者，恶得不禁恶而劝爱。故天下兼相爱则治，交相恶则乱。故子墨子曰：'不可以不劝爱人者，此也。'"他说的是一种"爱无差等"的爱，他说"不可以不劝爱人者，此也"。

　　另外他又讲，我们视人家的国家好像是我的国家，人家的家庭就像我的家庭，人家的身体就像我的身体一样。所以，

"诸侯相爱则不野战,家主相爱则不相篡,人与人相爱则不相贼,君臣相爱则惠忠,父子相爱则慈孝,兄弟相爱则和调。天下之人皆相爱,强不执弱,众不劫寡,富不侮贫,贵不敖贱,诈不欺愚。"这是墨子的一种主张。我们看他和儒家的主张有交叉的部分,当然根本上还是不一样的。他之所以提出以兼为善、以兼为仁义的思想,是因为和下层老百姓讲兼爱,一定要讲互利。他说:我爱别人,别人也会爱我;我利别人,别人也会利我;你厌恶别人,人家也会厌恶你;你伤害别人,别人也会伤害你。他还是一种交换的原则,利人利己、害人害己,这是一种功利主义的交换原则。他把互爱互利的道德原则推广为一种普遍原则。他兼和义利,讲互惠互利,容易被小生产者所接受。

所以在"兼爱"基础上他要讲"非攻"。他首先指出攻占的不义,而后指出攻占的不利。无用的攻伐,夺民之用,废民之利。老百姓去打仗,你就没有粮食吃了。秋天你去打仗,你也没有办法收割粮食。你为了一时的战争、不义的战争,使老百姓饥饿冻死,不可胜数。而且战争也扰乱了天神,影响了天神之利,天神也会惩罚你。所以他是这一种讲法,这是"非攻"。

另外在"兼爱"基础之上他又讲"尚贤"。他说:"官无常贵,而民无终贱,有能则举之,无能则下之。"而且他讲,"选天下之贤可者,立以为天子"。选择贤可者,命为各级政长。他讲"尚贤",而且讲"尚同",各级领导的是非以天子的是非为是非,自上而下逐级统一。他设计了"尚同"的社会蓝图。

　　墨子特别有意思的是他讲天有意志,讲明鬼。认为天是自然、社会和人民的主宰,能赏善罚恶。"顺天意者,义政也;反天意者,力政也。"这涉及墨子的"利天""同天"之说。天是自然社会、人民的主宰,所以他要尊天事鬼。他把宗教政治化、道德化了。另外我们看到的是,儒家也尊重天,儒墨两家关于天之理解有异有同。希望天作为善、义之根源,是道德的终极根据,两者是相同的。天有意志,其实代表的是老百姓的意志。"天视自我民视,天听自我民听",这是《尚书》里面反映的中国古人共同的观念,墨家、儒家都是这个观念。天能够赏善罚恶,主宰天子。但是两者又有不同,墨子的"天志"思想主要反映劳动人民的利益要求,是平民意志的反映;而墨子的论证方式,是以"利"为枢纽,其"天志""明鬼"论是借用超越的神秘的力量来治理现实社会的病态,以"兴利除弊"来塑造一个合理化的社会。

　　另外他还有"非命""尚力""节葬""节用"的主张。他主张尚力不尚命,"赖其力者生,不赖其力者不生"。他又相信鬼神,主张祭祀,但反对厚葬,主张薄葬。他从老百姓的实利出发,强调节用。因此,他提出明鬼论,是以鬼神主张正义,也具有威胁的、警戒的作用。所以说,他的天志明鬼说是借用超越神秘的力量来救治社会病态。另外他又主张尚力非命论,认为命定论是帮助暴君欺骗百姓,老百姓不一定要接受现实,要有所作为,不要信命,要信自己的力量。另外他又讲祭祀鬼神,人鬼同利。他也主张祭祀,因为他觉得大家祭祀以后还可以把祭品留下来分享，家人、族人、乡人共享。祭品可以共享，葬了以后不能共享。所以他反对厚葬，但是又主张一定程度上的祭祀活动。另外他还强调要从国家、人民的实力出发，从自己家里的经济水平出发，强调节用。

大体上十大主张前面讲到，他是因时因地制宜的，不是说每到一时一地都是这十个主张，铺天盖地而下。不是的，他是有针对性的，我们一开始就讲到了，这是他的十大主张，中心是"兼爱"。

三、　墨子的认识论和科学成就

他有所谓"三表法"。我们今天讲实践是检验真理的客观标准，当时人怎么看待这个问题，墨子怎么看待这个问题呢？他讲何为三表呢？有本之者，本在哪里？"上本之于古者圣王之事。"有原之者，原在哪里？"下原察百姓耳目之实。"有用之者，用在哪里？"发以为刑政，观其中国家百姓人民之利。"以此来判断认识的正确与否。在这里，他比较重视感觉经验、闻见之知，也肯定古典文献的记载，还肯定社会的效果，以此作为衡量学说是非曲直的一个标准。所以三表法有它积极的意义，但是依照同样的标准，也可以证明鬼神的存在。因为古籍中有鬼神的记载，百姓中有鬼神的传闻，而且他认为鬼神的威慑有利于国家治理和人民的安定。

墨子还主张通过五官获得感性的认识。他讲，"知，材也","材"是认识能力;"知,接也","接"是感官和外物的接触产生认识;"惟以五路知",就是五官;"知而不以五路,说在久","久"是时间,是说人们在很长的时间能够形成熟练的技能,可以不再通过五官的知觉,这是熟能生巧,不是超感觉的,还是强调感官。

另一方面他也强调心思的重要性。"心"对于"五官"的见闻之知有辨析察识的功能。他讲"虑,求也""循所闻而得其意,心之察也""执所言而意得见,心之辩也"。察辩,来鉴别真伪,使认识上升到理性的阶段。这是对三表法一种重要的补充。

另外他讲名实合为、知行合一,他讲"知、闻、说、亲;名、实、合、为"。知是什么呢?"传受之,闻也。"知是从传闻和阅读中得到的知识。"方不障,说也。"说是通过闻之、材料堆积出来的。说就是推广了。"身观焉,亲也。"我们直接的经验是亲历亲为的。"所以谓,名也。"这个杯子、这个桌子,概念是名词概念,它是有内涵的、有外延的。另外他所表达的是什么呢?"所谓,实也。"是"实也",是实际事物。名实相合、耦合,概念和事物、认识和实物相符合,叫"名实耦,合也"。"志行,为也。"他讲志行,有正当目的的行为叫有志的行为,"为也"。这是讲到他的一些认识论的思想,包括逻辑推理,其来源是实践,是感官。但是它一定要有"说""知",是包含逻辑推理的。另外有"名""辞""说""辩"。"名"是名辞概念,"实"是实际事物。"名实耦"是它们相符合。另外,"行"就是"为"。有"志行"，就是有正当行为的行为。强调目的性要善，要符合百姓之利，不是巧言令色、欺世盗名。这是他的认识论思想和伦理学思想相符合的表现。

墨子对于中国古代科学技术做出了重要的贡献。主要成就在《墨经》之中。以今天的眼光来看，它涵盖了几何、数学、物理、工程机械、科学思想与科学方法这样几个方面。

数学方面，他给出了一些数学和几何命题的定义。比方说，"倍，为二也。"原数自加一次或乘以二为倍。又如，"圆，一中同长也。"圆是中心同样长度的线构成的圆形，所谓"一中同长也"。虽然定义和文字的表述没有数学符号的表达，但是有抽象性、逻辑性、严密性，代表了先秦时代数学理性思维的最高水平。

物理学方面，主要是力学和光学的定义。"力，刑之所以奋也。"刑是形体，奋是运动，力是使物体所发生运动的原因。这来自于经验的概括，也符合力的属性。墨子对光学的研究水平最高，我们看展览馆里面有小孔成像等等。他的光学条目虽然只有8条，但是非常有系统性、逻辑性，涵盖了阴影问题、小孔成像问题、凹面镜的问题、凸面镜的问题。所以李约瑟先生在《中国科技史》里面高度评价了墨子关于光学的贡献："比任何我们所知的希腊的为早，印度亦不能比拟。"大家可以看看李约瑟先生的《中国科技史》。

在工程与机械制造方面，他发明了用机械力量代替人拉弓的连弩车，威力巨大。利用杠杆原理制造了掷车、转射机，比较灵活。他还是发射机的鼻祖。

在科学思想与方法方面，墨子有很多的贡献。墨子给出了时间和空间的定义。什么是时间？"久"。中国文化讲"可大可久"，大是空间，久是时间。"久"怎么定义？墨子的定义是"弥异时也"。"久，合古今旦莫。"空间是"宇"，"弥异所也"。"宇，东西家南北。"久是时间，宇是东西南北的空间。

墨子的科学方法与逻辑学是密切联系的。前面我们说到《墨经》中有一些科学研究的记录，当然缺乏像欧几里得几何原理的系统性，墨子本人也不是职业的科学家，但是这些记录表达了先秦时代我国科学研究的最高水平。它的内容的逻辑性、严密性，在我国科技史上很具有特色和价值，甚至在世界科技史上都占有一席之地。

四、 墨家的逻辑学

墨家的逻辑学包含了"名""辞""说""辩"，以"辩"学统摄全体。

首先，"以名举实"。举名，就是命名、加名。名用来称谓实，是主观的给予、加予。"以名举实"，即名实相符之意。名不仅反映事物的现象，更反映它的本质或属性。我们今天说的杯子，不管质料怎样，不管是什么形状，我们都叫它杯子，杯子有杯子的内涵和外延。今天讲桌子，不同形状、不同质料做成的这种东西，我们把它叫作桌子。名词就规定了这一类事物的一些特征,没有名词我们就没有办法对话,人类也没有办法思维。所以中国古代逻辑学是以墨家的逻辑为代表的,后面还有名家,也是受到墨子的影响。以名举实,是逻辑学的初步。名就是概念。"所以谓,名也;所谓,实也。""知其所知不知,说在以名取。"知与不知的区别在哪里? 就在于以名举实。从根源上说,名由实起,名统一在实,但必须由实来正名,名实统一。

名有外延。从外延大小来分,有达名,有类名,有私名。"名,达、类、私"。"达名"是最一般的概念,如"物"。"类名"反映一类事物的概念,像"马"。马有白马、黄马、黑马。马的概念是以"类"说,所以类名所反映的是一类事物的概念。"私名"是专门的、单独的概念。比方说"臧"是一个特定的人的名称。这是从外延的大小来分,有达名、类名、私名。另外墨子告诉我们,从属名和种名来划分,有兼名和别名。比方说当时叫"牛马",就是兼名,把牛和马都合在一起。牛是别名,马也是别名。牛是牛,不是牛马,牛马是牛马。牛马、牛或者马,属于全体和部分、大类和小类、属名和种名的关系。所以《墨经》强调以名举实。

但是他并不把名词、名相、概念当作是一种静止的、孤立的物件。他不只是有形式逻辑的思想,他还有辩证逻辑的思想,他始终把事物变化的过程反映到名词概念中来。比方说宇,空间的概念,他说"宇或徙,说在长宇久"。空间是个概念,空间概念怎么讲? 对宇、空间这个符号或语言的释义是:"长宇徙而有处宇。宇南北,在旦有(又)在莫(暮),宇徙久。"比方说物体在空间上由南移动到北,时间上是从早上到晚上的延长,由朝到暮的延续。所以叫"宇南宇北,在朝又在暮,宇徙久"。物体在时间上的延续又总是与所处的迁移联系在一起的。所以物体在空间上由南到北,在时间上由早上移到了晚上。它在规定宇是空间的这一符号时,以为空间隶属于时间,又与运动分不开,和变化分不开。所以我们知道《墨经》不只是强调以名举实,而且证明它不是孤立的、静止的形式逻辑的名,它的名还有辩证逻辑的含量。这是以名举实。

第二句,"以辞抒意"。后期墨家在墨辩里面涉及作为判断的"辞"和"言"的不同形式。比方说"尽,莫不然也",这是全称判断,全称直言肯定判断。再比方说"或也者,不尽也","或"含有特称、选言判断和选言推理的含义,如"时或有久,或无久","尺与端或尽或不尽"等。"假也者,今不然也"。"假"是区别于"今已然也"(实然判断)的假言判断。此外还有必然判断和"且然"(将然)判断的形式。"且入井,非入井也",将要入井而尚未入井,含有某种时态的关系。

第三句是"以说出故"。墨家"说"式推理的基本逻辑范畴是故、理、类。"夫辞,以故生,以理长,以类行者也。"在整个"说"式推理过程中,故、理、类是基本前提。"故"是事物所以成立的原因、条件和论题的根据、理由。其中有"大故",有"小故"。"小故"是"有之不必然,无之必不然","大故"是"有之必然,无之必不然"。所以"大故"是充分必要条件,"小故"相当于必要条件。"理"也即"法"。"理"和"法"是指事物之理和立辞的论据。墨家逻辑推论非常强调"类"的同异,"以类取""以类予",都是关于类的推演。在推论中,首先必须"明类"。墨家逻辑的推理方式,有具有类比特点的"辟""援""推"和属于一般演绎论式的"或""假""效""侔",含有选言推理、假言论式、直言的演绎论式、复杂概念推理等形式。这是关于推理的一些"以说出故"的方法。

最后是"辩"学的基本原理,统摄全体。墨家的辩学不是诡辩。"夫辩者,将以明是非之分,审治乱之纪,明同异之处,察名实之理,处利害,决嫌疑。"墨子、墨家是"兴利除弊",他的逻辑学也不是诡辩论。他强调的是,你的辩说、你的名辞说辩,要符合于国家、民族、老百姓基本的利益,不能乱来。所以"辩"的目的和作用是"明是非""审治乱""明同异""察名实""处利害""决嫌疑"。不是为了言说而言说,不是猎奇,不是奇技淫巧。这是战国时期第一次全面研究了作为逻辑学的"辩"的问题。所以他讲"摹略万物之然,论求群言之比"。他是考察客观事物的所以然,分析比较不同的言论,来解决认识真理的方法问题,为社会实践服务。"辩"的原则是:"以名举实,以辞抒意,以说出故。以类取,以类予。"这就是前面阐述的名实关系问题,概念、判断、推理的一些方法和规则问题。在名、辞、说、辩四者中,"正名""析辞""立说"是"明辩"的基础,"明辩"则能兼三者之能事。这是逻辑学的思想,非常丰富,刚才讲不亚于希腊的逻辑。

五、 墨家在中国思想史上的地位、贡献和现代意义

综上所述,墨家是九流十家之中重要的一家,是中国文化中一种重要的基因。贺麟先生曾经打过比方,如果说儒家的口号是到庙堂去、到朝廷去,道家的口号是到山林去,墨家的口号则是到民间去、到老百姓中去。贺麟先生这个比方可能也简单化了,但是大体上可以说,墨家是反映社会下层老百姓的心声的。他和儒家不同,他"背周道而用夏政"。墨家的崛起,反周从夏,以大禹为榜样,以兼爱为中心,日夜不休,形劳天下,利天下而为之。他的确是古代利用原始文化、以古道批判周文。他试图利用原始文化中的博爱、互利、民主、平等、为公的精神去批判和否定礼治架构的不合理,批判黑暗的政治统治和奢侈靡财的文化,试图再造一种与下层民众的生活相协调的价值体系。他从儒家中走出来,想再造一种和老百姓生活相协调的文化价值体系。

前面说到墨家的学术贡献,还表现在自然科学技术、认识论、逻辑学方面,这是中国文化的薄弱环节。没有墨家,我们可以说这方面是非常惨的。幸好有墨家在这方面补了缺。尤其是墨家的逻辑学,它可以和印度的因明逻辑和西方的形式逻辑、演绎逻辑来相媲美。

墨学在汉代以后何以迅速衰微?原因何在?首先,从外部来说,儒学地位越来越高了,知识分子视墨学为邪说暴行,

因而被冷落了。其次，从内外关系来说，墨家学说可能不太适应秦汉以后中国的社会生活。张岱年先生、任继愈先生都有详细的讨论，我这里简约地把两位老先生的讨论介绍到这里。秦以后的社会是政治上高度统一的社会，所面对的是分散的农业自然经济、个体经济。一个高度统一的朝廷和分散的个体的自然经济，这两者整合得好，中国社会就会繁荣进步。而儒家思想适宜于这两者的协调，一个极其分散，一个高度统一，把它协调起来。墨家兼爱思想，有打破家庭本位之嫌。特别是墨家的组织，墨家的游侠作风，墨家的辩说特征，都不适应农业文明的大一统社会，而且会被集中的中央政府所禁止。比方说汉朝就打击游侠。韩非子开始，法家批评儒墨两家。汉朝打击游侠，墨家文化就逐渐演变为社会下层游侠的思想，在社会上层地位很低。

另外墨家主张的以兼易别、整齐划一的"尚同"思想，反对多样化，不适宜社会各阶层表达自己的愿望，反而加剧了社会矛盾。所以墨家的尚同和儒家的"和而不同"，以及和秦汉以后统治者要求的集中都不一样。这也就是荀子所批评的"墨子有见于齐，无见于畸"，"有齐而无畸，则政令不施"。

再次，从内部来讨论，墨家自身有一些缺陷，使它终结了。第一，墨子去世以后墨家缺乏德才兼备的领袖，缺乏像孟子、荀子之与儒家，庄子之与道家那样大师级的人物。第二，墨家组织内部缺乏民主，加上他的苦行主义、自我牺牲使人难以接受，他的理想也很难实现。第三，墨家后世的墨侠集中在秦国,有拥秦之嫌。拥秦在汉朝以后的知识分子中名声不好。第五,墨家有的后学的诡辩,过于微妙。这是韦政通先生总结的墨家内部的一些原因,当然不一定准确,这里只是提供给大家思考。

此外,墨学衰微的原因还在于秦汉以后,上层文化的主流有重政轻技、重道轻器的倾向。这当然和儒家有关,我们尊重儒家,也不避讳儒家的缺陷。既然是重政轻技、重道轻器,就把墨家放在下一等的技和器的层面上,其实墨家有它的道。所以整个氛围不适应墨学的发展。墨学自然科学的思想,几何学、光学、力学、机械制造以及逻辑学,没有合适的发展土壤。墨家思想在汉以后较少有人研究,但是墨家文化在民间社会起着巨大的作用,在科学方面影响着魏晋时期的鲁胜、刘徽这些科学家。在道德方面,墨家所提倡的道德品质,勤俭节约、兼爱互利的思想成为我国劳动人民的一种主要的精神。特别是墨家的一种救世献身的热忱,意志的磨炼,成为中华民族对理想追求的有机组成部分。刻苦勤劳、磨炼意志、献身精神、兼爱互利思想,是伟大的人格典范的组成部分,是伦理学道德学说的重要组成部分。另外墨家重视经验、强调践履的作风,影响了清初颜元、李塨学派。社会实践方面,墨子思想对我国道教的兴起和农民起义产生了影响。

我刚刚稍微提到一点,梁启超先生 1904 年在《新民丛报》撰写《子墨子学说》和《墨子的论理学》(论理学即逻辑学),举起了墨家的旗帜。当时流亡在日本的章太炎、梁启超等人办的报纸，或者有改良、革命思想的人在国内办的报纸，都把墨子的头像印出来，以墨学的复兴来标志民族的复兴。所以梁启超先生讲，我们要学习墨家的宗教思想、实利主义、兼爱学说，这是救国的良方。"今欲救之，厥惟墨学。"从110多年以前梁启超先生以墨学救国到今天，我们看墨家思想在现代仍有意义。

今天是和平和发展的时代。墨子所主张的"兼爱""非攻"，尤其针对当时列国的争战，老百姓民不聊生。其实今天西方的霸权主义，同样也令民不聊生。大家看看伊拉克战争，英国人披露的布莱尔和小布什打伊拉克的内幕。我们可知，今天的"兼爱""非攻"这一诉求，也代表世界各国人民的利益和期待。我们批评霸权主义，反对非正义的战争，反对恐怖主义的活动，仍然是需要墨家一样提倡爱心、提倡彼此的沟通，来推动国家、民族、宗教的对话，来促成和谐中国、和谐世界的建构。这是从世界文化意义上来说。当然还不止这些，他的"十义"到今天都有现实意义和普遍意义，其中有很多东西可以成为普世价值贡献给世界，贡献给人类。

墨家所倡导的节俭，在今天的中国非常有意义。不知道大家注意了没有，曾国藩先生有一个遗书，逝世之前写好了遗书。他生前给子弟写了很多信，都值得我们认真地读。这些遗书，后来他的弟弟回家看到。遗书里面就提到了墨家。他强调家门要"习劳则神钦"。肯定大禹，肯定墨子，"极俭以奉身"。极端的勤俭，生活的俭朴，养活自己，"极俭以奉身而极勤以救民"。俭和勤达到极致的地步,用以奉身,用于救民。这可以说是士子修身重要的途径。今天我们党提倡廉政建设,强调政德,反对奢靡之风,对全社会、对每一位干部群众来说,墨家的勤德和俭德都是榜样。我们要学习墨子的精神,来为老百姓服务。习近平总书记强调政德建设,山东省做政德文化培训,墨家不可缺。一定不要缺了墨家,一定要把墨家纳入政德的重要资源。

墨子、墨家在海外也有影响。六年前我到比利时的鲁汶大学去过,他们有一个团队,戴卡琳教授带着一个团队几十年如一日,师生们一个字一个字地研读《墨子》,组织研究生一个字一个字地研读《墨子》,这个精神值得我们学习。我们今天还没有发现哪个团队在一个字一个字地研读。我们在那里出席了国际汉学家墨学研究会议。墨子、墨学是有世界意义的。中国传统文化很多资源、很多经典、很多基因都要把它继承下来。我的一个看法是不必要互相争正统或主干,那是自然形成的。道家、墨家、儒家、法家,诸子百家,九流十家,其实过去古人早已经说过了,他们各有利弊。我们要崇其所善,要相互从这些资源中找到今天可以创造性转化、创新性发展的内容,我们来综合创新。当然传统中国是儒家型的社会,儒学的成分要多一些。但是诸子百家相互补充,而且墨家是从儒家中出来的。

第二讲　孔墨思想之比较

颜炳罡

内容提要：仁是孔子思想的核心，兼是墨子学说之特征，也是墨子走出儒家阵营做出的最大突破。这一突破意味着爱由血缘伦理为基点转向社会组织伦理为基点，这一转变导致二者不同的历史命运。

儒墨或者孔墨哲学的比较。这个话题怎么谈？我想比较儒学与墨学，或者是孔子与墨子，并不是要比较出高低，也不是要比较孰优孰劣，而是要比较他们之间的异同，寻求建立中国现代文化更加完善的思想体系。过去大家习惯认为孔子是奴隶主、贵族的代表，他轻视农民、轻视劳动，甚至说他"四体不勤""五谷不分"，百余年来孔子早已被妖魔化了。一说孔子，开口就是"孔老二""丧家狗"。我们到乡村讲儒学，村里支部书记用高音喇叭这样喊："老少爷儿们，都要去听课了，讲孔老二的来了！"这几乎是所有民众对孔子的印象。墨家受的批判比较少，今天只要把墨家拿出来，就可以让墨子重现真身。

但今天对孔子，的确要把他身上沾染上的污泥洗涤清，才能现出孔子的真身。

一

　　无论孔子还是墨子，都是他们那个时代的读书人或者说都是士人，都怀抱着强烈的救世理想与愿望。就他们两个人的出身而言，没有太大的差异。上次在儒墨高峰论坛上，有的学者说墨家是"役夫之道"，代表着平民的利益，孔子代表的是上层统治者的利益。我认为，无论是孔子还是墨子，他们代表的都不是某一个阶级或者某一个特定利益集团的利益，而是代表人的利益，所有人的利益。孔子的大同理想："大道之行也，天下为公。选贤与能，讲信修睦。故人不独亲其亲，不独子其子，使老有所终，壮有所用，幼有所长，鳏、寡、孤、独、废疾者皆有所养。"这和墨子的"兼爱"其实没有太大的差别。孔子主张"泛爱众"，在某种意义上就是墨家的"兼爱"。无论是孔子，还是墨子，他们有着共同的理想。他们的理论都是为人类整个前途命运而设计，而不是为某一个特定的利益集团而设计。

　　就两个人的出身而言，孔子出身于士。大家知道，《史记·孔子世家》对孔子有详细的记载。但是《史记》对墨子的记载寥寥几句话。孔子的家谱在《史记》当中都记载得非常详细，孔子的父亲叔梁纥，鲁国一个地方官，叫陬邑大夫，他是鲁国非常有名的武士。孔子的妈妈叫颜徵在，离我们这里不远的地方有座山叫颜母山，那地方还有颜母庄，颜母庄附近有个颜母祠。孔子的父亲和母亲是典型的老少配，孔子三岁的时候他父亲就去世了，他妈妈带着他离开陬邑，到了当时鲁国的都城曲阜。曲阜是那个时代文化最发达的区域。人们经常说"孟母择邻三迁"，而孔子的妈妈呢？只需要一迁就行，从陬邑迁到鲁国的都城曲阜就够了。这就是孟母和孔母的区别。孟子的妈妈教育孩子的时候是"子不学，断机杼"，孔子的妈妈怎么教育孔子的？"为儿嬉戏，尝陈俎豆主，设礼容"，就是孔子幼时做游戏时摆上各种礼器，演习各种礼仪规矩，正是"润物细无声"。孔子的妈妈是中国历史上最伟大的单亲妈妈，孔子是在单亲妈妈抚育、教育下成长的。孔子父亲在他三岁时就去世了，颜徵在可能就是二十岁左右年纪，把孔子抚养成这么伟大的文化名人，翻遍人类名人史，还有哪位名人的妈妈比孔子的妈妈更伟大的吗？我看没有。

孔子自己说"我少也贱，故多能鄙事"。孔子既不是官二代，也不是富二代，而是"少也贱"，社会地位非常低下，所以能够做各种各样被别人瞧不起的事情。做过哪些事呢？放过牛，管理过羊，做过仓库的小会计，这些活孔子都干过。如果孔子是"四体不勤""五谷不分"，他怎么去管理牛羊？牛羊吃了毒草他也不知道，也不会辨别，那不把牛羊全部管理死了吗？孔子说管理牛羊的时候，牛羊苗壮生长而已，让它们长得膘肥体壮。这样的孔子怎么会歧视劳动人民呢？他本身何尝不是劳动者中的一员呢？

不过，孔子办学后，他有自己培养学生的目标。他办的学校是培养国家管理人才的，不是农业专科学校，所以有的学生向他请教种庄稼，他老老实实地说，我不如老农，向他请教种菜，他说自己不如老圃，这是老实话。在孔子看来，每一个阶层有每一个阶层的事情，孔子作为一个读书人他说种田不如老农，种菜不如老圃，完全可以理解，术业有专攻。不能说孔子就轻视劳动、轻视劳动人民。

不少学者说，墨子是贱人，完全是干活的那种人，我看也未必。墨子说自己"上无君上之事，下无农耕之难"。墨子自称，我不需要当官，也不需要为国君服务，去挣个人的工资，以此来养家糊口。我下无农耕之难，不需要亲自去锄地、劳作来养活自己。既不做领导，又不亲自耕田种地，这个阶层是什么阶层？也是士阶层。他跟鲁班一样，是位科技能手，甚至可以与鲁班比巧，他虽有这方面的兴趣，但绝不以此为专业养家糊口。他是作为一个思想家存在，而不是作为一个具体的劳动者存在。

孔子和墨子有没有不同？当然有不同。因为两个人出生的时空背景不同。孔子出生在春秋末期，孔子面对的局面是礼坏乐崩、天下失序这样的局面，所以孔子的奋斗方向就是要把脱序的天下重整乾坤，让它再回归于秩序。这是孔子努力的方向。墨子到了战国初期，情况变了。墨子最大的问题，已经是百姓饥不得食、寒不得衣、劳不得息的问题。他经常接触社会下层，眼睛向下看，发现人民生活在水深火热之中，如何解决民生问题是墨子所关怀的重点。他关怀的问题，他的主张，其出发点都是要解决民生问题。大家知道他为什么要节葬、节用、非乐，不是这些东西不好，而是这些东西不能给百姓的基本生存提供任何帮助，反而增加了百姓的负担。这就是墨家。面对的时空背景不同，看到的问题不同，于是孔子与墨子就有了不同的政治诉求。

无论是孔子还是墨子，他们都是上说下教，积极地游走于当权者之间，希望他们能够采纳自己的主张，真正使人民大众脱离水深火热的生活，这叫作孔席不暖、墨突不黔。孔子从来没有坐在哪个地方，把这个地方坐稳了、坐热了再走，他都是急匆匆从一个国家转到另一个国家，甚至于陈蔡绝粮，处于颠沛流离之中。墨子的灶台从来没有熏黑过，因为他频繁地从一个地方转到另一个地方，从一个国家转到另一个国家。如止楚攻宋，南方强大的楚国攻打弱小的宋国，他从山东出发，昼夜不息，连续奔走十天十夜，脚上磨起了泡，裹上前进，这是何等的牺牲精神。

我认为，我们不要把墨子和孔子两个人一个看作是贱民，一个看作是贵族；一个看作是劳动人民代言人，一个看作是代表贵族阶级的利益思想家。作为伟大的思想家，他们的理论是要解决天下人的问题，孔子与墨子都是山东人，但他们的主张不是只为解决山东人的问题而设的。如果只为解决一个地区的问题而存在，那叫思想家吗？那叫行政官员。他们的期许不仅要解决全人类的问题,还要解决万世的问题,即为人类的前途和未来设计一个良好的方案。能够保证万世之太平,这才是伟大的思想家。我认为孔子和墨子都足以担当这样伟大的思想。所以他不是为特定的利益集团服务,他是为全人类的命运着想的。

二

孔子和墨子之间有没有联系呢?墨子曾学儒者之业,受孔子之术,以为其礼烦扰而不说,厚葬靡财而贫民,(久)服伤生而害事,故背周道而用夏政。《淮南子》上这段话把孔子和墨子联系起来了。墨子原来是孔门的学生,或者他原来信奉的是儒家,他是从儒家阵营当中走出的反对派,也可以说是从儒家分化出来的第一个旗帜鲜明的人物。他模仿孔子,招收学生,同时批判儒家,宣扬自己的学说,开创出墨家学派。

孔子是什么?是中国文化道统的传人。从《汉书·艺文志》到刘勰的《文心雕龙·原道》,一直到章学诚的《文史通义》,都认为孔子的道是顺应着伏羲、神农等三皇五帝以至于夏商周三代而来,从某意义上说,儒家的文化是顺应着中华文化的大流、主流而来的文化根脉。孔子并不想要开创一个学派,成为一个教主。如果中国的文教(文化教养)起于伏羲画八卦,用牟宗三先生的话说,伏羲画八卦,标志着中华民族"灵光爆破"。华夏民族的灵光突然开起来了,用今天的话说,伏羲将符号思维代入我们的生活世界,阳爻、阴爻、八卦、六十四卦给我们一个全新符号世界。易学,以汉人说法,"人更三圣、世历三古"。人更哪三圣呢?伏羲画卦、文王重卦、孔子做十翼,这就是三圣,易学的传统他们认为也是孔子传承而来。刘勰就是这样讲的,章学诚也是这样说的。

今年凤凰网与岳麓书院共同做了一个大型论坛叫"致敬国学",主题叫作"斯文重建",我参加了一场高端论坛。"斯文"就是中华文化。"斯文"这个词出自于《论语》,孔子生命受威胁,面对生死考验,他说:"文王既没,文不在兹乎?""天之将丧斯文也,后死者不得予于斯文也",这就是"斯文"一词的由来。在孔子看来,周文王死了,华夏文明不就在我这里了吗?所以孔子是以文自任,以中华文化传统的传人而自居。中国有个所谓的道统即道的传承之统。这个道统从伏羲开始,三皇五帝传承下来,尧传于舜,舜传于禹,禹传之于商汤,文武周公传孔子。

道统之"道"是什么?就是中华民族的核心价值观、中华民族的核心价值。中华民族的核心价值观由尧、舜、禹、汤、文、武、周公、孔子开创与传承。他们相传之道就是仁义之道,孔子之道就是仁义之道。

墨子之道是什么?墨子之道就是"兼爱"之道。"兼相爱""交相利"。墨子早年学儒者之业,受孔子之术,但是他感觉到儒家的思想有问题,这个问题是什么?礼仪太烦琐,规矩太多,太多的讲究,不够简单明了。厚葬久丧,耗费大量社会财富,而且影响生育与人口繁衍。其实,孔子不是主张厚葬,但是孔子的后学未必不主张厚葬。孔子主张"称财而葬谓之礼"。儒家会不会厚葬,会,后儒真的有可能会厚葬,厚葬把大量的财富埋在地下,只能等待后人来挖掘。我们挖掘一个古墓,如一个海昏侯墓,挖出多少金币。等着盗墓贼去盗,浪费了大量财富,这是墨家反对的。

"(久)服伤生而害事"。墨子特别注重人口的繁衍。由于春秋战国时代,连年的战争,造成人口耗减,他主张大量繁衍人口,十五岁的小女生就应该结婚,如果不结婚家长就得受处罚,现在十五岁的小孩子还在上初中呢。可见,我们也不能尽行墨子之道,或者说墨子之道也需要与时俱进、推陈出新。墨子认为父母去世之后要守丧三年,不能发生夫妻关系,就不能生孩子,这不得了。过去把人作为非常重要的战略资源,打仗需要人,生产财富需要人,开垦土地需要人,没有人什么也办不成。儒家主张是如何吸引人口,同时也主张"不孝有三,无后为大"。中华民族就是这样,注重人口的繁衍,如果不注重人口繁衍很麻烦。他说(久)服伤生而害事,故背周道而用夏政。他用的是夏启之政吗?当然不是。

《礼记·表记》有一个说法,"夏道尊命,敬神而远之,近人而忠焉"。夏道"尊命",墨子是"非命";夏道是"敬鬼神而远之",跟孔子一样,墨家"明鬼",高扬"天志"。墨家用的夏政是这种政?显然不是,而是大禹之政。大禹以人饥己饥、人溺己溺的情怀,八年治水在外,也有人说是十三年在外,"三过其门而不入"。用今天的话说，大禹的精神是公而忘私的精神，甚至公而无私的精神。孩子要生了，他都不在家，路过家门都不进去。墨子用的"夏政"实际是大禹之政，而不是夏启的那个夏政。

　　战国末期大思想家韩非指出，"世之显学，儒、墨也"。儒墨俱为世之显学，俱道尧舜。儒家的最高标准是孔子，墨家的最高标准是墨子。自孔子之死，有子张之儒，有子思之儒，有颜氏之儒，有孟氏之儒，有漆雕氏之儒，有仲良氏之儒，有孙氏之儒，有乐正氏之儒。我写过一篇文章叫《儒分为八再审视》，我说儒家的分化绝不止于八派，要远远多于八派。墨子死后，有相里氏之墨，有相夫氏之墨，有邓陵氏之墨。故孔、墨之后，儒分为八，墨离为三，取舍相反不同。儒八与墨三都说自己是真孔子、真墨子，他们之间取舍不同，甚至相反即相互对立，而皆自谓真孔、墨。孔、墨不可复生，谁将定世之学乎？孔子、墨子俱道尧舜。这个"俱"很重要。在韩非看来，孔子和墨子都自认为传承的是尧舜之道，不是对立的，两个人都是以尧舜为标准，都想尧舜之世的再现，都是讲究大道之行也天下为公那样的局面。取舍不同，而皆自谓真尧舜。墨家说我才是尧舜之道，而儒家说我才是真尧舜之道。所以尧舜不复生，将谁使定儒、墨之诚乎？尧舜不可能活过来了，谁来确定孔子是真尧舜，还是墨子是真尧舜，在这个意义上儒家和墨家大同小异，孔子和墨子也是大同而小异。他们有着共同的目标、理想与追求，他们的不同在哪里？是实现这种理想、目标、方式和方法的不同而已。

我认为墨子受儒者之业、学孔子之术,不是孔子亲授,应该是从孔子的嫡传弟子那里学的。墨家在儒家八派当中,与子张氏之儒最相近。孔子死后,儒分为八,第一个出现的学派是子张之儒。孔子去世的时候子张才二十五岁,他却开出"儒分为八"的第一个学派,这完全合乎他偏激的性格。子张这个人性情非常偏激,墨家的兼爱相对于儒家的仁爱怎么样?是一种偏激。有一次孔子与子贡讨论起子张与子夏来,孔子说:"师也过,商也不及。"子贡说,老师,难道子张更好吗?孔子说"过犹不及"。子张这个学生是过、是偏激。沿着子张思路再往前一步,墨家学说就呼之欲出。子张和子夏有一段非常激烈的争论,子张观点是,一个君子应当"尊贤而容众,嘉善而矜不能"。尊重贤人,墨家的尚贤就出来了。而容众,包容大众,你体贴全体大众的利益。尊贤不可少,但容众也不可缺。作为有修养的君子既要照顾有才有能的人,更要让大众活得下去。

子张的思想和墨家的思想在某种意义上非常接近。《荀子·非十二子》当中有一段话:"弟佗其冠,神禅其辞,禹行而舜趋,是子张氏之贱儒也。"何以为"贱儒"也?原来是帽子戴得不是那种非常规整的、非常考究的礼帽,帽子戴得不庄重。在春秋战国时期,帽子是必须有的,因为帽子是身份的象征,尤其在正规的场所。颜老师来讲课了,竟然连帽子都没戴,开玩笑,古代绝对不允许。子张帽子戴得不规整,"神禅其辞",

即语言平淡、太大众化。大家只要读读《墨子》，不难发现，其最大的特点是语言平实，甚至是口语化、大众化。《墨子》中的《兼爱》《尚贤》《非命》，在那个时代就是大众化的语言，《论语》则显得古雅。还有一点是"禹行而舜趋"。大禹出来了，不少学者解释这句话说是学着大禹和舜走路的样子，我认为这不准确。众所周知，到子张那个时候，谁还能知道大禹怎么走路吗？我看过一个道教道观的开光，有穿着道袍的道士，在走所谓的禹步，我没有考究。有的学者说大禹为了治水把腿累断了，走路一瘸一拐的。正常人走路一瘸一拐，那像话吗？子张及其学生会这样走？我认为禹行而舜趋应是效法大禹、舜之行。有大禹以人溺己溺的情怀，身体力行。大禹对中华民族的贡献不在于立德，也不在于立言，在于立功，为中华民族抑制了水患。

子张氏之儒，是把文质彬彬的儒家发展为质朴而平实的儒家，让儒家更加接地气，由此往前一步一推，墨家就呼之欲出了。如果说墨子是从子张氏之儒这一派分化而来，我认为可以理解。

司马迁对孔子的记述非常多，但对墨子的记载就几句话，《史记·孟子荀卿列传》中说："盖墨翟，宋之大夫，善守御，为节用。或曰并孔子时，或曰在其后。"今天拍墨子的电影非常好拍，因为都可以进行想象。墨家是坚决的非儒派，他为什么非儒？他只有批判老师，才能开创出一个和老师不同的学派出来。

三

孔子思想的核心是"仁",他对中华民族最大的贡献也就是这个字,"仁爱"的"仁"字。孔子对"仁"的回答是:"樊迟问仁。子曰:爱人。"爱人是在当时最普通、最一般的观念。什么是仁? 爱人。爱人其实就像同情别人、关心别人、怜悯别人,一句话关爱别人,这就是"仁"。"仁者,人也,合而言之,道也。"这句话出自《孟子》。"仁者,人也,亲亲为大。"这句话出自《中庸》。但这两段文献有一个共同的特质,这就是"仁者,人也"。这是儒家的观念。所有的人都是一撇一捺的人,但是一撇一捺的人何以为人,知道我们怎么为人呢? 大家问过吗? 小孩一出生就是人,人何以为人,人和禽兽的本质不同在哪里? 如果人弄不明白人何以为人,人这一辈子就在浑浑噩噩当中度过。我们来到人世间,做人竟然不知道人是什么,大家说我们活得有意义吗? 前人说"天不生仲尼,则万古如长夜",这并不是说孔子没有出生前就没有太阳和月亮了,不是的。太阳、月亮照亮的是生活的空间,物理的空间,自然的空间,人作为人还有心灵的空间,精神的空间,人之所以为人的空间。我们爱的心灯,是谁给拨亮的? 这就是孔子的意义。何以为人? 仁者,人也。一撇一捺的人只有有了这个"仁",一个人民的"人"只有有了"仁爱"的品性才是个人。人民这个"人"如果没有"仁"的品性,这个人民的"人"就不是个人了。

"仁"是爱，一个人有同情心，他才是人；一个人有爱心，他才是人；一个人会关爱别人，他才是人。

我看过一个电视剧，叫《中国兄弟连》。国民党军队和新四军两个连在日本侵略军占领区共同打击日寇。有一个古村落，从无战患，如同世外桃源，这里的村民认为来者都是客，国民党来了热情招待，共产党来了热情招待，日本侵略军来了他们还想热情招待，所有人都是客。但是日本侵略者知道这个村曾经收留过抗日的伤员，于是把一村的男女老少统统关到祠堂里面要全部烧死。老族长是个读过书的老先生，他就骂日本侵略军的军官。他说，我们骂你们这帮鬼子是畜生，我都觉得是羞辱了畜类。这句话的意思是说，你们这帮鬼子畜生不如。人可能畜生不如，人可能行如畜生，人只有高于畜生，他才不是个畜生，他才是个人。人在什么意义上高于畜生？人有爱心，他才高于畜生。人没有爱心，他就不能高于畜生。

"仁"从哪里开始？儒家非常强调这个观念，孝道。我们经常说父慈子孝，中国文化里有《孝经》，并没有《慈经》，有《弟子规》，没有《父母规》，是因为慈是人的生物本质，孝才是文化、教养。据一个媒体报道，一帮农民在掰玉米，发现玉米地里有个坟头，里面有个洞，洞里面有六只小狼崽，每家分了两只回去养。到了晚上两只老狼嗷嗷叫着，想要回自己的孩子。村民认为狼崽子和狗崽子一样，按养狗的方式养狼，一个月后六只小狼都死了，老狼也不再来了。动物世界里，到了冬天，狼为了养狼崽子，要奔波几十里，把东西吃到胃里去，见到小狼崽子再吐出来给它吃，狼且如此，人生而不养就是猪狗不如。但是有些人对他子女特别好，疼爱甚至溺爱，甚至爱得不像话，一提孝敬老的了，分摊父母的医药费了，他不干了。只对孩子好，不对父母好，中国人说这种人行同猪狗，因为猪狗也会对自己的孩子好。什么才能把人和猪狗区别开来，尽到孝道，人就和猪狗区别开了。中国传统社会叫作百善孝为先，"孝悌也者，其为人之本也"。孝就是人之本。孝就是人和动物的根本区别特征。

孟子把仁爱发展为"老吾老，以及人之老；幼吾幼，以及人之幼"。儒家的爱是推爱，把对父母的心推给社会上其他的老人，把对孩子的关爱推给社会上需要帮助的孩子。但会不会出现这样一种现象，有些人只爱自己的亲人，不爱别人的亲人。甚至有些人为了爱自己的亲人去打别人的亲人，去侵害别人的利益。有没有？有。他的爱推不出去怎么办？这个时候墨家的"兼爱"就呼之欲出了。儒家是己立立人，己达达人，己所不欲，勿施于人。儒家的爱一定要近能取譬，就是行仁之方。

有一个词叫作"麻木不仁"。麻木就会不仁。现在坐的椅子比较舒服，坐两个小时也不会麻木。如果是过去那种木头的椅子，而且是方方正正的，一条腿用力，一条腿不用力，你坐不了两个小时，腿就开始麻木了。麻木怎么叫作不仁？麻木是血脉不通造成的。血脉通了，这个麻木症状就消解了。仁就是一种通，谭嗣同认为儒家的仁就是一种通。在我们身上如果血脉不通了,就是不仁,就会出现麻木。通了它就是仁。人同此心,心同此理,爱心都一样。在座的各位,我说一个很悲惨的故事,大家都会动恻隐之心,都会流泪,这就是通。爱心传递,爱心就通了。儒家里面近能取譬,可谓仁之方也已。今年我回老家,父亲84岁了。他给我说一句话让我很震惊:"现在好人真多呀。"个别精英知识分子,将中国描述得一团漆黑,但在我老爹这个不识字的农民眼里不是这样的。他感叹:现在好人真多呀。普通百姓的认知和精英知识分子的认知差别何止霄壤!我父亲为什么说现在好人真多,他跟我解释,他到一个地方去,推着三轮车上不去,好多年轻人下来帮着他推上去。这就是"老吾老以及人之老"。这些年轻人把84岁的老人当作自己的老人,帮他将车子推上坡去。帮助这一下,在老人心目中你就是个好人。

　　一般的人说儒家是爱有差等,施由亲始。我觉得这个表述不是很准确。这个表述是墨家的表述,墨家对儒家爱的概括。这是对儒家的误解,儒家的爱实际上最后是"泛爱众",今天所讲的《弟子规》当中的一句话,"凡是人,皆需爱。天同履,地同载"。这就是儒家的仁爱。儒家仁爱最后一定与天地万物为一体。不仅要人我相通、人物相通,人要与天地万物相通,与天地万物为一体,这个叫作"民胞物与"。所有的人,白人、黑人、黄人、棕色人,只要他是人,他就是我的同胞。为什么说同胞?所有人都是以天为父,以地为母,我们都在天地之间产生了,所以在天地之间产生的一切人都是我的同胞,天地之间产生的一切万物都是我的伙伴。

在这个意义上说,儒家讲的最终结局也是"兼爱",甚至比"兼爱"宽泛。孔子思想的核心是仁,墨子思想的核心是爱,为什么不说是兼呢?一是仁爱,一是兼爱,仁对兼、爱对爱,当然不是不对,而是不好为听众所理解。墨子的兼爱是针对儒家的仁爱而言的,他要"兼以异别"。兼是什么?全。儒家有别、有差别。在墨家看来,要用"兼"来改变儒家的"别",化别为兼,直接爱人若己。因为儒家的"别"有麻烦了,往往许多人别而无兼,推己不能及人,甚至不愿推己。

不愿推己,那就会陷入自爱而不知道爱人;只知道爱自身,而不知道爱人之身;只知道爱自家,而不知道爱人之家;只知道爱己国,而不知道爱人之国。墨子认为天下问题的根源就是这种自爱而不爱他。他认为,天下的问题都是由不相爱生出来的。"今诸侯独知爱其国,不爱人之国,是以不惮举其国,以攻人之国。今家主独知爱其家,而不爱人之家,是以不惮举其家,以篡人之家。今人独知爱其身,不爱人之身,是以不惮举其身,以贼人之身。是故诸侯不相爱,则必野战;家主不相爱,则必相篡;人与人不相爱,则必相贼;君臣不相爱,则不惠忠;父子不相爱,则不慈孝;兄弟不相爱,则不和调。天下之人皆不相爱,强必执弱,富必侮贫,贵必敖贱,诈必欺愚。凡天下祸篡怨恨,其所以起者,以不相爱生也。是以仁者非之。"做领导的要关心下属,做下属的要忠于长上,墨家也是这样追求,君臣要惠忠,父子之间相爱,就是父慈子孝。兄弟之间不相爱，则不和调。墨家认为一切问题的根源在于人们不相爱。

墨家学说的核心就是"爱"。我认为，墨家是爱的理想主义。这种理想主义认为一切问题都可以通过爱来解决。爱人若己，这是墨家爱的最高境界。墨子曰："视人之国，若视其国；视人之家，若视其家；视人之身，若视其身。是故诸侯相爱，则不野战；家主相爱，则不相篡；人与人相爱，则不相贼；君臣相爱，则惠忠；父子相爱，则慈孝；兄弟相爱，则和调。天下之人皆相爱，强不执弱，众不劫寡，富不侮贫，贵不傲贱，诈不欺愚，凡天下祸篡怨恨，可使毋起者，以相爱生也，是以仁者誉之。"大家看，一个非常奇特的观念出来了，我要特别让大家看。墨家最后说什么？要实现了墨家的理想会怎么样？仁者誉之。仁者是什么人？仁者是儒家的标准，儒家的最高标准就是仁人圣人。孔子说，若圣与仁，则我岂敢。说我是一个圣人，我怎么敢当呢。仁人誉之，我们可以这样讲，墨家的仁和儒家的仁内涵不同，使用的概念相同。我们也可以这样说，墨家的仁和儒家的仁从内涵到外延基本一致，大同小异，本质上没有差别，也就是说墨子和孔子两个人的追求所设定的价值观是一样的，是要达到仁人的境界。所以墨家也重仁，也重义，墨家有专门的《贵义》篇，墨家"天志"就是最高的义。

我们谈到儒家的人与兽之辨的时候，经常会提到荀子。荀子对此有一个非常好的说法，来说明人和动物的区别。他说"水火有气而无生，草木有生而无知，禽兽有知而无义，人有气有生有知且有义，最为天下贵"。人比禽兽多了一点点东西,这点东西就是一个仁义或礼义的"义",也就是墨家贵义的那个"义",只多了这个东西。如果人把"义"丢了,人就和禽兽一样了。人把知觉丢了,人就和草木一样了。草木之人是什么人?植物人,植物人没有知觉。人要把生命丢了,人就化成水火了。墨家主张视人之国,若视其国;视人之家,若视其家;视人之身,若视其身。概括起来就是爱人若己、视人若己。实现君臣惠忠,父子慈孝,兄弟和调的局面。

大家知道,君臣是政治伦理,父子和兄弟是血缘伦理,儒家有五伦,即父子有亲、君臣有义、夫妇有别、长幼有序、朋友有信。不少学者认为"五伦"全是熟人社会的伦常,我们在社会上如何对待陌生的他者?假如我们祖祖辈辈在滕州生活的人,我们都在熟人社会的群体当中。我离开了滕州,到北京、上海、济南谋生,我面对的不是熟人社会,面对的是一个陌生世界,全是陌生人,如何相处。儒家缺少这一"伦",儒家如何对待陌生人这一"伦"?有人说这是第六"伦",儒家没有讲出来。但墨家有个好处,天下之人兼相爱,这样的话他就在补充儒家的第六"伦",如何对待陌生人社会,陌生人社会爱人若己,爱人之身若己身。要强不执弱,众不劫寡,富不侮贫,贵不傲贱,诈不欺愚。墨家的这个主张令人心驰神往,尤其是生活在社会底层的人或者弱者,对墨子的强不执弱、众不劫寡特别有感情。

仁爱和兼爱有着共同的本质,这就是"爱"。只是爱的方式不同,终极目标一样。有着共同的价值追求,仁爱、兼爱,就是君臣惠忠,父慈子孝,兄弟协调,天下和谐。要实现这样的目标,仁爱和兼爱也是一样的。

如果说不同,应该说墨家是爱的至上主义、理想主义、浪漫主义。他把一切问题根源就归结于相爱与不相爱,社会没有那么简单,世界也没有那么简单,世界复杂得很。为什么不相爱？为什么人民相怨相篡？用今天的眼光来看,人们相爱与不相爱,有着他背后的生活阅历、价值的追求、情感的不同,是不同的心理造成的。儒家重仁,但仁不等于爱。爱是仁的一种表现形式,仁远远比"爱"复杂得多。孔子讲了仁的好多意义,"克己复礼为仁""出门如见大宾,使民如承大祭。己所不欲,勿施于人",也是仁。仁远比爱复杂得多,仁不等于爱。所以儒家的爱是爱的现实主义。

墨家兼爱的始点是儒家仁爱的终点。汤恩比与日本学者池田大作对话,共同展望 21 世纪,认为只有墨家的兼爱才能拯救整个世界,未来的人类应该回到墨家。因为儒家的爱是个同心圆,越往外越薄,最后就没了,就没有爱了。我们知道,儒家的精神是当下即是的精神,是随感随应的精神。什么是当下即是？我今天来到了滕州,当下即是是什么？我是滕州请来的讲者,我的爱体现在尽我所能,知无不言,言无不尽,努力做好讲者应尽的本分和责任,这就是我的爱。在不同的条件下,儒家都是随感随应,当下即是,并不是说爱的动力越往外越薄,最后没了。儒家的仁爱可行,但好像不可爱。

墨家的爱虽然可爱但难行,爱人若己,实行起来比较困难。我经常讲墨家是理智主义,儒家是理性主义。理智主义"智"当中不含有情,儒家的理性是讲究要合情合理,要合情入理。大家经常举的就是墨家巨子腹䵍"大义灭亲"的例子。他儿子在秦国杀人,秦惠王念他已年过六十,且只有这一个儿子,派人赦了他儿子的死罪,腹䵍却说,大王可以赦他死罪,但是我不得不执行墨家杀人者死的墨家之法,还是把儿子杀了。换成儒家,儒家虽然主张大义灭亲,但会是另一种结局。腹䵍的做法合理,但不合情。作为一个爹,去杀儿子,除非这个儿子犯了大逆不道甚至要危及家庭、危及民族的重罪,才会大义灭亲。秦惠王不杀,他可能罪行不大,也可能是误杀了别人,没有足够的民愤,或者不会再对他人构成威胁。这里我请滕州人民举举手,像腹䵍那样,谁能做到,有几个人能做到?国家已赦免儿子的死罪,不杀他了,腹䵍还是执行墨家之法,把他杀了。腹䵍是行私刑,不行王法。所以墨家合理,但不合情。

儒家的仁爱既合情又合理,这是儒家成为两千多年国家意识形态的主要原因。儒家主张畏天命,生死由命,富贵在天。墨子对命予以坚决的批判。墨家绝不接受命运的安排,也不听任命运的摆布。墨子认为,"命者,暴王所作,穷人述之"。命这个观念是暴君编出来的,毫无办法的人才会信命,这个命"非仁者之言也"。他认为一切信命,整个社会则会陷于消极无为。

墨子不信命,提倡尚力。"力"相当于今天的劳动。人是赖其力者生,不赖其力者不生。禽兽、麋鹿、飞鸟,这些东西雄性不需要耕地,雌性不需要织纫,靠自己的本能就可以生活,自身皮毛足以供暖,地上的水草足以供食物,人不能依靠自己的本能来进行生活,所以人要靠自己的力来活着。我有一个学生,特别推崇尚力非命,以此作为自己的座右铭。后来他事业做得很好,蒸蒸日上。不信命,不信邪,信凭着自己的双手和努力,就能够打拼出一片世界和天地。这是墨家的主张。

孔子的命也不是墨家所说的一切听任命运的安排,也不完全如此。孔子的天命和墨子的天志,有可以比较的地方。孔子的天比较复杂,在《论语》当中有自然之天,有义理之天,也有主宰之天。像孔子说的"天何言哉,四时行焉,百物生焉"的天就相当于今天说的自然之天,没有意志,它也没有主宰,一切自自然然。孔子说的"获罪于天,无所祷矣",这个天就有主宰天的味道,但他也不是说它就是人格神,它有意志。但墨子的天不一样了,有意志,叫"天志",还反复证明鬼的存在。墨子认为天志是确确实实存在,鬼神也是确确实实存在。墨家认为的天志是什么?天志代表着正义。墨子自认为自己的天志就像轮人之有规、匠人之有矩,以此来度量天下的圆与方。天志就可以判断天下的一切是非,这是墨家一个最基本的观念。

儒家的天命由内在而外在,由外在而内在。《中庸》开篇即说"天命之谓性,率性之谓道,修道之谓教"。天所给予我的天命就是我内在的本性,我的本性就是天所赋予的那个天命。

天命即人性,人性即天命,天人不二,性命合一。有人说这是内在的超越,也可以。墨家的天志是外在的,它是一个客观的标准,它不是内在的。墨家的天志后来为董仲舒所继承,董仲舒的天人感应论实际上完全继承了墨家的天志。墨家有观念叫"上同而不下比",到了董仲舒那里变成了"屈民以伸君,屈君以伸天",天就成了最高的权威,想借用天来规范皇帝的行为。董仲舒说天人感应,人即是天、天即是人,天人一类。如果说天子做得不好,老天爷就会谴告你,不听谴告就来得更猛烈一些。

四

现在我们再谈孔墨哲学比较的原则,我一上来就说了,我们的比较不是要比二者的优劣高下,而是要同中见异、异中见同,然后实现二者优质资源的良好匹配,再造中华文化的健全形态。中华文化第一个辉煌的时代就是春秋战国时代,那是中华思想文化的奠基时代,那个时代是诸子蜂起、百家并作的时代。在那个时代里,我们先贤谱写了齐鲁大地的辉煌。先秦的大思想家们有几个不是山东老乡或者说不与山东有关?孔庙当中所供奉的五个圣人,没有一个不是山东人。儒家、墨家、阴阳家、道家、兵家等大思想家,大多数是山东人。如果回到两千多年前的山东,那个时候的齐鲁大地不仅是中国思想的高地,也是人类思想的高地。那是大师云集的地方,那是圣贤辈出的土地，山东是何等的骄傲和自豪。今天的山东要奋起直追，对文化自信做出自己的贡献。

墨家非儒的时代已经结束，墨家批儒也已经成为历史。今天在 21 世纪的视野下，儒墨应该是互动、互补，再造中国文化的辉煌。中国文化虽然是儒、墨、道、法，百家争鸣、百花齐放，但是最重要的是三家而已。一个是儒家，一个是墨家，一个是道家。就这三家而言，儒家追求的是用则行、舍则藏，穷则独善其身，达则兼善天下。可以说儒家是进退有据、进退自如。儒家文化系统是阴阳平衡、刚柔相济的一种文化系统。道家文化是阴柔性文化，突出坤静阴柔，以柔克刚。墨家是阳刚文化，充满侠义精神。可悲的是中国文化的发展选择了儒道互补，而没有选择儒墨互补。儒道互补强化了中国文化的坤静阴柔面，中国文化的阳刚面被弱化了，造就了中国文化阴盛阳衰。

隋唐文化充分吸收了印度佛教文化，佛教文化是一种比道家文化更加坤静阴柔的文化。《增广贤文》里说："不交僧道，便是好人。"交了僧道是不是好人？古人没有讲。有一点可以断定，僧、道两家强化了中国文化的阴柔面，梁漱溟先生在《东西文化及其哲学》那本书里讲，中国文化过于坤静阴柔了，近似老子，不是孔子的仁的精神、刚的精神。如何才能使中华文化再度具有侠义精神、阳刚精神？我们认为有赖于墨学的复兴。墨学的复兴，可以给中华文化重新注入阳刚、侠义心肠，来补充中国文化的阳刚气。

儒家文化讲究的是利己利人,道家文化讲究的是贵己重生,墨家文化讲的是利他主义。让人人完全利他,这不可能,也不现实。21世纪的今天,要实现利己利人、贵己重生、利他主义三者的有机融合,可以打造一个合乎中华精神的价值取向和价值观。完全利己,纯粹利他都行不通。

墨家有一个非常重要的观念,这个观念是今天特别值得汲取和学习的,这就是"言必立义",说话、立论一定要有一个客观标准。这个客观标准是什么? 可以商量、可以讨论。但是必须有客观标准,才能保证逻辑一贯性。只有这样,才能够形成自身的逻辑体系,才能够和西方的科学精神相衔接。近代以来,包括胡适的《先秦名学史》等都非常重视墨家的客观、理性、逻辑精神。近百年来墨学的复活意义在于什么? 重新复活中国这种具有科学逻辑精神以与西方文化的科技精神相对接,这是近代学人的用意。中国文化土壤需要改造,中国文化的未来才有希望。中国文化只有以开放的心胸,包容百家,促使百花齐放,百家争鸣,中国文化才有未来。中国文化只有充分吸收人类一切优秀文化的有机因素,我们才能够再现中华文化的辉煌。

第三讲　墨子的兼爱思想及其价值

李贤中

内容提要：先秦时代墨子为何提出兼爱思想；墨子提出兼爱
思想的根据为何；兼爱思想的内涵为何；兼爱思想的价值；兼爱思
想的推广与实践。

前言：墨子其人其事

《韩非子·显学》篇讲，先秦时代有两家显学，一个是儒家，
一个是墨家。在先秦诸子里面墨家当时能够发挥这么大的影
响力，它的思想一定有值得我们学习的地方。创始人是墨翟，以
孙诒让的说法看，生于周贞定王元年，卒于周安王二十六年。孙
中原教授认为，墨子生活年代大约是在公元前 468—前 376 年
之间。《墨子》曾经提过孔子，从来没有提过孟子。在《孟子》书
里，批评墨子、墨子的学生，批评得很严重。他说"杨子为我"是
无君，"墨子兼爱"是无父，"无君无父禽兽也"。在清朝的时候还

因为有人要研究墨子的思想而丢官,墨子的思想在整个历史发展里面曾经被放在不符合他思想地位的处境里面。

如果以孔子生活年代是公元前551—前479年来看,孔子死后11年左右,墨子出生。孟子生活年代是公元前372—前289年,墨子死后4年,孟子出生。墨子正好是介于孔孟之间。

墨子的主要事迹以及思想,先简单梳理一下。他的主张,简单说是兴天下之利、除天下之害。兴利除害,但是兴的是天下之利,除的是天下之害。可以这样说,以思想的范围来看,儒家思想比较偏重于家族血缘的关系,范围是家族。法家商鞅、韩非子以国家的富国强兵为范围。只有墨家,他的范围、眼界最宽广,是整个天下。因为他着眼于整个天下,因此他谈兼爱非攻。兴天下之利,除天下之害,在那个时代是推行"兼爱"的思想,提倡"非攻"的思想。大家比较熟悉的事迹是止楚攻宋,可以设想一下,当墨子听到公输班在帮楚王做工程的器械,准备攻打宋国。他听到那个消息之后,从泰山那个方向往楚国走,走了十天十夜,这个过程内心非常焦虑。同时他也在想,要怎么样阻止这场战争。他到了楚国之后没有先找楚王,而是先找公输班,说:"北方有人污辱我,请先生帮我将他给杀了。"公输班想,墨翟先生大老远来,要我帮忙杀人。他说:"我这个人讲正义,不随便杀人。"墨子跟他讲:"我给你200金,你帮我把那个人杀了。"公输班说:"我是讲正义的,我不能杀人。"墨子其实就是要他讲这个话,墨子说你的正义很奇怪,你的正义是不愿意杀一个人,但是你的正义却愿意去杀很多人。

公输班一听有点生气,哪有这回事。墨子说,你帮楚王做兵器,让楚国攻打宋国,你看看会有多少无辜老百姓会死掉,你不就是杀人嘛。公输班被他这么一讲之后也没话说了,他说这是楚王的事,跟我不相干。墨子说你带我去见楚王。这个故事大家非常熟悉,见了楚王之后,楚王知道墨翟是很懂得相关兵法的人,就想听听看他的一些做法。墨子见了楚王之后,指出,你们楚国土地这么大,5000里,宋国只有 500里。你去攻打宋国,一定会造成人员伤亡,多得土地又有什么价值。楚王的想法不一样,他还是执意的要攻打宋国。墨子这时候就说你真的要攻打宋国的话,攻不下来,他把腰带拿下来当作城墙。他是工匠,拿着木片作为攻城的器械。他说这样好,我跟公输先生来几个回合,让楚王看看,你怎么攻?一定攻不下来。公输班说他可以挖地道,从城墙外面挖地道,墨子就告诉他说我怎么在城墙旁边的水井,透过瓦罐上面弄一个牛皮,我可以听出挖地道的方向在什么地方,再破坏你的地道,往地道里灌烟。如果你用水攻的话我要怎么样疏洪,你用人海战术的话我怎么来挡,如果你在城外堆高楼塔的话我怎么来防。上上下下十来个回合,公输班攻城的方法都用完了,可是墨子防守的方法还是非常的多。公输班不讲话了,不讲话以后,就露出了一抹诡异的笑容。墨子也笑了,楚王在旁边莫名其妙。墨子就说了,他说公输先生最后一招我也算到了,那就是把我给杀了,他以为把我给杀了就没有人帮宋国防卫,可是这招我也早料到了,宋国的城门上有我的弟子 300人,他们每一个人都知道我刚刚用的守城的方法,用这个方法阻止、打消了楚王要去攻打宋国的企图。

我讲这个例子大家很熟悉,我要说明的是墨家的爱是有方法的,是有实力的。他在说服公输班的时候就用他的一种"推"式,公输班他不去杀人,却去攻国,墨子将攻国跟杀人看成一类,让公输班自觉矛盾理亏,于是不得不带墨子去见楚王。见了楚王之后他展现出防守的实力来阻止楚王兴兵攻宋。

一、墨子为何提出"兼爱"思想?

(一)对于儒家等差亲疏之爱的反省

我们看司马谈《论六家要旨》里面谈到,天下一致而百虑,殊途而同归。儒墨道法阴阳各家皆务为治。儒家提出来:人应该发挥本然的善性、道德性,扩充出去之后要实行仁政、王道,这样子天下就不会乱。就法家来讲的话,要力行法术势,要行法治,要严刑峻法,这样国家就不会乱。道家是:人法地,地法天,天法道,道法自然。无为而无不为。你看道家老子的思想,他说六亲不和有孝慈。失道而后仁,失仁而后义,谈到那些僵化的道德,都已经失去最原初的本原性。怎么样让天下不乱?让人回归到自然、无为的方式,所以他提出无为而治,这样天下就不会乱了。

在墨家来看,墨家认为要通过兼相爱、交相利,才能让天下之乱平定下来。虽然是墨子公开课,但是要把墨子的精华、合乎道理甚至超越时空的精神表现出来。其中各层面的道理都值得我们深思。当然，墨家的思想也不是都要全盘接受。

颜炳罡教授讲"仁"，一个人字旁，一边为二，二就是二人，二人代表两端，两端代表人与人之间的应然关系，所谓的应然关系就是父慈子孝、兄友弟恭、长幼有序，讲长官跟部属间应该有的关系，这里面都有人与人之间的应然关系，这个应然关系就是仁者爱人。《论语》里面讲，君子务本，本立而道生，孝悌也者，其为仁之本欤。所以要以孝悌的爱作为基础去发挥。因为孝悌的亲情是最重要、最核心的，因此我们看到在儒家里面有例证，所谓：父为子隐，子为父隐，直在其中矣。早上颜炳罡教授提到了，在墨家的记载里，第五代的巨子就是腹䵍，他的儿子杀了人。秦王说，你已经年老，又只有一独子我可以免他死罪。可是这个巨子腹䵍说，按照秦国的法律你可有此权力，可是按照墨家的规矩，还是得照杀人者死、墨家的纪律来执行。这个就跟儒家不一样，在儒家里面，父亲偷了羊，儿子帮他隐瞒。当然，这个题目在中央电视台过去有老师包括北大的博士生都讨论过、辩论过。对比儒家和墨家，他们对于同一个事件的观点看法不同。墨家的观点好像有点不近人情。基本上墨子还是站在人民百姓大众的观点上来看，强调社会的公义。儒家讲的是老吾老以及人之老，幼吾幼以及人之幼。老吾老，你爱你的宗长、爱你的父亲，推不出去。只老吾老，不及人之老的时候怎么办。只幼吾幼，却不爱护别人子女，如何？我们想象在那个时代里，墨子观察到贵族都有血缘的关系,享有社会资源、社会地位、社会权力等特权,而这些老百姓却是被遗忘的人群,处在饥者不得食、寒者不得衣、劳者不得息的状态,人民的生活都过不去了,儒家还大谈等差亲疏之爱,要等到什么时候呢? 我刚才举的例子,从父子之情来看,我们只看父子之情的话,的确,亲亲相隐似乎可以被理解,甚至接受,而成为指导行为的原则。不过你要是从另外一个角度看,被杀的那些人及他们的家人呢? 他们的父兄呢? 他们的亲人呢? 不能说他们是平民百姓,被贵族杀了就都没事,我们要从社会公义的角度来看儒墨的差异。什么时候、什么身份该做什么事情。儒家相信人们可以推广亲情之爱,然后逐渐可以推展到陌生人。但是如果事实上就是推不出去,墨家就设法改良或者是改变这样的学说主张。

除了这个例子之外,再让大家看一个。刚刚讲到父子关系,现在讲兄弟关系。孟子说有仁德的人对于弟弟出于情感的流露,就算埋怨也不会太久。亲之欲其贵也,爱之欲其富也。封之有庳,富贵之也。身为天子,弟为匹夫,可谓亲爱之乎。我当上天子了,我对弟弟之爱的表现,当然要给他高官厚禄。

孟子的弟子万章就来问他,说舜的弟弟是很不仁的人。"象至不仁,封之有庳,有庳之人奚罪焉?"从另外一个角度看,做天子的把他的弟弟封为地方官,可是这个人很糟糕,施行暴政,这个地方的百姓他们是无辜的,这样做对吗? 所以他说仁人固如是乎? 万章问"在他人则诛之",别人犯罪的话就要诛杀他,就要诛罚他,自己的兄弟就可以不用。这个例子就是想

让大家了解墨家为什么要提出兼爱思想。儒家思想后来形成
了一种社会风气，变成一种所谓的泛家族化或者是一种人情
文化的根据，我们看到家族的企业或者今天因为有关系而可
以任用这个人，因为他跟我有什么亲戚关系，所以我就可以奖
赏他。同样在公司里面工作的人，同样在单位里面工作的人，
却可能因为缺乏了这种亲戚关系，所以他受到不公平的待遇，
不一致的赏罚。现在在单位里面还常常会说，比如说赵阿姨、
孙大姐、张兄、李叔叔、王伯伯、什么什么老弟，虽然在单位里
面，但是儒家文化让我们有一种泛家族化的倾向，用一些称呼
变成一家人。不过，从另一方面看，2008年雷曼兄弟造成经
济大恐慌，在大陆这边没有造成很大的社会动荡，其中很重要
的因素是因为儒家思想，很多失业的青年回到自己家乡之后，
父母都觉得是一家人，可以照顾他，不会因为社会上大量失业
而造成社会不稳定。很多事情都有不同的观察角度。

　　我是从不同的角度来看，重点还是请大家思考为什么在
那个阶段墨子提出"兼爱"的思想，反省儒家的这些思想会产
生某种流弊或者造成社会上不公平的现象。

　　孟子的弟子桃应问曰："舜为天子，皋陶为士，瞽瞍杀人，
则如之何？"孟子曰："执之而已矣。"舜是天子，皋陶是他的执
法官，瞽瞍是他的父亲，杀人应该怎么办？孟子说把他抓起
来。然后，桃应再问，舜该怎么做？他说，天下对舜来说没有
那么重要。父子之间的亲情、尽孝道才是更高的价值，舜看天
下就像看丢掉一个破鞋子一样，然后到监狱里面把他的父亲

救出来,背着他的父亲窃负而逃,一直逃到海边去,终生欣欣然,很快乐,心安理得,照顾他的父亲,乐而忘天下。当亲情跟社会正义相冲突的时候,我们看,儒家的代表者他们所提出来的一种作法。墨子看到这样的情况,于是提出不同的看法、不同的思想、不同的主张。在这样的背景之下,我们慢慢能够了解为什么墨子他要提出"兼爱"的思想。

(二)平治当时天下之乱

再从当时天下乱的情况来说。天下为什么会乱?墨子认为,天下乱的原因在于人与人之间的不相爱。我们看,人们对事情有不同的意见,就争斗不休,无法相爱。天下为什么会乱?难道只是因为人与人之间不相爱吗?这事情没有这么单纯,这个世界没有这么简单。其实墨家也不是只讲相爱。造成天下乱的原因的确提到不相爱这原因,但并非唯一的原因。是我把他的十论简单整理,造成天下乱在墨子十论里面至少找出五个原因来。第一,在《兼爱上》篇,起于不相爱,天下之人亏人而自利。第二,起于民之无正长以一同天下之义。第三,起于使不智慧者治国家也。在《墨子》的《尚贤》篇里面这样讲过。墨子提出尚同的思想,以尚贤为前提。在他的思想里面,在位者必须有贤能者,要有三个条件。第一,厚乎德行。第二,辨乎言谈。第三,博乎道术。可是当时天下为什么乱?管理者不具备这三个条件,道德操守不好,沟通表达能力不强,知识常识又不够。这个也是天下乱的原因,在《墨子》的

《尚贤》上、中、下篇都提到过。还有《天志》篇。第四，起于天下士君子不明于天意，天下无义。第五，起于疑惑鬼神之有与无之别，不明乎鬼神之能赏贤而罚暴也。墨家认为鬼有三种：天鬼、山川之鬼、人死为鬼。意思是说，人死了不是完全的结束。既然不是完全的结束，还有天鬼的赏罚，他在另外一个世界里。你看《明鬼》篇里面大概记载十四五个鬼故事。这里面有赏有罚，人死了之后因为你在生前所做的事情会受到不同的赏罚待遇。所以，其实你要看天下为什么会乱？从十论来看至少可以归纳五个理由，如果再加入其他内容，还不止这五个内容。起于不相爱只是其中的一个。

天下乱的原因是这样子，怎么解决？墨子非常有逻辑，懂得如何治理天下之乱。针对找出来的乱因一一解决。第一，使天下人兼相爱、交相利。第二，立正长以一同天下之义。在《墨子》的《尚同》篇里讲到，一人一义、十人十义。怎么样让大家形成共识。第三，尚贤使能以为政。第四，让大家明天之意，义自天出。顺天之意，义之法也。第五，明乎、相信鬼神之能赏贤罚暴。所谓：举头三尺有神明，你要是做了亏心事，自己睡觉都睡不好。平日不做亏心事，半夜不怕鬼敲门。人活在这个世界上，常常会感觉到有限，时间、空间、体力有限。我上次在墨学会上也问大家，我们姑且不问鬼神存在的真实虚假，先问假设的确有超越自然的鬼神世界存在，或者有不可思议力量的存在，会不会影响人的行为？我看台下有很多人点头。我们回到墨子的时代，老百姓有传统鬼神的信仰。当然，在墨学界,我们在讨论的时候,会说墨子的思想到底是以"天志"作为思想根源,还是以"兼爱"作为思想根源,还是以"义"作为思想根源,不同的学者有不同的观点。回到墨子本身的思想,怎么样治理天下之乱?就靠这兼爱、尚同、尚贤、明鬼、天志五方面的思想。

今天讲的重点是使天下人兼相爱、交相利这个部分。就思想方法来看,通常一个现象的出现是由很多原因造成的,常常是多因一果。天下乱是一个结果,造成天下乱的原因有很多。如果要讲到墨经、墨辩的部分,他会告诉你原因有大故、小故之分。在多因一果里面很多原因分成大故、中故、小故,兼爱只能算作"小故"。什么意思?无之必不然,有之未必然。无之必不然,从爱跟乱之间的因果关系看,你没有爱的话天下必然会乱,没办法治理。可是你只有爱,能不能治理得好?未必,这就是"小故"。所以并不是像某些人以为的:"墨家太单纯、简单,全部的问题都是不相爱,只要大家相爱就能解决一切问题。"其实,在墨家,兼爱对于治乱来讲只是一个必要条件,无之必不然,有之未必然;你没有这个条件,天下治不好。可是你有这个条件,未必能够治得好。

我们要这样来看"兼爱"在墨家思想中的理论地位。

二、 墨子提出"兼爱"思想的根据为何?

墨子提出"兼爱"思想的根据是什么?我刚才一开始用个

类比的假设，你要来整顿治理某个单位，这个时候你会发现单位里面有很多问题。迟到早退、敷衍塞责、浑水摸鱼，就像墨子看到当时天下也有许多混乱的现象，他看到天下乱了。墨子要根据什么来整顿？墨子"兼爱"的根据是什么？

（一）以天志为法仪

天志是价值的根源、判准根据，古今中外很多传统思想有类似的想法。墨子也是这样，以天志为根源。他对天志的了解是什么？《法仪》篇里面说："天之行广而无私，其施厚而不德，其明久而不衰，故圣王法之。"行广而无私是很有普遍性的，好像旱灾时，天普降甘霖之后，是怎么样？是所有的人都是雨露均沾，所有的植物都能够享受到，他从天的普遍性行广而无私，对人、对万物的施与恩惠，他并不认为自己是有德的。施厚而不德。其实墨家思想跟道家也有关系，我听陈鼓应教授谈过这个部分，墨家的思想跟道家也有关系。其明久而不衰，光明久照，不会衰落，具有持续性、标准性。故圣王法之，可以作为效仿的榜样。儒家也说了："天行健，君子以自强不息。"

"天"具有什么性质？除了刚才讲的普遍性、道德性、标准性之外，我们在法仪里面可以看到：奚以为治法而可？当皆法其父母奚若？他说我们现在要治理一个地方，我们能不能够以父母的标准为标准呢？他说天下之为父母者众，而仁者寡，若皆法其父母，此法不仁也。他说天下的父母，我们有一句话叫作天下无不是的父母。这个从墨家不同的角度来看，天下的父母没有办法做到完全的仁，所以他说仁者寡。若皆法，大家都跟着父母学，不见得都对，所以他说不行。他接着说，我们跟我们的老师来学可不可以？就是你跟老师学，也不是所有的老师都是至仁者。我们可不可以跟国君学？也是一样。天下的国君真正做到完全仁的也是非常少的，也不能学。只有什么可以学？只有"天"才可以学，只有"天"才是至仁者。

儒家讲到的"仁"是什么？仁者爱人，仁者己欲立而立人，己欲达而达人，都在《论语》里面。仁者克己复礼为仁，这是儒家讲的。墨家里面也讲，在《墨经》里面《经说上》，"仁，爱己者，非为用己也，不若爱马"。他把人和马做对比，我爱自己，非为用己，我不是用自己。我爱我自己，是希望我自己能够好。什么叫作用我自己？像你在用马的时候会骑马，因为马是你的交通工具，可以帮助你。如果你在澳门赌马的话，马让你拿到奖金，所以你爱它。如果你爱的对象当作工具来爱，从墨家来看这不是真的爱。台湾有一个新闻，老少配，一个20出头的年轻人娶了40多岁的很有钱的富婆。大家看这个新闻的时候就会说他们是真的爱情吗，还是各有目的。因为她很有钱，她可以解除年轻人的财务危机。或者有些年轻人，年龄差距不是太大，常常因为某个对象她漂亮，所以要娶她。因为某个对象他高富帅，所以要嫁给他。可是如果有一天，他不再拥有财富，她不再美丽，他不再帅的时候，你还会爱他（她）吗？这种爱不是真正的爱，不是墨家所谈到的"仁"这个概念的体己之爱的内涵。什么是爱？一个小孩子如果没有爱，他根本没有办法成长。人人都需要爱,不止小孩需要爱,成年人也需要爱,中年人也需要爱,老年人也需要爱。在台湾新北市板桥有一个成人学习班,在这个成人社区学习班里面,有一班是教社区民众唱歌的。唱歌老师他就观察到班上有一个奇怪的现象,有一个中年妇人每次到他的课堂上就趴在桌上睡觉,在黑板上写旋律、教发声,那个学生都在睡觉。他觉得很奇怪,一季下来之后,到了第二季这个学生还来报名,还是照样睡。有一次下课,中年妇女就跟老师说很抱歉,你的课我都没有专心听,非常不好意思。那个教唱歌的老师就问她,你怎么回事,怎么老在我班上睡觉呢? 她说,不瞒你说,我家原来是住在新庄地区。新庄地区在"九二一"大地震的时候,我们家住在"博士的家"这栋大楼里面。当地震发生的时候我躲起来了,我先生抱着两个小孩,后来整个楼倒了。等到来救援的人把我们挖出来之后,我活了,可是我看到我的先生跟我两个小孩被梁柱压了,死在那里。她说从那天开始我就没有办法睡觉。只有在您上课时周遭的歌声让我有安全感,可以放松,我才睡得着。人生每个人的经历遭遇不一样,本来那个老师心里面觉得这个学生我应该劝她不要来修我的课了,歌唱课怎么能睡觉呢。他听了中年妇女的经历之后,他说没问题,你继续来吧。她说我在你的课上听大家唱歌,我的心才能静得下来,我才能睡着。我要说的是,爱对一个人的成长、对小孩子的成长、对青少年的成长,对不同年龄、不同性别、不同人种都很重要,凡人都需要爱,没有爱,生命没有办法延续下去。

爱具有什么特性？儒家讲仁，墨家讲爱。爱具有成全性，我们看连续剧也好，小说也好，相爱的一对男女，男方要到国外留学，女方因为家庭经济条件不允许。如果他们继续下去的话要分两地，会有许多问题让男孩不能专心念书，后来干脆分手。可是这个分手的动机是什么？是为了对方要出国，你不要把我当作挂念。虽然现在要分手，我的动机是出于对你的爱。我没有把你当工具，是把你当目的。所以弗洛姆说爱是具有主动性，爱是主动地关怀被爱者的生命及成长。什么是把爱的对象当成目的，而不是当成手段？很多时候父母对子女的爱是这样的爱，一种牺牲，我就是为了子女好，完完全全，没有什么目的和条件。爱具有成全性，具有主动性，具有目的性。但是这个目的性是什么目的性？在于提升价值。一对夫妻，先生常年在外面经营，做这个买卖，做那个生意都失败，可是回到家里面他的爱人、他的妻子不断地鼓励他，没关系，你再去换另外一个行业，应该会干得好。他通过这种爱，让一个失败过很多次的人后来变成大企业家，为什么？因为有爱，这就是爱的力量。爱具有成全性、主动性、提升价值的目的性。这是墨家所说的不将对象当作手段的爱。

我到这个年纪常常有机会帮学生去担任主婚人，在婚礼现场常常会讲到或者我会观察到，现在年轻人结婚的时候都是你眼中有我、我眼中有你。在他们的爱情世界里面只看得到对方，但是这种爱是不够的。我比较欣赏的新婚照片是新郎跟新娘不是眼神对望，而是新郎跟新娘在远处的某一点上眼神有所交汇,这个代表什么?婚姻代表一男一女共同许下了他们的誓约跟信诺,并且组成家庭,有共同追求的目标,相互的成全。这个才是真正的爱,我们要谈爱的话可以有这么多的方向来谈。这个是什么?就是《墨经》里面"仁,爱己者,非为用己也,不若爱马"。不是把爱的对象当作工具和手段,而是真正为他本身的生命、成长。

墨子提出"兼爱"的根据在于天志,天志的根据在于仁,仁的内涵在于爱,爱的特性刚才介绍了。

(二)墨子对于人性的把握

接下来我们再来看,他对于人性的把握。一般人认为墨家研究人性太少,觉得儒家有人性论,墨家没有人性论,其实我们可以从墨家的原典里面找出与人性论相关的文献。他对于人性的把握,《淮南子·要略训》里面有讲,墨子学孔子之术,以"其礼烦扰而不说,厚葬靡财而贫民,久服伤生而害事",所以他要改革儒家。其实在墨子的书里面他曾称赞孔子,因为孔子讲的话是正确的,所以说墨子并不是完全批评儒家,他其实也肯定孔子的某些思想。孔子对人性的看法是什么?"性相近,习相远。"墨子从习相远的观点引申说明,人的确会受到后天环境的影响才会呈现善恶。在他的《所染》篇里面讲到,一个君主如果所染得当(受到贤能的臣子影响),就能统一天下,得享圣王之美名。倘若所染不当,则身死国亡。我们看《孟子》里面,《告子》篇里面告子也有讲,人性是什么?生之谓性,人性就像湍水一般决诸东则东流、决诸西则西流。东方的堤防破了,水就从东方流出来。西方的堤防破了,水从西方流出去。人性也是一样,受到好的环境影响就成善性,受到坏的环境影响就成恶性。性相近、习相远,告子也是类似这样的想法。

性相近的"近"是什么东西? 孟子掌握到的是孔子所说的我欲仁斯仁至矣,我要行仁爱,我就能做得到。他又说,为仁由己,由我自己来做。既然为仁由己,我欲仁斯仁至矣,表示我内在应该有所依据的东西,孟子就用四端之心来证明人的本性为善。人心为什么是善的? 我们可以想象,当你看到一个小孩子将要掉到井里面的时候,你会有什么反应? 你起心动念要赶快去救他。非所以内交于孺子之父母,并不是你原来就认识这个小孩子的父母。非邀誉于朋党,也不是说我今天要救他,我是为了要得到好人好事的表扬,所以我才去救他。非恶其声也,也不是说你怕人家骂你见死不救,你的起心动念的第一个意念、从最本然的本性出来的就是恻隐之心,就是想要去救他,所以人心是善的。

但是请大家想想这个例子,孟子在墨子之后,孟子用证明人皆有恻隐之心的例子里面有讲到,非所以内交于孺子之父母也,他想要去救他,不是因为有什么血缘亲情关系,不是因为你认识他的父母,只是一个陌生的小孩子你就会想去救他。所以孟子虽然批评墨子,其实孟子受到墨子思想很多地方的影响,从他证明恻隐之心的有无,就跟墨子所讲的"兼爱"、爱人若己的爱是一样的爱。

再回到人性论,孟子讲人性是善的,荀子认为人性是恶的。同样可以从孔子的话里找到根据。什么是"仁"?克己复礼为仁,克己就是约束自己的欲望。颜渊问克己的细节,孔子告诉他,非礼勿视、非礼勿听、非礼勿言、非礼勿动,所以荀子才特别强调礼的重要细节。人性是什么?人性是恶的。你要克己,你要克制自己内在的欲望。所以欲望会怎么样?天下为什么会乱?有欲就会有争,争而不得会让这个社会乱。性相近、习相远,我们在先秦时代看到孟子的性善说,荀子的性恶说,告子的无善无恶说、可善可恶说。还有墨子所讲到的所染说,他认为人性是会受到周围环境的影响而有好有坏。

性相近的"近"是什么东西,还有其他原典的支持。墨子的《七患》篇指出,时年岁善,则民仁且良。好年景的时候,人性是好的,请他吃饭。时年岁凶,则民吝且恶。如果他自己生活不下去,很难有好的表现。人性本无善恶,可善可恶。其二,人性会因后天的力量而改变。

另外,从其他文献里面可以掌握墨子对人性的看法,最重要的是感通性。人可以跟天地感通,人同此心、心同此理,其实在墨家里面也有这样的一种说法。

第一,人性可以与天及自己相感通。前面《法仪》篇讲过了,跟天怎么感通呢?然则奚以为治法而可?故曰莫若法天。你怎么法天,你如果不了解天意,你怎么法天?当然天的内涵到董仲舒就更丰富地体现出来。刚刚讲了,天就是至仁者,仁,体爱也。爱人,当体诸己身,方谓之仁。体诸己身,就是人与自己的感通。大家有没有这样的经验?你曾经感觉到自己的感觉。若有人晚上翻来覆去睡觉睡不着,为什么忧虑?这个主体后退来感受,感受得到处于忧虑的状态,有些事情一直在心里面,你会感觉到自己目前的状态。你会感觉到自己现在是快乐、痛苦、悲哀,你会感觉到会渴望追求幸福。现在到孔子说的"仁",己欲立而立人,己欲达而达人。我自己希望能够在这个社会上立得住脚,我就帮助别人,也能够在这个社会上立足。我自己希望在这个社会上能够通达,我也就帮助别人能够在这个社会中通达。这就是墨子说的爱人若己,爱别人就像爱自己一样。当体诸己身,方谓之仁也。人都喜欢追求幸福,什么是幸福?有一个公式可以说明,跟你的所得成正比,跟你的欲望成反比。假设你的薪水每月 5000 元,你的欲求是每月 1 万元才够,那你不快乐。同样一个人薪水每月 5000 元,但是他 3000 元就能过一个月,他就比较快乐。这个快乐只是用物质、用金钱衡量,所得不仅是物质上的需求,还包含着精神上的亲情、爱情、友情。你怎么样获得这些?你要付出,爱人,兼相爱,交相利,这样的话才能得到幸福。所以你看墨子有节用、非乐、开源节流的思想,针对当时百姓现实生活的需要,减少自己的欲望欲求。人可以跟自己、还可以跟天相感通,这就是基本的观点。

他不止一次的提到为彼犹为己也。人与人之感通的部分,投我以桃,报之以李。这是墨子引用《诗经》的一句话,既此言爱人者必见爱也，而恶人者必见恶也。之前我在台湾住过一个小区，经常去爬山，爬山遇到人跟我道一声早安。我觉得山里面的人特别亲切，人与人之间没有隔阂。投我以桃，报之以李。我现在投个桃子过去，你不可能投个炸弹过来。你跟我笑，我也跟你笑，是一种互动。人跟人之间有一种感通性，可以感受得到对象的内在善意。我们看事情往往很多都是表象的东西，其实我们也可以看到表象后面的东西，他到底是诚心诚意来对我，还是有什么目的来对我。其实人跟人之间是特别能感通的。

此外，人是有自由意志的。墨家有天志也有非命的思想，为什么墨子要从天命，把"命"改成"志"，"志"就是天的意志，天的意志就代表天希望人为义。天欲义而恶不义，天欲人兼相爱与交相利。但是墨子也有讲，你为天之所欲，天亦为你之所欲矣。你不为天之所欲，天亦不为你之所欲。天希望你做正义的事，但是天有它的自由意志，人也有自己的自由意志，你可以不做天叫你做的事。墨子的思想理论脉络里面肯定人有自由意志，你可以做出想要的选择。就像孔子说，为仁由己等等也是有人的意志。意志的"志"是什么意思？适心，从心之声，意思是心之所适、心之所往、心之所向。人都要立志，像孔子说十五志于学，年轻的时候就是要立志。

人有自由意志，在《墨子·天志》里面讲，我为天之所欲，天亦为我之所欲。《经说上》对于义的解释，义是什么意思？"志以天下为芬，而能能利之，不必用。"什么是正义？每一个

人都要立志,以为谋天下人的利益为我的本分。因为墨子要
兴天下之利。以天下为芬,而能能利之。第一个"能"是能力,
每个人都有能力为众人谋福利。第二个"能"是能够,能够为
天下人谋福利。不必用,就是不一定出来当官。你是一个公
交车驾驶员,你是卖餐盒的小贩,你是修水管的工人,你的能
力都有助于这个社会。从某种角度来看,今天这样穿着、吃
着、生活着,有多少人努力的成果在我们身上,这就是兼相爱、
交相利。实际上我们的身上就有很多层面的交相利在其中,
只是我们没有意识到要用兼相爱去爱不同的人。

谈到"志",我举一个例子。在美国有一个黑人运动员,这
个小孩子家里生了 22 个孩子,他排行第 20。小时候得了肺
炎,后来又有猩红热,走路的时候也没办法很正常,但他就是
立志走,立志要成为运动员,而且他立志要成为赛跑的运动
员。他 13 岁的时候把脚上面的铁架给脱掉了,开始跑,开始
参加比赛。刚开始比赛的时候都是最后一名,但是他有恒心、
有毅力,不断锻炼,后来他开始崭露头角,最后他在奥运比赛
里拿到三面金牌。一个从小在弱势的家庭中成长的人,先天
不良,但是他通过自己的志向不断努力而成功。前两天我还
看到一个新闻,在美国有一个洗厕所的小姐,为了工作、为了
生活做清洁工的工作。后来她发现对健美感兴趣,在一个车
库里面自己弄了一些健身的设备,经过长时间苦练,她后来成
为健美冠军,女性的健美冠军。我们周遭有很多类似的例子,
因为立志达到自己的目标。

　　我也想到自己的例子,我年轻的时候原来念的是电子工程。20 岁在台湾要当兵,当两年兵 22 岁,之后在电子公司做技术员。但是我对于中国文化非常感兴趣,所以我工作一年之后就立志要再念书,所以在 23 岁的时候考了哲学本科。我在念大学的时候我们五专班上的同学都出来工作,有在正兴建的桃园机场做工程师的,当时他的月薪 1.6 万。我做技术员时,一个月才七八千。当我决定再念大学时,我必须要跟银行贷款,助学贷款交学费,还要找家教补贴生活费。什么力量推动我? 就是立志,立志的"志"很重要,"志"就是确定目标、勇往直前。心所向、心之作适、心之所往,确定了目标之后不断朝这个目标前进。"志"是推动人在达成目标过程中的一种力量。我因为研究墨子,从某种精神层面来讲,墨子的心跟我的心是能够感通的,能够了解的。我在研讨会的报告就曾说过,有人批评,比如说庄学派就会批评说,墨子真天下之好也,但是他的理想太高,达不到。儒家的圣人,庄子里面的神人、至人也不容易达到,看他愿不愿意立定志向。我们也听说墨家太过理想、太过浪漫,我这里特别强调立志的重要性。墨学、墨团能够在当时成为显学,就是有一群人在当时真的是为天下人而谋福利,牺牲自己,甚至牺牲生命,后来演变为中国社会中的侠义精神。

　　人有自由意志,你要善用你的自由意志。在《修身》篇里面墨子也讲,志不坚者智不达。一个人没有坚定的志气、志向的话,智慧也不高。言不信者行不果,你讲话都没有诚信,行为也不会实现。自我真诚的立志要做这样的事，这是一种很大的力量。

（三）从理性出发的三表法

在先秦各家对于方法意识最强的就是墨子，大家应该熟悉三表法，有哪"三表"？第一"表"，本之者，上本之于古者圣王之事。古者圣王之事是什么意思？古代圣王的成功案例成为我们的典范。古代的圣王实行兼爱，我们就应该实行兼爱。第二"表"，原之者，下原察众人耳目之实。你实际上观察到的东西，大家都看到、大家都听到的事情就是真的，这是强调认识上的客观性。第三"表"，用之者。发以为行政，观其中国家百姓人民之利。一个政策好坏，透过了古代成功典范的根据，透过了百姓耳目的验证，现在变成一种政策来广泛推行。观其中国家百姓人民之利。看看是不是有效果？有效果的话我们就能够按照这个来推广，变成一个政策。从墨家来讲就是兼爱，是必须要推广的，兼爱对于治乱是有帮助的。

提出"兼爱"，刚才讲除了天志的根据，也讲到了人性的感通，也谈到了人有意志的选择，这里讲到理性的根据。理性的根据里面又回到天志，当他在讲"兼爱"的时候你会看到，古代圣王施行兼爱。

这个"兼爱"是什么？人对于天志的一种感知。天志上所说的，我所以知天欲义而恶不义。天要我们做正义的事，厌恶我们做不正义的事。什么是"义"呢？《墨经》里面讲：义，利也。孔子思想，君子喻于义，小人喻于利。可是墨子讲义，是天下之利，非私利。刚才我对"义"做了说明，在《经说上》有说明，叫志以天下为芬，而能能利之。墨家希望我们要立志谋求天下人的福利，而且你要相信自己、肯定自己，每个人都有能力做有助于社会、人群、国家、天下人的事。

　　这是"兼爱"提出来的根据，第二部分讲到这里要稍微复习一下。他根据什么？根据天志，根据人性，根据人自由意志、立定志向的抉择，根据三表法的标准。在墨家经典里面可以找出来相关线索，他之所以要提出"兼爱"，外围的环境观察到儒家的仁爱推不出去，只局限于集团或者家族内，他们没有爱到普遍的老百姓。再加上天下是混乱的，所以他有外围的思想文化的不良氛围，还有社会秩序的混乱，墨子他要提出"兼爱"。

三、"兼爱"的内涵为何？

　　"兼爱"提出的观点是平民百姓的立场，是社会公义的观点。儒家比较强调父子之间的关系、兄弟之间的关系，没有血缘关系怎么样？墨子、墨家会观察到这些现象。所以他站在平民百姓的角度，要求社会公义。台湾有一个郑捷随机杀人案。郑捷，21 岁，念东海大学大二。他有一天在台湾的捷运上面，拿一把刀见一个砍一个、见一个杀一个，无冤无仇，随意杀人。是不是有杀人内容的电玩也是帮凶？游戏越做越像，大家打打杀杀,年轻人沉迷在里面,电脑世界跟现实世界无法分辨真假,就开始随意杀人。现在这个社会、世界已经变成什么样?为什么要让大家特别了解墨子的"兼爱"思想,他的内涵是什么?他是站在平民百姓的立场、公义的立场。那些被杀的人,有些念到研究所,有些小孩正好是事业发展的时候,不幸碰到这种事命就没了。看那些受害者,多么无辜。墨子就是看到当时百姓所遭受的迫害。从一个社会公义的观点来提出"兼爱"。

还有"兼爱"的问题意识,如何实际改善人民的生活。他讲节用、节葬、非乐、非命这些,都是要实际改善人民的生活。实际改善人民的生活,他的思维逻辑是这样的:第一个问题,天下的乱象有哪些,刚才讲到有五种;第二,造成乱象的原因是什么;第三,解决乱象的办法是什么。墨家思想的精华就在于解决问题的办法。他观察乱象,在乱象当中找出因果关系,找出造成乱象的原因是什么。针对这些原因找出解决乱象的方法,兼爱、尚同、尚贤、明鬼、兼治、非命等等。最后的目的是什么?就是解决这些问题,《非乐》篇提到民有三患:饥者不得食,寒者不得衣,劳者不得息。解决人民吃不饱、穿不暖、累了没有办法休息的民生问题。

解决的办法是什么?兴天下之利。其实有人说这个墨家就是太束缚了,就是不懂艺术、就是不懂美感。其实你看《非乐》篇,墨子并不是认为那个肉不好吃,并不是那个钟敲起来音乐不好,并不是他不喜欢穿好的绸缎衣服,并不是他不想到高楼里面住,并不是。是因为当时的平民百姓大多数都活在痛苦中,吃不饱、穿不暖,连基本民生没有解决的状态下,相对于这种情况他提出非乐的思想,以兴天下之利。其实墨子他也有求新求变的思想,像他在《非儒》篇里面跟儒者对谈,什么是君子?儒者认为:君子是穿古人的衣服,戴古人的帽子,说古人说的话,这个才是君子。墨子就说,古代的人总有一个人他是创新的吧。如果他是创新的,在他之前没有人戴这个帽子,在他之前没有人穿这个衣服,那他就不是君子了,你学习一个不是君子的人,还有什么意思。意思是说墨子有创新的思想,尧之义,他说古代有尧,他说的义跟现在所说的义是不一样的。孔子说"述而不作",墨子说"述而又作",他不断地创新。因此他的"兴天下之利"如果在今天的话,我们可以来转换说明有很多地方转换应用于我们这个时代,也就是"兼爱"的思想可以用于我们这个时代。

"兼爱"的内涵有什么?兼,一人手持二禾,从字源的意义看,代表平等。不是说对自己的亲人好,对别人就不好。所以"兼爱"的第一个涵义就是平等。第二,"兼爱"是整体性的爱,它有相当的抽象性,强调的是整体性。因为从经上说,体,分于兼也。"体"就是部分,部分是从整体分出来的。《经说上》解释,若二之一,尺之端也。所以我用一个尺的图片。二是整体,一是整体中的一部分,"体"是部分,"兼"就是整体,因此"兼爱"有一个整体的爱。我不晓得在座的朋友们,你们有没有对人类或者是民族有一个整体爱的精神。你这样想,虽然他不是一个具象（具体的对象），你这个情感能不能出来。你对人类可能没有，对中华民族有没有整体的爱。我在大学的时候和同学们谈到中华民族的命运，有些女生都掉眼泪，看近代史里面中国受到列强的侵略，在历史上这样有辉煌文化的国家，受到列强欺凌，各种因素导致民族的苦难，想到民族大义，想到对民族的爱，有人会深深感动。我举这个例子是说，虽然我们爱的时候好像有具体的对象，可是在墨家里面给你一种整体性，人类整体的爱。第一个是平等性，第二个是整体性，第三个是超越性。先秦各家没有人会讲到这么宽宏的视野，在《大取》篇里面这么说：爱众世与爱寡世相若，兼爱之有相若；众世有人说就是大的国家或者说小的国家，有人的解释是这样子的：或者是一个好的年代，强盛的年代，或者是一个比较衰落的时代，里面的人都是一样的。爱上世与爱后世，爱古代的人就像爱后代的人，一若今世之人也。爱古代的人，爱未来的人，爱后世、未来的人，就像爱现代的人。你进入墨家思想里面，必须有一种精神上的抽象的、整体的观念，你怎么爱古代的人，善继人之志，比如说我们的祖先希望后代子孙能够做什么事？现在祖先都已经走了，不在这个世界上了，但是我的曾祖父、曾曾祖父曾经写过家训，写过目标，希望子孙能够在地方上做出什么样的建设，我们就做。你在做这些事的时候，就是对古人、对以前人的爱。我们今天谈墨子的思想，墨子有很多思想，兴天下之利，如果墨子那个时代的人在精神上爱到我们这个时代的人，我们如何来爱墨子。墨子的理想就是现在能够努力设法完成，完成一点算一点，每一个时代尽到每一个时代的责任。

对未来的人有没有爱？能不能爱？在座的朋友有没有爱过还没出生人的经验，有人认为不可能，还没出生我怎么爱。我举个朋友的例子，他跟他爱人结婚了，决定三年以后生小孩。他原来是个烟枪，后来想三年之后要怀孕了，希望小孩子不要身体不健康，所以他开始戒烟了。小孩子还没出生他开始戒烟，他戒烟的动机跟目的是什么？是希望出生的小孩子是健康的。这代表什么？小孩子还没出生，他已经开始爱他的小孩了。现在的年轻人准备要生小孩，先为小孩子储备教育基金，每个月发薪水的时候先拿部分薪水，存起来，将来是小孩子的教育基金。这是不是爱？是爱。爱的对象不一定具体出现在你眼前，在《墨子》书里面举一个例子。一个妈妈把孩子搞丢了，找不到，她看不到她的小孩，在这种情况之下她对小孩子的爱还是源源不绝，天天到大街去找，刊登广告。一个看不到的对象都能够成为人的所爱，未来的人虽然看不到，但我们还是可以爱他们。比如现代人一直在浪费地球上的资源，一直开采石油，一直破坏环境，雾霾越来越厉害，你想到你的儿子、孙子将来就活在这个环境里面。你想到我将来不能让他们在这种环境里面生存发展，所以我们现在要做一些改善环境的做法，这就是爱，而且这就是"兼爱"里面重要的超越性的爱。不只是爱过去的人，善继者之志，古人的思想，孔子的思想、墨子的思想，我们现在念国学，就是要了解他们的思想，你要从"兼爱"的角度来讲，我们可以爱他们。他们没有达成的理想我们来达成，他们想要宣扬的理想我们来宣扬，在生活上怎么实践。对未来也可以爱，我刚才讲年轻夫妇对没出生小孩的爱，事实上政策规划、整个国家建设、地球上全人类的发展，都可以想到50年、100年后的后代子孙，我们要留给他们一个什么样的生存环境。如果我们想到这个，并且也真正做这些事，那你就是在实行"兼爱"，这个就是"兼爱"的超越性。

谈到"兼爱"的第四个特性叫作互动性、交互性。就是我刚刚讲到的"投我以桃，报之以李"。你对我好，我也对你好，人跟人之间互相感应。我有个朋友在台湾开国际多媒体公司，他就是秉持正派经营。他是个董事长，我到他办公室里面就看到有一副对联：胸怀天下，行道人间。我在跟他交往的过程中不觉得他是商人，觉得他是文化人。因为他做生意的时候常常都会想到，我跟你做这笔生意你能不能赚到钱，他不是只想我能够多赚钱，而会想到别人与我做生意能否也赚钱，是一种兼相爱、交相利双赢的政策。所以他在业界有非常好的风评，很多同行后来都倒掉了，不过他们都认为这个董事长在人格上、做法上值得他们尊重。他这样对别人，人家虽然有时候占他公司的便宜，不过生意做久了以后，正派经营就能够长久。路遥知马力，日久见人心。交互性也是墨子"兼爱"里面一个重要的特性。

好了，你说交互性，我就等着别人来爱我，你爱我，我才来爱你。不对。在墨子的思想里面,吾先从事乎爱利人之亲,然后人报我以爱利吾亲也。互动性的前提在于主动性,你在爬山的时候看到山上有人下来,早,大家打声招呼,是你主动的关怀别人。就像两个人见面要握手,你不伸手我就不伸手,你伸手我才伸手。这不行。主动性就是我先伸手,我们要主动地爱别人。现在这个时代里,其实人跟人之间有时候非常冷漠,不像以前住在村落里。现在人们住在公寓里,可能同一层公寓里面对方邻居姓什么都不清楚。你要实现"兼爱"的话,你必须从生活上、邻居、工作的同事甚至公交车上的陌生人出发,愿意用爱心去面对他们。

刚刚讲到了"兼爱"的特性,平等性、整体性、交互性、主动性,很重要的还要有超越性。爱古代的人,爱未来的人。它的根据是我们刚刚讲的天志,天志具体的说法就是"义",义就是利。义是什么?志以天下为芬,而能能利之,不必用,天下公利,天下太平。其实有不少人讲《礼运大同篇》"大道之行也,天下为公。选贤与能,讲信修睦。故人不独亲其亲,不独子其子,使老有所终,壮有所用,幼有所长",这是墨家的思想,当然也有儒家的思想,所以我也很同意有一位教授所说的,他们的目标其实是一致的。唐代的韩愈就说,孔子必用墨子,不成其为孔子,墨家的理想性是儒家也要追求的。墨子不用孔子,不成其为墨子。那么后来儒墨之争,就是他们的弟子有所偏颇之后才有的。从韩愈的观点来看,孔墨思想是相辅相成的,都有一个共同的超越理想。

　　有人说，墨家的"兼爱"理想太高了，根本做不到，怎么可能爱未来的人，怎么爱整体的人，什么叫爱全人类，怎么实践呢？墨子的原典里面对这个问题也有所说明。"志功为辩""志功不可以相从"。你的立志跟你的效果其实是两个不同的东西，但是是相关的。《修身》篇就讲"亲戚不附，无务外交"。你自己的亲戚都不照管，你还去管外边的人吗？在《孟子》里面，墨子的弟子夷之他就说，我们墨家是爱无差等，施由亲始，爱没有差等，但是实践的时候还是从周边、身边的人开始去做。

　　从"志"跟"功"不同的角度上看，在理念层次上刚刚所说，整体性、平等性、超越性在实践层次上，有交互性、主动性与具体对象的差别性。有人说墨家不是跟儒家一样吗，有什么差别呢？我举一个例子，我想大家都曾经在高速公路的休息站休息过，有一次我在台湾的高速公路休息站看到一个年轻的父亲，带着太太、两个小孩，到了休息站里面赶快叫了米粉和贡丸，把他的袋子、衣服、皮包拿出来占位置。他这是什么？对他太太、小孩子的爱。然后，他们开始慢慢吃、慢慢聊天。旁边的人站在那个地方等，没位置，等他们吃完了才有位置。我想如果是墨家兼爱者，他当然也会爱他的家人，但是吃完了以后，特别是大人，赶快把位置让给别人家的小孩，别人家使用这个公共桌椅才有地方吃饭。我举这个例子是要说明，儒家的推爱如果推不出去，在日常生活当中一个做父亲的，为他的小孩占位置，帮他们买东西，让他们吃，吃得愉快，吃完之后聊天,他当然是付出对家人的爱。可是当他对家人付出爱的时候你不能忘记还有别人,别人有同样的需要。如果说儒家只是停留在我爱我的家人、爱我的亲人天经地义,而不管他人的时候,这个时候就不好了。这也就是墨家为什么要提出"兼爱",强调人与人之间要有平等性。

墨家还有一个观念,叫作"权衡",利害的权衡,"利之中取大,害之中取小。害之中取小,非取害也,取利也"。"权"是什么?是秤,我小的时候在台湾菜市场里面看到秤,一边的权有重量,一边是钩子,钩菜、肉、货品,权衡轻重,如果这个东西重,这边就往后拉。"权"代表重量,看它是几斤几两,当秤平衡时,权所在的尺度位置乘以权的重量,就是货品的重量,可算价钱。这代表什么?墨家有一种动态调整的观念。在各种情况之下不止想到自己的家人,不止照顾自己的亲人,还要想到别人的需要,还要关照到别人的需要。这是墨家的"兼爱",他特别提到"兼爱"跟儒家有差别的地方。在实践上跟儒家很像,还是从身边的人开始。某人如果留学到国外去,他室友是外国人,他同样也会照顾。我记得当时念书住学校宿舍,参加篮球比赛活动打篮球很激烈,撞得牙齿流血,那天晚上要吃晚餐,但是因为受伤当时晚餐的时候没法吃,在吃晚饭的时候同学专门泡了一杯牛奶给我,这就是兼爱的实践。我一直记得这件事情。他对我的爱就好像是家人一样的爱,不因为我只是一个同学,跟他没有关系,就不关照我。

当墨家的思想传到了西方,当西方的学者,不论是念哲学的、念汉学的,他们看到了"兼爱"这个字,他们了解了"兼爱"在中国文化里面的意义,当他们了解到"兼爱"跟儒家思想"仁爱"的差别之后他们开始翻译它。当然,刚开始翻译还是中国学者到国外去,刚开始是梅贻宝、陈荣捷,翻译成 Universal Love,强调爱的普遍性与全体性。用张载的话说,为天地立心,为生民立命,为往圣继绝学,为万世开太平,这种胸襟你说他是儒者,发展到最后就是整体性,他的爱是普遍性的。为往圣继绝学是什么?对过去人的爱。为万世开太平是什么?就是对未来人的爱,这不就是 Universal Love 的爱吗?我们再看 Stanford Ensyclopedia 的翻译,他的翻译是 Inclusive Care,强调兼爱的非专有与不排他的特性。特别是不排他,我们常讲儒家重视血缘关系,我爱我们这个族群的人,因为他跟我们是不同族的、不同乡的、不同国的、不同肤色的,所以我不爱他。"兼爱"强调的是什么?是一种 Inclusive,就是整个包含着、没有排斥,不因为你跟我不是亲戚,不因为你跟我不是同一国的人,只要你是人,我就爱你,他对于"兼爱"的了解是这样子的一种翻译。Universal Love 是整体性、全局性,可 Inclusive Care 是没有排他性,两种翻译着重点不同。如果到高速公路的休息站,一个有兼爱的人,他自己的小孩有位置坐,他可能会站起来让别人家的小孩坐下来吃饭。他心里常常体察别人的需要,这兼爱就没有排他性,这样的翻译也能让我们看到"兼爱"这个方面。

另外一个西方的学者 HeinerRoetz,他用的是 Co-love,指出兼爱的互惠互利、合作之爱。因为这个世界相互合作，我们在互利互惠合作的过程中使人类的文明不断进步，所以他看到的是兼爱的交互性。互惠互利、合作之爱，把兼爱翻译成Co-love。

西方的汉学家，很有名的 Angus C. Graham，他翻译成Concern for Everyone，凸显兼爱所关怀的是每一个人，不太关注整体。我爱美利坚民族，我爱大和民族，不是这样。他的兼爱虽然有普遍性、整体性，但是实践的关怀是每一个人。墨家讲"利"字，所谓"利"是"所得为喜"，你让对方得到爱，能够得到幸福，就是对他有利。

这四种翻译帮助我们了解学者们对"兼爱"的翻译，让我们看到"兼爱"不同方面的异同。它包含了普遍性、不排他性、相互性与实践上关怀每一个具体的个人。当然公开课是用讲的方式，其实理解了之后重要的是去实践。在《墨子》里面讲，"知"有四种，名实合为。第一个是你知道了名称，但不知道名称所指的实际东西。第二个是你知道实际的东西，不知道他的名称。第三种是你知道了名称，也知道实际的东西。比如说你现在听过演讲知道了"兼爱"的名与实是什么，最重要的是"为知"，是要去实践这个"兼爱"，实际上去做。从墨子来看，这种"为知"才是真正的"知"，了解了正确的道理，真正在社会中实践。

四、"兼爱"思想的价值

天下太平、兴天下之利、达成理想,理想是希望人人相爱,以兼爱改变别爱,转化人性中的自私自利。在《兼爱下》篇讲到,跟《礼记》大同篇类似,"是以耳聪明目相与视听乎?是以股肱必强,相与动宰乎;而有道肆相教诲,是以老而无妻子者,有所侍养以终其寿,幼弱孤童之无父母者,有所放依,以长其身"。

今天世界有什么样的乱象呢?"兼爱"可以解决今天的世界乱象。现在有民生问题,现在大概没有吃不饱的问题。可是从全世界、全天下的眼光来看,据联合国的统计,现在还有11亿多的人口处在贫穷线之下,处在饥饿的状态,没办法天天吃饱。你要是从天下的眼光来看,墨子会把这个当成自己的责任,可是你知道吗?现在的世界里也有11亿多人处在一种体重过重的情况,要减肥。你要从平等性、整体性来看,面对现在世界上有关的民生问题、饥荒问题的时候,墨家认为我们是有责任的。当世界上还有这么多人吃不饱、穿不暖的时候,我们却在享受食物、浪费食物,这个不符合墨家"兼爱"的精神。你看《非乐》篇讲,"民有三患,饥者不得食,寒者不得衣,劳者不得息,三者民之巨患也"。

现代社会中的人际关系方面也是相当地恶化。《明鬼》篇里面描述当时墨家的情况,"是以存夫为人君臣上下者之不惠忠也,父子、兄弟之不慈孝弟长贞良也。正长之不强于听治,贱人之不强于从事也"。我们看现在的亲子关系,曾经有一个台湾的妇女团体,她们请一些受到家暴或者单亲家庭中的小孩写出他们内心的感觉。有些六七岁的小孩子就说,"我感觉到害怕、生气、讨厌我自己,都是因为我不乖,所以爸妈才要吵架","我真希望我自己能分成两半,一半跟爸爸,一半跟妈妈"。请大家从一个小孩写下的童言童语、他内心的感受了解我们现代社会的亲子关系、婚姻关系,这个世界人际关系其实很欠缺爱,真的很需要爱。

在治安方面,今天中午新闻报道德国慕尼黑又有恐怖分子,就在今天,杀死了很多人。很多时候我们看到很多暴行,街头的暴行,在某些地方,巴厘岛等度假的地方,这个世界充满着很多混乱的情况。在《墨子·明鬼下》就说,"民之为淫暴、寇乱、盗贼,以兵刃、毒药、水火,退无罪之人乎道路率径,夺人车马衣裘以自利者并作。由此始,是以天下乱"。

国际关系方面,战争就更不用谈了,看了很多国际政治的新闻,都与战争有关。战国时代秦赵之战死了多少人?有人说42万,有人说45万。我们想40多万人死在战场上,是什么场面?血流成河,惨不忍睹。你们知道第二次世界大战死了多少人吗?7000多万。人命是什么?我们活在这个时代,20世纪几千万人因战争而死,其意义是什么?区域性的战争,中东地区的战火,还是不断在燃烧。你看《墨子》的《兼爱上》篇,当时他看到战国中期的状况,"虽至大夫之相乱家,诸侯之相攻国者亦然。大夫各爱其家不爱异家,故乱异家以利其家;诸侯各爱其国,不爱异国,故攻异国以利其国,天下之乱物,具此而已矣。察此何自起? 皆起不相爱"。所以国与国之间不相爱,我们要提倡墨家"兼爱",希望通过公开课程让墨学的思想不仅是在国内大家注意到,而且有人重视、推动、推广、实践,而且希望能在全世界都要推广。

环保方面,天灾人祸一大堆,刚刚讲到的雾霾、水污染,很多污染。像做食品的,做的食品自己不敢吃。工厂排放的污水任由外流,工业化所导致的空气污染。还有一些绿地的沙漠化,沙漠扩大,温室效应造成的极端气候,导致长江中下游淹水,现在雨带到了北方,这些是环境问题,但是环境问题跟人祸是有关系的。《墨子》的《天志中》讲道:"天之爱民之厚者有矣,曰以磨为日月星辰,以昭道之;制为四时春秋冬夏,以纪纲之。"

"兼爱"思想的现代意义,个人方面,实践兼爱,要从生活周遭的人做起。经过交流、分享,了解墨家"兼爱"之后,在你的生活上就要去实践、开始做,用一种坦诚的、爱的态度去面对周遭的人,慢慢地形成风气。虽然在心智上要胸怀天下,但是落实在生活中就要从周遭的父母、师长、同学、朋友以及街上碰到的陌生人去做起。

秉持服务的精神,兼相爱、交相利。以爱心对待世人,以温馨、真诚的态度来与人交往。事实上你愿意调整态度,你的生活也会不一样。你的生活会更具有生命力,你会觉得每天的日子更有价值、更有意义。

怀抱着一种施予的心,主动地去帮助别人,还要有敢做的勇气。有的时候想要帮助别人,还不好意思。我在台湾辅仁大学曾经开过人生哲学的课,会让学生做新生活实验,每个同学自己设计,有些人说我要跟陌生人交谈,我要了解陌生人的需要,我要想办法帮助他。这是新生活实验,在今天的演讲里面也希望大家能够有这种主动性,立志主动地去爱别人。

群体方面,要发挥急难相救的精神,一种牺牲之爱,常为别人着想。好像《圣经》中有这么一句话,"施比受更有福",愿意施予的人比别人更富有。他虽然有 1000 万,但是连 100 块都不愿意出。你只有 1000 块,但是你捐了 100 块。谁比较富有?

从人类整体方面,要有超越有限时空的爱,重视全球伦理。从超然的价值根源来省思人与自然的关系,从今天的全球观点,每一个人或社群都是地球村的一分子,要对自然环境的保护尽一份心力。随地丢垃圾太容易了,但如果有兼爱的精神,你就不会这样做了。

要有超越性,留给后代子孙青山绿水,可以生存、可以发展。

五、结论

最后用三个结论跟大家分享墨子兼爱思想的现代价值。

第一,要用全球的视野来解决区域性的问题,不然若只设法解决区域性的问题会造成更大的问题。我家里有垃圾,我丢到小区公园的垃圾筒里面去,大家都丢到里面去,家里似乎干净了,公园的垃圾筒里面滋生苍蝇蚊虫,会爬到、飞到别的地方去,也可能飞回产生垃圾的家里去。有些国家把他们的核废料、污染物运到第三世界的落后国家去,将来地球被环境破坏,大家都没办法生存。人们若只解决区域性的问题,用武力的方式压迫不同文化的人,他们要争取生存,他们要求文化的自主性,若一再用强势武力的方式解决,弱势者就可能会变成恐怖主义者。墨家为什么重要?他有兴天下之利、除天下之害的精神。

第二,从兼相爱、交相利推广世界和平思想及全球环保意识。兼爱非攻,追求世界的和平。大家都来做环保,环境保护,人人有责。

第三,从个人、群体及人类整体的方向努力的实践兼爱,扩大影响力。每一个人都做,每一个人都在生活中实践兼爱,就会影响周遭人,慢慢形成社会风气。

最后,再想想……墨子兼爱对于现代社会有什么价值?对于我们个人又有何意义?

第四讲　墨子的尚贤尚同思想

廖名春

内容提要：墨子崇尚贤能，主张用人不论出身高低贵贱，一概以贤否衡之。在此基础上提出尚同说，主张人们的思想行为要统一于贤者在位的上司。尚贤与尚同说，是墨子政治学说最有特色的部分，至今仍有现实意义。

我们知道《墨子》全书分为 15 卷 71 篇，依姜宝昌老师说，从内容上可分为"墨论""墨经""墨守"三部分。墨子的"尚贤""尚同"思想，主要见于《墨子》书的卷二和卷三，即《尚贤上》第八篇、《尚贤中》第九篇、《尚贤下》第十篇和《尚同上》第十一篇、《尚贤中》第十二篇、《尚贤下》第十三篇。这 6 篇作品是我们学习的主要对象，要重点研读。当然《墨子》其他篇有所涉及的，也要参照。

今天要讲的问题主要有三个：一是墨子的"尚贤"思想，二是墨子的"尚同"思想，三是墨子"尚贤""尚同"思想的现实意义。

一、墨子的"尚贤"思想

关于墨子的"尚贤"思想,我想讲四点。

(一)墨子"尚贤"思想的背景

我们总是说"人最为天下贵""人是万物之灵"。这是一个总体的判断,是就人与动物的比较而言。但现实中的人并不都是一样的,人有善恶之分,有智愚之别。孔子说:"性相近,习相远。"(《论语·阳货》)是说从人之性对犬之性、牛之性来看,人与人为同类,所以说"相近"。"相近"表明人有共性。但从人类自身看,人与人虽属同类,但智愚壮羸万有不同。所以应当说"相近",不应当说相同。这表明人又有个性。所谓"习相远",指的是人的社会性。意思是说人后天修养不同,受生长环境的影响,因而有善有恶,差别非常之大。

自古以来用人的标准无非是两个,一个是"亲亲",一个是"贤贤"。文明社会是从个体家庭发展起来的。氏族社会,人们以"亲亲"为重,强调血缘关系。自己同族的人,血缘关系很近的人,用起来才放心。血缘隔得很远,不是自己同族的人,觉得他的想法肯定跟我们不同,用起来总是不放心。所谓"非我族类,其心必异"(《左传·成公四年》)。因此,用人不管你有没有才能,有没有本事,首先看你跟我的关系如何。墨子时代,用人为官是"世卿世禄"的世袭制。父亲做司马,儿子也做

86

司马,孙子接着继续做司马,司马一职被一家人包了。从天子到诸侯,从卿相到士大夫,各级都是世袭,都是"龙生龙,凤生凤,老鼠生来打地洞"。

但是"商鞅变法"以后,这种制度就开始改变了,取而代之的就是选拔的制度。选拔以德才为重,用人要看的是品德和才能,这种制度就叫作"贤贤"。这里的第一个"贤"是动词,第二个"贤"是名词。"贤贤"就是以贤才为贤,就是重用有本事和贤能的人,也就是"用人唯贤"。

先秦诸子论"用人唯贤",墨子是最突出的,墨子最重视"尚贤"。"尚贤"的"尚"可以读做"上下"的"上","尚贤"就是以贤者为上,就是崇尚贤者、重用贤能之人。《墨子》书《尚贤上》第八篇、《尚贤中》第九篇、《尚贤下》第十篇强调的就是这个。法家也"尚贤"。法家强调以军功为上。有军功的人就做官,没有贡献的人就要下去,无论是贵族还是世家。这一点与墨子是相同的。

现在有争议的就是儒家。我们很多人认为儒家是搞"亲亲"的,跟墨子不同,跟法家也不同。这个问题怎么看?我觉得值得讨论。儒家用人的观念绝对不是"亲亲",如果只是一味地"亲亲"的话,儒家的理论就非常狭隘,就没有普世价值。"非我族类,其心必异"的说法,绝对不是以孔子为代表的儒家的思想。儒家讲事情的时候是很现实的,是很有理性的。其方法是由近及远,由内及外,所谓"老吾老以及人之老,幼吾幼以及人之幼"(《孟子·梁惠王上》)。做事都是从自己、从自己身边的人、从自己的家庭、从自己的家族做起,然后由近及远,推广到国、推广到天下,这是儒家的特色。

"亲亲"这个东西在儒家那里虽然很重要,但并不是最重要的。儒家强调义,义要高于亲情。以前有个口号叫"大义灭亲"(《左传·隐公四年》),现在很多人认为这个话不对。因为"文革"时儿子造老子的反,夫妻反目,六亲不认,以为这就叫作"大义灭亲"。这是不对的。"大义灭亲"是说"义",社会的根本利益要高于亲情,要重于私情。个人亲情和社会根本利益发生冲突的时候,我们要以义为先,这就是"大义灭亲",这就是儒家的思想。所以,《荀子·子道》篇说:"入孝出弟,人之小行也;上顺下笃,人之中行也;从道不从君,从义不从父,人之大行也。"孝弟、顺笃比起道义来,有小道理与大道理之别。道义作为社会公理来说,要高于父子私情。所以,当道义与父子私情发生矛盾时,就应该"从义不从父",而不是为孝而背义。这是荀子的意见,更是以孔子为代表的先秦儒家的主流看法。所以,孔子为代表的先秦儒家虽然重视亲情、强调亲亲,但他们并非血缘至上主义者,他们基于家庭伦理讲社会公德,基于"父子有亲"讲"君臣有义"。但真正到社会公德与父子私情有违时,他们还是能分清大是大非的,这就是"不成人之恶"(《论语·颜渊》)"从义不从父"。

儒家在用人问题上与墨家和法家一样,也是主张"尚贤"的。孟子以历史事实为证:"舜发于畎亩之中,傅说举于版筑之间,胶鬲举于鱼盐之中,管夷吾举于士,孙叔敖举于海,百里奚举于市。"(《孟子·告子下》)舜是农民,傅说是工匠,胶鬲是鱼盐贩子,管仲是囚犯,孙叔敖是边远之地的隐士,百里奚是被贩卖的奴隶,这些人都是地位不高甚至是地位很低的人,但尧帝、武丁、齐桓公、楚庄王、秦穆公这些明君都不计较,"唯才是举",把他们选拔出来了。

荀子讲得更清楚:"虽王公士大夫之子孙,不能属于礼义,则归之庶人。"即使是王公士大夫的后代,不能遵守"礼义",你就去当老百姓。"虽庶人之子孙也,积文学,正身行,能属于礼义,则归之卿相士大夫。"你虽然是老百姓的后代,你有才、遵守"礼义",就可以做官,就可以做"卿相士大夫"。荀子的话告诉我们,"卿相士大夫"凭什么做? 不是凭血缘关系、不是凭亲情,而要靠才能和品德。荀子这个话是非常正确的。中国古代社会跟欧洲国家不同,欧洲国家古代都是奴隶社会,奴隶就是奴隶,奴隶的身份是改变不了的。但是我们中国人的身份随时可以改变。今天你还是老百姓,明天就可以当宰相。为什么? 因为我们中国有科举制、有察举制,靠才德可以改变你的身份。"唯才是举",只要你有德有才,就可以"朝为田舍郎,暮登天子堂"(北宋汪洙《神童诗》),早上还是一个乡村野夫,晚上就能进入朝廷入将拜相。

儒家用人原则上跟墨子相同,但是又有所不同。儒家也讲"尚贤",但是没有墨子和法家刻板。以前人们将其概括为"贤贤""亲亲"并存,这种说法也是不准确的。严格来说,儒家以"贤贤"为主,但也照顾到"亲亲",主张由近及远、由内而外地"贤贤"。在不违反社会正义的前提下,尽可能兼顾亲情。比较起来,显然没有墨子彻底。所以,讲"尚贤",墨子应该是最突出、最主要的代表。

（二）墨子主张"尚贤"的理由

首先,墨子认为"尚贤"是"百姓之利"（《尚贤上》）,有利于百姓。墨子认为"贤者之治邑也,早出暮入,耕稼、树艺、聚菽粟,是以菽粟多而民足乎食"（《尚贤中》）。贤人治理都邑,早出晚归,翻耕种植,豆粟丰收,所以粮食多而人民食用充足。可以"食饥息劳,将养其万民"（《尚贤中》）,使饥者得食,劳者得息,可以养活天下的百姓。也就是说,要解决吃饭的问题,让人民过上幸福的生活,就得尚贤使能,让能人来当家。

其次,"尚贤"也是"为政之本"（《尚贤中》）,"政事之本"（《尚贤下》）。墨子认为贤士是"国家之珍""社稷之佐"（《尚贤上》）,是否"尚贤"关系着国家的存亡。"入国而不存其士,则国亡矣。见贤而不急,则缓其君矣。非贤无急,非士无与虑国。缓贤忘士,而能以其国存者,未曾有也。"（《亲士》）治理国家却不关心那里的贤士,国家就会危亡。发现贤士而不急于任用,他们就会怠慢国君。没有贤人,就不能解救患难。没有人才,就不能谋划国家大事。不尊重有道德的人,看不起有才能的人,还想国家得到长治久安,这样的事情是从来没有过的。"自贵且智者为政乎愚且贱者,则治。自愚贱者为政乎贵且智者,则乱。"（《尚贤中》）由高贵而聪明的人去治理愚蠢而低贱的人，那么国家便能治理好；由愚蠢而低贱的人去治理高贵而聪明的人，那么国家就会混乱。一个单位也是如此，领导水平低、能力差，心胸狭窄，要领导好水平高、能力强的部下，很难。领导水平高一些，能力强一些，看中的都是人才，重用的都是人才，这个单位自然就可以搞好。

湖南长沙的岳麓书院门口有一副很出名的对联："惟楚有才，於斯为盛。"是说楚国人才济济，出自这里（岳麓书院）的最多。上联典出《左传·襄公二十六年》，原文是："虽楚有材，晋实用之。"也就是"楚材晋用"，是说楚国虽然有很多的人才，但是这些人才都跑到晋国去了。是嘲笑楚国的当权者不会用人，表扬晋国会用人。晋楚争霸，楚不如晋，良有以也，关键就在"尚贤"。历史上的名君，都是善于用人的人。我们熟悉的魏、蜀、吴三国故事里，不管是曹操、刘备还是孙权，都是善于用人的人。刘备要是没有诸葛亮，没有用到这个人，他早就完了。刘备用了一个，曹操用了一群，所以曹操的力量最强最大。

所以，只有任贤使能，才能使"国家治而刑法正""官府实而财不散"（《尚贤中》），国家有治而刑法严正，国库充实而财力雄厚。由此可见，"尚贤"，不但利民，更是利国。

再次，对于领导者来说，"尚贤"也是好处多多。墨子认为君主"得士则谋不用、体不劳，名立而功成，美彰而恶不生"（《尚贤上》），得到贤士谋事就不会困难，身体就不会劳苦，功成而名就，美好的得到发扬而丑恶的不致产生。这样，就可以

"致君见尊"（《亲士》），使自己的君主受到别人的尊重。而"昔三代圣王尧、舜、禹、汤、文、武，之所以王天下、正诸侯者，此亦其法已"（《尚贤中》），从前三代圣王尧、舜、禹、汤、文、武用以统一天下定诸侯的法则，即在于此。所以，"尚欲祖述尧、舜、禹、汤之道，将不可以不尚贤"（《尚贤上》），君上如果想要继承尧、舜、禹、汤之道，要学习他们治国的办法，就一定要"尚贤"。

"尚贤"有被迫和主动之分。墨子认为君主"得意，贤士不可不举；不得意，贤士不可不举"（《尚贤上》），君主不管得意还是不得意，都要重用贤才。而现实中，君主往往是不得意的时候就注重贤才，为形势所迫。得意的时候，没有外部压力了，就不是那么注重贤才了。甚至更有极端的，比如越王勾践，兵败时对文种、范蠡是言听计从，打败吴国称霸后，就"飞鸟尽，良弓藏；狐兔死，走狗烹"了。

此外，墨子还提出，"尚贤"还有利于教化民众，改变社会风尚。只有君主举贤者任官长，使天下士君子皆知"得富贵而辟贫贱，莫若为贤"（《尚贤下》），这样的话，就会有更多的人"相率而为贤者"（《尚贤中》），社会上就会形成为贤向上的良好风气。而且对君主而言，"近朱者赤，近墨者黑"，如能尚贤，亲近贤士，自身也会受到好的感染、影响，成为有道之君。

（三）贤能的标准问题

《墨子·尚贤上》提出："贤良之士"，要"厚乎德行，辨乎言谈，博乎道术"。什么叫"厚乎德行"？就是要有优良的道德水平，品德要好。我们清华的校训叫"厚德载物"，也是这个意思。墨子说："有力者疾以助人"（《尚贤下》），有能力的人要尽量、尽可能地去帮助人。如果不去帮助人，有力量不用，力量就作废了。"有财者勉以分人"（《尚贤下》），有钱财的人要尽量把财产分给大家，不是一个人独有。"有道者劝以教人"（《尚贤下》），有道德的人要努力地去教育人，用自己的言行去影响他人，不是只顾自己。"若此则饥者得食，寒者得衣，乱者得治"（《尚贤下》），如此，饥饿的人就可以得到吃的，寒冷的人就可以得到衣穿，混乱的社会就可以得到治理。一个人自己好了，一定要惠泽他人。这个标准跟邓小平讲的先富起来的人要帮助后富的人道理是一样的。社会主义就是要共同富裕，只有自己富起来不是社会主义，自己富起来还带动别人、带动他人一起富，这才是社会主义，这就是"厚乎德行"。

"君子之道也：贫则见廉，富则见义，生则见爱，死则见哀"（《修身》），墨子认为君子之道应包括如下方面：贫穷时表现出廉洁，富足时表现出恩义，对生者表示出慈爱，对死者表示出哀痛。这四种品行不是可以装出来的，而是必须自身具备的。过去的有钱人有两种，有一些人自己有钱，把钱堆在仓库里，腐烂了也不帮助别人。历史上李自成义军在攻打洛阳的时候,守城的官军没有粮食吃。福王家里有的是粮食,他就是不肯拿出来,说守城是天子的事情,并不是他的事情。李自成攻下洛阳以后,就把自私的福王烧死了,据说福王太肥,脂肪太多,烧了几天几夜才烧完。但是现在有些真正的有钱人并不是这样,比尔·盖茨他把自己成百亿的家产捐给非洲的艾滋病患者,不留给自己的家人。一个人有钱不能只给自己用,还要顾及没钱人。这也是"厚乎德行"的表现。

第二个墨子认为贤能之士要"辩乎言谈"。就是说要会说、会讲。从政的人不会说、不会讲,肯定是不行的。作为一个领导要善于说服人家,你不善于言谈,怎么做工作呢,肯定做不好。墨子说:"君子之为文学、出言谈也,非将勤劳其喉舌,而利其唇吻也,中实将欲其国家邑里万民刑政者也。"(《非命下》)君子写文章、发表谈话,并不是想要活动一下喉舌,磨炼一下嘴皮,而是发自内心地想治理好国家、邑里、万民的刑法政务。言谈不是成口舌之能,不是为了耍嘴皮子,要为国家万民服务。要想把国家服务好,要把老百姓治理好,就要善于做工作,一定要会说。"辩"是会说,不过也可以读成"分辨"的"辨",指对别人的话要有分辨的能力。不能只听人夸夸其谈,要善于看穿其本质。现在骗子太多。我们一定要对言谈具备辨别的能力,善于辨别真伪善恶也是贤能的标准。

第三是"博乎道术"。"道术"就是治国的方法,"博",精通。《后汉书·章帝纪》:"(明帝)博贯六艺,不舍昼夜。"李贤注:"博贯,谓究极深幽耳。"韩愈《与祠部陆员外书》:"执事之知人,其亦博矣。"这里的"博",都是深的意思。作为一个贤人之士,一定要精通治国的方法。我们讲博的时候大家有错误的理解,认为是博士应上知天文、下知地理的,博士博士,什么都应该知道。这是误解。博士有自己的专业和专攻,写一个博士论文不能写物理学、化学面上的知识,这个拿不到学位,只能谈具体的、专精的问题。所以不存在"博士不博"的问题,只要求博士要专。"博乎道术"不一定对于什么事情都要知道,只要求对于治国之道要有独到的、特殊的了解。这就是"博乎道术"之"博"。

（四）"尚贤"的具体方法

如何"尚贤"? 墨子有一些阐述。

首先是"有容乃大"。一定要有气量,要有度量,墨子说:"良弓难张,然可以及高入深;良马难乘,然可以任重致远;良才难令,然可以致君见尊。"(《亲士》)良弓很难拉开,一旦拉开就射得很远;良马难乘,千里马很难征服它,征服它以后才可以跑得远;良才也是如此,有本事的人很难听你的话,很难让他信服你,但是一旦用好了就可以使君主受到别人的尊重。良才是有脾气的,没有本事的人才没有脾气。所以当领导的人要有容乃大,要容忍人才的个性。墨子说:"江河不恶小溪之满己也,故能大;圣人者,事无辞也,物无违也,故能为天下器。是故江河之水,非一源之水也;千镒之裘,非一狐之白也。"(《亲士》)长江黄河不嫌小溪灌注它里面,才能让水量增大。圣人勇于任事，又能接受他人的意见，所以能成为治理天下的英才大器。所以长江黄河里的水，不是从同一水源流下的；价值千金的狐白裘，不是从一只狐狸腋下集成的。领导要做到"事无辞也，物无违也"，有事要有担当精神，有不同的意见要敢于接受才能成器，不然的话就是小器。

墨子又说："夫恶有同方取，不取不同己者乎？盖非兼王之道也！是故天地不昭昭，大水不潦潦，大火不燎燎，王德不尧尧者，乃千人之长也。"（《亲士》）哪有与自己相同的意见才采纳，与自己不同的意见就不采纳的呢？这不是统一天下之道。所以大地不昭昭为明而美丑皆收，大水不潦潦为大而川泽皆纳，大火不燎燎为盛而草木皆容，王德不尧尧为高（而贵贱皆亲），才能做千万人的首领。"取不同""不昭昭""不潦潦""不燎燎""不尧尧"，这才是真正的"有容"，这才是真正的"千人之长"。

"尚贤"，任人唯贤，更要不拘一格，更要不徇私情。墨子说："甚尊尚贤而任使能，不党父兄，不偏贵富，不嬖颜色。"（《尚贤中》）是说极其尊崇贤人而任用能人，就要不偏帮父兄，不偏护富贵，不宠爱美色。无论是父兄还是兄弟不能包庇他，不能因为有人富裕就偏爱他，不能因为漂亮的人就宠爱他。父兄也好、富贵的人也好、漂亮的人也好，都不能成为我们提拔的理由。提拔什么样的人？墨子说"贤者举而上之，富而贵之，以为官长"（《尚贤中》），有贤能的人，要把他提拔出来，要居于高位，要富而贵之，以为领导。"不肖者抑而废之，贫而贱之,以为徒役"(《尚贤中》),那些不肖的人、不贤的人则要降级,要废掉他,要他去做服务工作。

墨子又说:"列德而尚贤,虽在农与工肆之人,有能则举之,高予之爵,重予之禄,任之以事,断予之令,曰:爵位不高,则民弗敬;蓄禄不厚,则民不信;政令不断,则民不畏。"(《尚贤上》)"列德"什么意思,就是要根据一个人的品德安排他的位置。品德好的安排一个好的位置,品德不好的则安排一个不好的位置。即使是务农、经商的,有才能就任用他,给他很高的官爵,给他丰厚的俸禄,委任他担任要职,给他决断的权力。因为爵位不高,贤者就得不到人民的尊敬;俸禄不厚,贤者就得不到人民的信任;政令不果断,贤者就得不到人民的敬重。总之,"尚贤"要落到实处,要给贤者很高的地位、很高的待遇。

这样的意思墨子也称之为:"以德就列,以官服事,以劳定赏,量功而分禄。"(《尚贤上》)就是按照你的品德做相应的官,根据你的才能负责相应的事,以出力多少来确定奖赏,计量功绩的大小来发放俸禄。这样就可以导致"官无常贵,民无终贱"(《尚贤上》),这个官不一定是哪一家的,不由哪一家垄断,谁有本事就谁当。老百姓不始终是老百姓,老百姓也有做官的机会。老百姓有本事,是贤者,就可以做官。你是做官的,表现不好、没有本事,你就被别人所取代。墨子此说实际上就打破了"世卿世禄"的传统。有本事的人上来,没有本事的人就下去。这样"举公义、辟私怨"(《尚贤上》),社会风气才会改变。

墨子所谓"尚贤"不是把人提起来就可以了,还有一套具体的考察监督的方法。

其一是强调任前考察。史载尧帝在确定舜做接班人的时候,对舜的德才进行了三年考察。舜把位置传给大禹,试用期更长,有 20 年之久。所以墨子主张:对人才要"听其言,迹其行,察其所能,而慎予官"(《尚贤中》)。我们有些高校引进国外人才就不是这样,任前考察不细致,没有聆听他的言语、跟踪他的行为、考察他的能力,草率地就给予了重任。本以为引进回一个大专家,结果发现是个大骗子,造成了恶劣的影响。

其二是强调任中监督。墨子说:"虽有贤君,不爱无功之臣;虽有慈父,不爱无益之子。是故不胜其任而处其位,非此位之人也;不胜其爵而处其禄,非此禄之主也。"(《亲士》)即使有贤君,也不爱无功之臣;即使有慈父,也不爱无益之子。所以,凡是不能胜任其事而占据位置的,就不应居于此位;凡是不胜任其爵而享受这一俸禄的,就不当享有此禄。领导再喜欢你,没有功劳和成绩不行。能不能重用,要看实效。

又说:"天子、诸侯之君、民之正长,既已定矣,天子为发政施教曰:凡闻见善者,必以告其上;闻见不善者,亦必以告其上。"(《尚同中》)天子、诸侯国君、人民的行政长官既已立定,天子就发布政令,说:"凡听到或看到善,必须报告给上面;凡听到或看到不善,也必须报告给上面。""已有善,傍荐之;上有过,规谏之。"(《尚同中》)自己有好的计谋,就广泛地献给上面;上面有过失,就加以规谏。这里的"告""荐""谏",都可以说是对根据"尚贤"原则选出来的在位者的任中监督。

其三是任后追究。墨子常以讲史的形式来褒贬人物,比如他说:"若昔者三代圣王尧、舜、禹、汤、文、武者是也。所以得其赏何也?曰:其为政乎天下也,兼而爱之,从而利之,又率天下之万民以尚尊天、事鬼、爱利万民,是故天鬼赏之,立为天子,以为民父母,万民从而誉之曰圣王,至今不已。则此富贵为贤,以得其赏者也。"(《尚贤中》)赞扬表彰尧帝、舜帝、大禹、商汤、周文王、周武王为"圣王"。"然则富贵为暴,以得其罚者谁也?曰:若昔者三代暴王桀、纣、幽、厉者是也。何以知其然也?曰:其为政乎天下也,兼而憎之,从而贼之,又率天下之民以诟天侮鬼,贼傲万民,是故天鬼罚之,使身死而为刑戮,子孙离散,室家丧灭,绝无后嗣,万民从而非之曰暴王,至今不已。则此富贵为暴,而以得其罚者也。"(《尚贤中》)批评指责夏桀、商纣、周幽王、周厉王,以他们为"暴王"。这种"春秋笔法"虽然不尽同于我们今天讲的"任后追究",但也有几分相似。古代"君举必书",君主做的事情都是有记载的。君主做了好的或不好的事情史官就有相应的记载。这种历史记载、历史评价是一种特殊的"秋后算账",也是一种变相的"任后追究"。

墨子的"尚贤"思想主要就讲这些。归结起来,一是讲了墨子"尚贤"思想的时代背景;二是讲了墨子为什么要"尚贤",介绍了其"尚贤"的理由;三是讲"贤"的标准是什么,墨子如何定义"贤";四是讲墨子如何"尚贤",分析了墨子"尚贤"的一些具体的方法。

二、 墨子的"尚同"思想

墨子的"尚贤"思想大家基本上评价都非常高,非议不多,但墨子的"尚同"思想则不然,有很多的争议。我认为,这一问题主要是因为对墨子的"尚同"思想缺乏深入了解造成的。下面给大家谈谈我自己学习的体会。

(一)"尚同"的两层含义

墨子讲要"一同天下之义"(《尚同中》),"义"就是是非的标准,就是价值,"同"就是统一。"一同天下之义",就是要把天下的是非标准都要统一起来,要把全世界的价值观念都要统一起来。这就是墨子讲的"尚同"第一个含义,思想认识上要统一。

墨子讲的"尚同"第二个含义就是组织上行动上要一致。做事要统一行动,要统一指挥,要讲组织,要讲纪律,要下级服从上级,层层上同。用墨子的话来说,就是:"上之所是,必亦是之。上之所非,必亦非之。"(《尚同上》)上面认为对的,大家都必须认为对;上面认为错的,大家都必须认为错。具体而言,在乡里,"里长""率其里之万民,以尚同乎乡长",里长率领里内的百姓服从于乡长,"乡长之所是,必亦是之;乡长之所非,必亦非之"(《尚同中》),乡长认为对的,大家都必须认为对;乡长认为错的,大家都必须认为错。在诸侯国里,"乡长"

"率其乡万民,以尚同乎国君",乡长率领他乡内的万民,以服从于国君,"国君之所是,必皆是之;国君之所非,必皆非之"(《尚同中》),国君认为是对的,大家都必须认为对;国君认为是错的,大家都必须认为错。在整个天下,"国君""率其国之万民,以尚同乎天子",国君率领他国内的万民,以服从于天子,"天子之所是,必亦是之;天子之所非,必亦非之"(《尚同中》),天子认为是对的,大家都必须认为对;天子认为是错的,大家都必须认为错。一句话,从里到乡,从诸侯国到天下,组织上下级都要服从上级,行动上下级都要向上级看齐,与领导保持一致。

(二)"尚同"的原因

为什么要"尚同"?墨子讲了一个道理,他说:"一人一义,十人十义,百人百义,其人数兹众,其所谓义者亦兹众。是以人是其义,而非人之义,故相交非也。"(《尚同上》)一个人一个是非标准,十个人就有十个是非标准,一百个人就一百个是非标准,人数越多,是非标准也就越多。每个人都认为自己的是非标准是对的,别人的标准是不对的,所以大家互相攻击,互不买账。这会发展到什么地步呢?"内之父子兄弟作怨雠,皆有离散之心,不能相和合。至乎舍余力不以相劳,隐匿良道不以相教,腐朽余财不以相分,天下之乱也,至如禽兽然,无君臣上下长幼之节,父子兄弟之礼,是以天下乱焉。"(《尚同上》)在家内父子兄弟相互怨恨,都有离散之心,不能和睦相处。社会上有余力的不愿意帮助别人,把好的道理隐藏起来而不愿意指教别人,让多余的财物腐烂,也不愿意分给别人。因此天下混乱,如同禽兽一般,没有君臣上下长幼的区别,没有父子兄弟之间的礼节。所以说"百人百义"则"乱"。

相反,有统一的是非标准、有统一的组织则治,墨子说:"去而不善言,学乡长之善言;去而不善行,学乡长之善行","去而不善言,学国君之善言;去而不善行,学国君之善行","去而不善言,学天子之善言;去而不善行,学天子之善行"(《尚同中》),从乡里到天下,大家都要把不好的话去掉,学领导的好话;把自己不好的行为去掉,学领导人的好行为。"乡长固乡之贤者也,举乡人以法乡长,夫乡何说而不治哉","国君固国之贤者也,举国人以法国君,夫国何说不治哉","天子者,固天下之仁人也,举天下之万民以法天子,夫天下何说而不治哉"?(《尚同中》)乡长、国君、天子都是乡里、国家、天下的"贤者""仁者",大家都向他们学习,学习他们的"善言""善行",乡里、国家、天下怎能会治理不好呢?

墨子认为:"无从下之正上,必从上之正下。"(《天志上》)下级去匡正上级那是不可能的,只有当领导的来匡正老百姓。因为从组织原则来讲,部下说了不算,还得听领导的。"是故庶人竭力从事,未得恣己而为政,有士正之;士竭力从事,未得恣己而为政,有将军、大夫正之;将军、大夫竭力从事,未得恣己而为政,有三公、诸侯正之;三公、诸侯竭力所治,未得恣意而为政,有天子正之。"(《天志上》)所以老百姓竭力做事,不能擅自恣意去做,有士去匡正他们;士竭力做事,不得擅自恣意去做,有将军、大夫匡正他们;将军、大夫竭力做事,不得擅自恣意去做,有三公、诸侯去匡正他们;三公、诸侯竭力听政治国,不得擅自恣意去做,有天子匡正他们。下级服从上级,一级服从一级。有了统一的组织,错误一出现,就得到及时的纠正。这样,乡里、国家、天下自然就不会混乱不堪了。所以,"尚同",有统一的是非标准、有统一的组织则治;不"尚同",没有统一的是非标准、没有统一的组织则乱,非常清楚。

（三）如何"尚同"

墨子主要强调三点:

一是要"上同于天"。

墨子说:"天下之百姓皆上同于天子,而不上同于天,则菑犹未去也。今若天飘风苦雨,溱溱而至者,此天之所以罚百姓之不上同于天者也。"(《尚同上》)意思是说天下的老百姓都知道与天子一致,而不知道与天一致,那么灾祸还不能彻底除去。现在假如天刮大风下久雨,频频而至,这就是上天对那些不与上天一致的百姓的惩罚。墨子认为天是最高权威,权力最高的是天,并不是天子。只有听天的,才能消灾。

所以墨子主张要向天学习,要取法于天。他说:"奚以为治法而可? 故曰:莫若法天。天之行广而无私,其施厚而不德,其明久而不衰,故圣王法之。既以天为法,动作有为,必度于天。天之所欲则为之,天所不欲则止。"(《法仪》)用什么作为治理国家的法则才行呢？墨子的回答是要取法于天，"以天为法"，因为天地运行广阔无私，不居功、不自傲，而人都是有私心的，人往往会骄傲，天没有这个毛病。大家在舞台上都是演员和过客，只有天永远不会衰落。所以行动做事要依天而行，要依天的规矩去做。

墨子说："天何欲何恶者也？天必欲人之相爱相利，而不欲人之相恶相贼也。"（《法仪》）天希望什么不希望什么呢？天肯定希望人相爱相利，而不希望人相互厌恶和残害。"奚以知天之欲人之相爱相利，而不欲人之相恶相贼也？以其兼而爱之，兼而利之也。"（《法仪》）怎么知道天希望人相爱相利，而不希望人相互厌恶和残害呢？这是因为天对人是全爱和全利的缘故。"奚以知天兼而爱之、兼而利之也？以其兼而有之、兼而食之也。"（《法仪》）怎么知道天对人是全爱和全利呢？因为人类都为天所有，天全部供给他们吃的。

所以墨子认为天最好，对人的帮助最大，品德最高尚。墨子讲"尚同"就是讲"上同于天"，要跟天保持一致。

墨子讲的"天"跟迷信之主宰"天"不同，他讲的是理性之天，天是理性的化身。为什么？因为在人的社会里面找不到这样一个东西出来，只有到天上去找。我们从他的字里行间可以判断出来，天只会做好事，不会做坏事。一般认为天子是由天决定的，谁做皇帝是天意，都是奉天承运。但事实上主宰"天"是不存在的，在墨子眼里，能够代表天的意志的就是老百姓。墨子讲"以天为法"就是以老百姓为法。老百姓喜欢，天就会听从，顺从天意就是听从民意。

二是要"疾爱民"而"明赏罚"。

墨子说："天下从事者，不可以无法仪。无法仪而其事能成也，无有也。"（《法仪》）"仪"是规则，"法仪"就是法则。这是说天底下办事的人，不能没有法则；没有法则而能把事情做好，是从来没有过的。"虽至士之为将相者，皆有法。虽至百工从事者，亦皆有法。"（《法仪》）"百"形容多，"百工"是各种行业的工匠。这是说从士人到将相，从百姓到各行各业的工匠，做事情都要有规则。做老百姓的有做老百姓的规矩，做官的有做官的规矩。同理，国家也要有国家的规矩。"没有规矩，不成方圆。"没有法仪和规矩，国家就治理不好。

"若苟上下不同义，赏誉不足以劝善，而刑罚不足以沮暴……上之所赏，则众之所非……则是虽使得上之赏，未足以劝乎！……上之所罚，则众之所誉……则是虽使得上之罚，未足以沮乎！"（《尚同中》）假如上面与下面意见不一致，那么赞赏不能勉励人向善，而刑罚也不能阻止暴行。上面所赏的人，正是大家所非议的人。那么，这人即使得到上面的奖赏，也不能起劝勉作用。上面所罚的人，正是大家所赞誉的人。那么，这人即使得到惩罚，也不能阻止不善了。所以，一定要统一规矩，如果规矩不统一，天下就会大乱。

我们现在表彰先进也是如此，表彰的先进如果在群众当中得不到好评，就起不到作用。如果我们打击、惩罚的人，正是群众所赞誉的人，这个也没有意义。所以上下是非标准要相同。这说明墨子讲"尚同"不但强调下级要跟领导保持一致，也强调领导要跟老百姓保持一致，是非标准上下要一致、要相同。群众和领导保持一致是组织原则，领导不能脱离群众，要想群众之所想、要急群众之所急，则是是非标准。

墨子说："凡使民尚同者，爱民不疾，民无可使。"（《尚同下》）君上要使老百姓与你保持一致，君上首先要爱民，对老百姓爱得不深的，老百姓就不会听你的话。"必疾爱而使之，致信而持之，富贵之道其前，明罚以率其后"（《尚同下》）。一定要切实爱护百姓，以诚信之心拥有他们，用富贵引导于前，用严惩督率于后。做好的要表扬，不听的话要处罚。前面诱之以利，后面迫之以威。"为政若此，唯欲毋与我同，将不可得也"（《尚同下》）。像这样施政，即使要想人民不与我一致，也将办不到。也就是说，只有做到了爱民如子，赏罚分明，才能保证"使民尚同"。

三是"上下情请为通"。

"上下情请为通"（《尚同中》），也就是上下通情，上情通于下，下情达于上。这不管在古代，还是在现代，都是非常重要的事情。古代交通不便，上情难以下传，下情难以上达。这样容易误事，影响"尚同"。所以墨子强调上下通情，上下要相互了解。他说："上有隐事遗利，下得而利之；下有蓄怨积害，上得而除之。"（《尚同中》）上面若有尚被隐蔽而遗漏的好处，下面的人能够随时开发，得到好处；下面若有蓄积的怨害，上面也能够随时除掉。"是以数千万里之外，有为善者，其室人未遍知,乡里未遍闻,天子得而赏之;数千万里之外,有为不善者,其室人未遍知,乡里未遍闻,天子得而罚之"(《尚同中》)。远在数千万里之外,如果有人做了好事,他的家人、乡人还未完全听到,天子就已知道并赏赐他了;远在数千万里之外,如果有人做了坏事,他的家人、乡人还未完全听到,天子就已知道并惩罚他了。"助己视听者众,则其所闻见者远矣;助之言谈者众,则其德音之所抚循者博矣,助之思虑者众,则其谈谋度速得矣;助之动作者众,即其举事速成矣"(《尚同中》)。帮助视听的人多,所见所闻就广大;帮助宣传的人多,所安抚范围就广阔了;帮助思考的人多,计划很快就能实行;帮助做事的人多,所做的事情很快就能成功。这就是上下通情的好处。能够做到下情上达、上下通情,整个国家的"尚同"就可以落实了。

（四）"尚同"的实质

长期以来,对于墨子的"尚同"说学界一直有争议。墨子讲"上之所是,必皆是之;所非,必皆非之"(《尚同中》),像郭沫若等,都认为墨子的理论是专制理论,这是后世中央集权的专制主义封建国家理论的最早表述。这种专制理论导致的后果是专制独裁。什么东西都要听领导的,以领导的是非为是非,群众没有发言权了,所以大家都持否定的意见。这种理解是对于墨子思想的曲解。墨子确实是这么说的,但是墨子是在什么背景下这么说、为什么要这么说更值得我们注意。

从目的论来看,墨子"尚同"的根本目的是利民而不是利君。墨子说:"天之意,不欲大国之攻小国也,大家之乱小家也,强之暴寡,诈之谋愚,贵之傲贱,此天下所不欲也。"(《天志中》)这是说天意不喜欢大国欺负小国、大家族欺负小家族、强者欺负弱者、狡猾者欺负愚笨者、高贵者看不起贫贱者,这些都是天不希望的。天所希望的是什么?"欲人之有力相营,有道相教,有财相分也"(《天志中》)。天所想看到的是:"上之强听治也,下之强从事也"(《天志中》)。这样的话就会"刑政治,万民和,国家富,财用足"(《天志中》),这样"百姓皆得暖衣饱食,便宁无忧"(《天志中》)。这是"天之意",上天的愿望,更是墨子的政治理想,"尚同"的目的。

墨子又说:"今用义为政于国家,人民必众,刑政必治,社稷必安。"(《耕柱》)现在用义于国家之政,人口必然增多,狱讼必然得到治理,社稷必然安定。"所谓贵良宝者,可以利民也,而义可以利人。故曰义,天下之良宝也"(《耕柱》),之所以贵重良宝,是因为能利人民,而义可以使人民得利,所以说义是天下的良宝。这里的"义",也就是"尚同"之"义"。所以,墨子的"尚同",墨子讲的"一同天下之义",墨子所谓"上之所是,必皆是之;所非,必皆非之",不能简单地理解为把人民群众的意志集中起来,消灭个性,思想专制,让人民机械地、被动地听命于上,服从于上级的意志。因为墨子的"天下之义"最终是要上同于天的。而天志是以民意为旨归的,天的一切取舍,都是以百姓"皆得暖衣饱食,便宁无忧",也即百姓的根本利益为准绳的。可见,墨子的"一同天下之义",是"可以利民"的"义政",非专制独裁的"暴政"。

另一方面,我们不能忘记,墨子的"尚同"是以"尚贤"为前提的。说墨子"尚同"说是专制理论的只看到墨子提倡下级要服从上级,而忘记了墨子对上级的定义。墨子对于上级有严格的定义,各级在上者都是贤者,都是选拔出来的。里长是贤能之士,乡长是贤能之士,诸侯和天子也都是贤者,也都是选拔出来的。所谓"尚同",就是"尚同"于贤者。所谓"上之所是,必皆是之;所非,必皆非之",就是以贤者之是为是,以贤者之非为非。从原则上来讲,这又有什么错的呢?

三、墨子"尚贤""尚同"思想的现实意义

我们今天学习墨子的"尚贤""尚同"思想有什么现实意义?我觉得主要有三点。

第一,是要树立举世普遍认同的价值

墨子讲的"一同天下之义"其实就是讲举世普遍认同的价值。大家知道,无论是黑人、白人、黄种人,自然性都有相同的一面,没有问题。人的社会性也必然有相同的地方。因此,人类就有共同的价值,都有共同的底线。比如说交通规则,也是"一同天下之义",也是一个标准。不管到哪个国家开车,都要遵守交通规则。虽然有的国家驾驶员是坐左边、有的是右边,但是都有相同的地方。比如说对老人要尊重、对小孩要爱护、

对妇女要保护,这也是天下之通义。《联合国宪章》对于人权有承诺,《世界人权宣言》对于基本人权又进一步明确,也都是所谓新的"天下之义"。用我们现在的语言来讲,墨子的"天下之义"就是举世普遍认同的价值,无论是中国、美国、法国,大家都有一定的彼此的"天下之义",大家没有共同的价值,没有共同的语言,联合国就成立不了。我们中国跟美国有很多冲突,但是也有相同的东西。正因为有相同的东西,大家才可以坐下来谈判。在价值观方面虽然东西方之间、各民族之间有所不同,但是我们还是要建立统一的举世普遍认同的价值。用墨子的话来说就是"一同天下之义",价值观统一起来乱子就少了。用发展的眼光看,人类今后的天下之通义应当是越来越多,而不可能是越来越少。等到大家的价值观都一样了,也就真正地实现世界大同了。

第二,是要勇于选贤与能

墨子的"尚贤"就是用人主张"选贤与能"。这一思想也是超时代的。古代用人是如此,我们今天用人也仍将如此。问题是如何"尚贤",如何"选贤与能"? 一般认为墨子的"尚贤""选贤与能"是上级选定下级,而不是由下级选出上级。上级选定下级,这是传统的套路,没有超出精英思想的窠臼。

但近代却颇有一些思想家认为墨子的"选贤与能"有下级选出上级的内容,也就是说墨子的"尚贤"有民主精神。比如谭嗣同就把墨子的"选天下之贤可者,立以为天子"当成民主选举,梁启超也说"墨子之政术,民约论派之政术也",认为墨子思想与西方的民主思想是一致的。这种说法现在学界的主流都不接受,但其实值得一辨。

从墨子思想的整体来看,墨子的"选贤与能"都是"天子""选择天下之贤可者,置立之以为三公","诸侯国君""选择其国之贤可者,置立之以为正长"(《尚同上》),由上到下,层层官员都是由上级依据"贤可"原则而选定。这确实不是在下者选举在上者的民主制度。但最高负责人天子是如何产生的?从墨子的逻辑上说,应该是上天选定的。墨子明确地说:"天下之百姓皆上同于天子,而不上同于天,则菑犹未去也。"(《尚同上》)可见"天"要高于"天子","天"决定"天子"。但墨子的《尚同》上、中、下三篇里,事实上却没有一篇说"天子"是由"天"选定的。如《尚同上》说:"夫明乎天下之所以乱者,生于无政长。是故选天下之贤可者,立以为天子。""明"与"选"前都没有主语,没有说"选天下之贤可者,立以为天子"的是谁。《尚同中》说:"明乎民之无正长以一同天下之义,而天下乱也,是故选择天下贤良圣知辩慧之人,立以为天子,使从事乎一同天下之义。"说与上同。《尚同下》说:"是故天下之欲同一天下之义也,是故选择贤者,立为天子。"这里"欲同一天下之义""选择贤者,立为天子"的,是"天下"。有人说,这里"天下"的"下"字为衍文,当作:"是故天之欲同一天下之义也,是故选择贤者,立为天子。"但这并没有版本支持,不可信据。从《尚同》三篇的表述来看,"选择贤者,立为天子"的主语是"天下人"的可能,应该是很大的。这一点如果能成立的话,谭嗣同、梁启超

111

的解读,就不能说无据。"天子"由"天下人""选择贤者"而"立",墨子的这一"尚贤"思想,不但在先秦是前无古人的创见,在今天也有强烈的现实意义。

第三,是要遵守组织原则

墨子的"尚同"说强调组织原则,强调下级服从上级,郭沫若等大家攻击他,实在没有道理。下级不服从上级,地方不听中央的,那怎么得了?所以墨子讲的"尚同",讲的下级服从上级,这是天下之通义,也是古今之通义。这一道理,大家都懂,我就不细谈了。

关于墨子的"尚贤""尚同"思想我就讲到这里。不对的地方、不足的地方请大家批评补正。

第五讲　墨家的节俭思想及其意义

陈克守

据《鲁问》篇载，墨子在讲他的十大政治主张时说："国家贫，则语之节用、节葬"，说明墨子提出节用、节葬的主张，主要是针对贫穷的国家。节用就是厉行节约，减少开支。节葬是节用在丧葬方面的具体体现，节用包含着节葬，因为丧葬活动的特殊性，所以专门提出加以强调。

节用节葬可以使穷国变富，弱国变强，这是墨子为穷国弱国指出的一条简便易行的富强之路。

当时普遍存在的社会现象是：国家不富，人民不众，刑政不治。造成这种现象的主要原因，除了战争之外，就是统治阶级的奢侈糜烂，腐化堕落："以其极赏，以赐无功；虚其府库，以备车马、衣裘、奇怪；苦其役徒，以治宫室观乐；死又厚为棺椁，多为衣裘。生时治台榭，死又修坟墓。故民苦于外，府库殚于内；上不厌其乐，下不堪其苦。"(《七患》)整个社会上层生活上奢侈糜烂，思想上腐化堕落，由此必然导致："其民淫僻而难治，其君奢侈而难谏也，夫以奢侈之君，御好淫僻之民，欲国无乱，不可得也。"(《辞过》)除了《节用》上、中两篇，《节葬》下一篇专论外，《七患》等篇中也有节用节葬的论述。有人考证认为，《辞过》原文已佚，今本《辞过》篇实际上是《节用下》篇。《节葬》上、中两篇原缺，只剩下篇。

在墨学的思想体系中，包含着丰富的经济思想，主要是由生产与消费两部分构成，节用就是墨家消费思想的集中体现。

墨家将消费活动分为两类，第一类是指生产、生活所必需的费用，墨家提倡有节制的使用，这就是"节用"；第二类是指非生产、生活所必需的费用，特别是乐舞，墨家主张坚决禁止，这就是"非乐"。所以，墨家的节用思想除了节用节葬之外，还包含非乐。因为墨家认为"用"和"葬"只可"节"而不可"非"，而"乐"则应禁止而不只是"节"，所以经常把节用和节葬并提。而且，非乐所针对的主要是统治阶级，这也与节用节葬有明显区别，所以没有将它们相提并论。

但无论如何，《非乐》本来就是节用的题中之意，所以，我们也将其作为这一讲的一个组成部分进行论述。

一、 节用论

"凡足以奉给民用，则止。诸加费不加于民利者，圣王弗为。"(《节用中》)这可以看作是墨子消费思想的总原则，意思是：不论生产什么东西，只要足以供给民用就停止。而那些只增加费用而不会更有利于民用的，圣王都不做。以民用民利为标准,这是墨家一贯的原则立场。

(一)"古者圣王"节用

墨子认为,人们的衣食住行,都起源于人类生存的需要,为了这种需要,古之圣王采取了种种措施,并提出了各种消费的限度和标准,在《节用下》篇中,墨子对此作了具体的阐述。

在住的方面,上古的人们不知道建筑房屋,就靠着山坡打个洞穴居住。由于地下潮湿,有损于人民的身体健康,所以,圣王发明了房屋建造技术。圣王建筑房屋的原则是:"室高足以避润湿,边足以御风寒,上足以待风霜雨露,宫墙之高足以别男女之礼,谨此则止。"这是普遍适用的原则,统治者也不例外:"为宫室便于生,不以为观乐也。"

在穿的方面,上古的人们不知道做衣服,只是穿着兽皮,围着草索,既不轻便,又不合冬暖夏凉的节令要求。圣王认为这不适合人们的生活需要,所以教导女子治丝麻,织布匹,用以为人制衣服。制衣服的原则是:"冬则练帛之中,足以为轻且暖;夏则绤绤之中,足以轻且清。谨此则止。故圣人之为衣服,适身体,和肌肤而足矣。"

在吃的方面,上古的人们不知道制作饮食,只是吃一些野果、野菜之类的东西,为了得到食物,人们到处奔走。圣王便教导人们耕田种地,以五谷为食。饮食的原则是:"足以增气充虚,强体适腹而已矣。"

在行的方面,上古的人们不知道制作舟车,重的东西搬不动,远的地方去不了。圣王便制造了舟车以便利民事。制造舟车的原则是:"全固轻利,可以任重致远。"

按墨子的说法,古代的统治者都是圣王,他们关心人们的生活,一切都从人们的实际需要出发,一切都以满足人们生存的基本条件为原则。《节用上》篇说:"圣王为政,其发令兴事,便民用财也,无不加用而为者,是故用财不费,民德不劳,其兴利多也。"一个好的统治者,他发布命令,兴办事业,使用民力,支配钱财,从不办无用之事,不伤财,不劳民,而给社会带来多方面的利益。明确提出用财的原则是"便民",标准是"加用",如果花费了钱财能方便人民,对人民有更大的作用,那就是正当的花费,否则便是劳民伤财。这个原则和标准是墨子自己制定的,他之所以抬出古者圣王,完全是为了借他们的名义来教训当时的统治者。

(二)"王公大人"奢靡

墨子不仅论述了古者圣王节用,而且还论述了当今之主奢靡,从正反两个方面阐明节用的意义。在《辞过》篇,墨子就是从衣、食、住、行以及蓄私等方面揭露当今之主的奢靡。

古代圣王建筑宫室和人民建造的房屋没有多大差别,也是为了实用。由于工程简易,所以"民劳而不伤""民费而不病",尽管他们建筑宫室的费用也由人民承担,但人民负担得起,人力财力都不难承受。与古代的圣王形成鲜明对比的是"当今之主",他们建造宫室远远突破了古代圣王所规定的标准。为了他们自己的享受,"必厚作敛于百姓,暴夺民衣食之财,以为宫室台榭曲直之望,青黄刻镂之饰。为宫室若此,故左右皆法象之"。统治者竞相奢华,完全不顾人民的死活,"是以其财不足以待凶饥、振孤寡,故国贫而民难治也"。

古代圣王做衣服,也是为保护身体的需要,"非荣耳目而观愚民也","得其所以自养之情,而不感于外也"。圣人懂得百姓自己养活自己的道理,所以不为了美观而穿华丽的衣服,"是以其民俭而易治,其君用财节而易赡也。府库实满,足以待不然"。这样做既可以使人民养成节俭的好风气,也可以节省下财物以防不测之灾。但"当今之主"则完全违背了古代圣王制衣服的原则,他们"冬则轻暖,夏则轻清,皆以具矣",仍不满足,"必厚作敛于百姓,暴夺民衣食之财,以为锦绣文采靡曼之衣,铸金以为钩,珠玉以为佩,女工作文采,男工作刻镂",这些东西并没有冬天加温、夏天加凉的作用,不过是无谓地消耗财力。"其为衣服,非为身体,皆为观好,是以其民淫僻而难治,其君奢侈而难谏也。"他们这样做不仅浪费人力财力,而且君民都养成了浪费的坏风气。

古代圣王饮食也是为了身体的强健,"故其用财节,其自养俭,民富国治"。而"当今之主"更是违背了古代圣王的饮食原则,"厚作敛于百姓,以为美食"。他们铺张浪费的程度惊人:"大国累百器,小国累十器,前列方丈。目不能遍视,手不能遍操,口不能遍味。冬则冻冰,夏则餲饐。"吃一顿饭,大国之君要上百种的菜,小国之君也要数十种,不仅尝不过来,甚至看都看不过来,冬天冻冰,夏天则变味腐臭。"人君为饮食如此,故左右象之。是以富贵者奢侈,孤寡者冻馁,虽欲无乱,不可得也。"

古代圣王制造舟车,主要是为了方便人民的生活,"用财少而为利多,是以民乐而利之"。而"当今之主"制造舟车完全是为了自己享受,所以,他们的舟车制造得非常坚固,轻巧便利,还是不满足,"必厚敛于百姓,以饰舟车。饰车以文采,饰舟以刻镂。女子废其纺织而修文采,故民寒;男子离其耕稼而修刻镂,故民饥。人君为舟车如此,故左右象之"。统治阶级上行下效,极大地浪费了人力物力,"是以其民饥寒并至,故为奸邪。奸邪多则刑罚深,刑罚深则国乱"。

"当今之主"除了在衣、食、住、行方面的奢侈浪费之外,还有更不近人情的糜烂行为:"其蓄私也,大国拘女累千,小国累百。是以天下之男多寡无妻,女多拘无夫。男女失时,故民少。"墨子是从人口生产的角度,批评当时的统治者霸占大量的妇女,造成男女比例失调,从而影响人口繁衍。他们的这种行为,也违背了古训,古之圣王虽然也蓄媵妾,但"不以伤行,故民无怨。宫无拘女,故天下无寡夫。内无拘女,外无寡夫,故天下之民众"。因为人口少是当时的一个主要社会矛盾,所以,墨子特别重视人口增长的问题,"君实欲民之众而恶其寡,当蓄私不可不节"。"当今之主"将大批妇女拘于后宫,而王公大臣们也争相效法,大养侍妾,这也是一种严重的浪费行为,这种行为所造成的社会危害,并不小于其他方面的浪费。

此外,《节用中》篇还讲到了节为甲兵:"古者圣人为猛禽狡兽暴人害民,于是教民以兵行,日带剑,为刺则入,击则断,旁击而不折,此剑之利也。甲为衣则轻且利,动则兵且从,此甲之利也。"甲兵不可不备,但也要本着实用节省的原则。

墨家主张节用,是对一切人而言,包括当时的君主、王公大人、普通百姓,墨家提倡整个社会都要节俭。但是,由于当时的社会现状是,广大人民饥不得食、寒不得衣,所以节用对他们来说固然也有必要,但也只是教育他们合理地使用那有限的物资,以维持生存。墨家讲节用,主要还是针对统治阶级、社会的上层,特别是"当今之主"。在《墨子》佚文中,墨子以纣为例描述了他们奢侈糜烂的情景:"鹿台槽丘,酒池肉林,宫墙文画,雕琢刻镂,锦绣被堂,金玉珍珠,妇女优倡,钟鼓管弦,流漫不禁,而天下愈竭。"因为他们浪费的是人民的血汗,是人民的衣食之财,所以他们的奢侈与"厚作敛于百姓"有着必然的联系。墨子在《节用下》篇中从衣、食、住、行、蓄私等方面无情地揭露批判了"当今之主""王公大人"们的奢侈浪费行为,并与古代的圣王一一对照,意在说服他们对自己的奢靡行为有所收敛。这样不仅于民有利,而且也是有效的治国之道:"节于身,诲于民,是以天下之民可得而治,财用可得而足。"(《辞过》)

在特殊情况下,如灾荒之年,统治者更应该与人民共患难,相应地降低消费标准:"岁馑,则仕者大夫以下皆损禄五分之一;旱,则损五分之二;凶,则损五分之三;馈,则损五分之

四;饥,则尽无禄,禀食而已矣。"(《七患》)

统治者自己带头节俭,才可以教民、治国,从而达到国富民强的目的。《节用上》篇还说:"圣人为政一国,一国可倍也。大之为政天下,天下可倍也。其倍之,非外取地也。因其国家,去其无用之费,足以倍之。"

墨子认为,以节用的方针治国,可以使国家的财富增加一倍。所以,根本不需要去夺取外国的地盘,只要在自己的国家之内节省不必要的费用,就可以使财富成倍地增长。

(三)消费与生产

《七患》篇中记载了墨子这样一句话:"故食不可不务也,地不可不力也,用不可不节也。"把节用和种地务食并提,说明墨子已经清醒地认识到生产与消费的关系,墨家心目中的生产主要是粮食的生产。因为当时的社会主要经济活动就是农业生产。

墨子认为,人和动物的主要区别是人必须"赖其力者生",其他动物可以依赖自然条件而生存,人则必须依靠自己的劳动进行物质生产才能生存,人只能消费自己生产出来的东西。消费包括生产消费与生活消费,生产消费的过程与物质生产的过程是完全同一的过程,而生活消费的过程又是生产力特别是劳动力再生产的过程,所以,生产与消费二者之间有着互相制约的关系。

墨子主张节用也就是主张适度消费,这首先就要求生产与消费之间有适当的比例，就是社会的总需求与总供给之间的适应。当时社会状况根本不会出现生产过剩的问题，所以墨家所担心的就是生产不足而消费过度，入不敷出导致的结果必然是下层劳动人民缺少衣食之源，不能满足最低的生存条件。

《贵义》篇载：墨子从鲁国到齐国，探望一个老朋友，朋友看见他为了行义而不辞劳苦的状况，就对他说："今天下莫为义，子独自苦而为义，子不若已。"劝他不要再为义了，免得自己吃苦受累，而墨子认为为义者少就更应该努力去为，因为"食者众而耕者寡也"，即生产与消费失调，如果不加紧生产以消除这种失调现象，其后果不难想象。当然，要消除这种失调现象，除了加紧生产，还要控制消费，这就是墨子所强调的节用。

二、　节葬论

墨子生活的时代，统治者主张并实行厚葬久丧的丧葬制度，即葬礼要厚重，居丧致哀时间要长久。他们不仅大修陵墓，把大批的财宝随葬，还要杀人殉葬。居丧的人不仅长年累月不能做事，还要用"强不食""薄衣"等方法，把身体折磨得十分虚弱，以表示自己的悲哀。这种做法不仅造成了人力物力的极大浪费，而且也影响到整个社会风俗。在《节葬下》中，墨子集中地批判了"厚葬久丧"的各种言行、现象，并明确提出了他自己的节葬论。

(一)并非仁孝

由于统治阶级的倡导,"厚葬久丧"被普遍认为是孝子仁者之事,墨子反对"厚葬久丧",首先就要批判这种错误观点,《节葬下》(以下凡引此篇不再注明)开篇就说:仁者之为天下度也,譬之无以异乎孝子之为亲度也。今孝子之为亲度也,将奈何哉?曰:亲贫则从事乎富之,人民寡则从事乎众之,众乱则从事乎治之。

"度"即谋、计。孝子为亲谋与仁者为天下谋道理是一致的:"若三务者,孝子为亲度也",同样"若三务者,仁者之为天下度也"。墨子所说的"三务"即"富之""众之""治之",墨子认为,这是判别孝与不孝、仁与不仁的标准,接着就用这个标准对厚葬久丧的行为进行了具体分析。

一是厚葬久丧只会使国贫民穷,不能变贫为富。

墨子揭露当时的统治阶级在丧葬中的浪费现象:王公大人有丧者,曰棺椁必重,葬埋必厚,衣衾必多,文绣必繁,丘陇必巨。

墨子所说的这种情况,可以从史料中找到根据。《礼记》中规定:天子椁(外棺)四重,诸公三重,诸侯两重,大夫一重,士无椁。随葬衣物:天子陈衣百称(套),大夫五十称,士三十称。《荀子·礼论》中说:"天子棺椁十重,诸侯五重,大夫三重,士再重。"《庄子·天下》中也说:"天子棺椁七重,诸侯五重,大夫三重,士再重。"所记不尽相同,但都证明了墨子所说的是事实。《吕氏春秋·安死》中说:"世之为丘垄也,其高大若山,其树之若林。"也提供了有力证据。另外,墨子还揭露:"金玉珠玑比乎身,纶组节约车马藏于圹,又必多为屋幕、鼎鼓、几筵、壶滥、戈剑、羽旄、齿革,寝而埋之。"将金玉珠宝装饰在死者身上,用丝带束往,并把车马埋藏在圹穴中。还有帷幕帐幔、杯盘壶尊、戈剑羽旄等等,一切活着的人的生活用品都要备齐随葬,这种极大的浪费行为并非个别而是普遍的社会现象:"存乎匹夫贱人死者,殆竭家室乎?诸侯死者,虚府库",厚葬耗费之大,使一般老百姓倾家荡产,而统治者耗费更大,将整个国家的库存财物都耗费一空。

厚葬之后,还要久丧,长时期不能做事:"使王公大人行此,则必不能早朝晏退;使士大夫行此,则必不能治五官六府,辟草木,实仓廪;使农夫行此,则必不能早出夜入,耕稼树艺;使百工行此,则必不能修舟车,为器皿矣;使妇人行此,则必不能夙兴夜寐,纺绩织纴。"服丧期间,不论是王公大人、士大夫,还是农夫、百工甚至妇人,都要停止原来所从事的一切工作,这就必然要影响政事和生产活动。"计厚葬为多埋赋之财者也;计久丧为久禁从事者也;财已成者,而覆寝之;后得生者,而久禁之。以此求富,此譬犹禁耕而求获也。"厚葬是大量埋葬钱财,久丧则是长久禁止人们做事。已有的财产,随着死人埋入地下,而需要生产的财富包括必需的生活资料,又不让生产,用这种做法求富,就好像禁止耕种而想求收获一样,是根本不可能的事。

二是厚葬久丧是寡民之道，不利于人口增加。

中国奴隶社会普遍存在杀人殉葬的野蛮而残酷的行为，至墨子生活的时代，这种恶习仍很流行：天子杀殉，众者数百，寡者数十；将军大夫杀殉，众者数十，寡者数人。

这是直接地减少了人口。另外，"君死，丧之三年；父母死，丧之三年；妻与后子死者，皆丧之三年；然后伯父、叔父、兄弟、孽子期；族人五月；姑姊甥舅皆有数月"。在如此长久的服丧期间，服丧者"强不食而饥，薄衣而为寒"，把自己折磨得面黄肌瘦，"上士操丧也，必扶而能起，杖而能行"，"耳目不聪明，手足不劲强，不可用也"，严重损害身体，丧失了劳动能力。"是故百姓冬不忍寒，夏不忍暑，作疾病死者，不可胜计也。"这也是直接地减少了人口。还有，在长期的居丧期间，禁止男女同房，"此其败男女之交多矣"，这又影响了人口繁殖，间接地减少了人口。所以，墨子说："以此求众，譬犹使人伏剑而求寿也。"要厚葬久丧还想增加人口，就好像把脖子伏在剑刃上而要求长寿一样，是极为荒谬的。

三是厚葬久丧足以乱国败家，不利于国家之治。

以厚葬久丧者为政，国家必贫，人民必寡，刑政必乱。若法若言，行若道，使为上者行此，则不能听治；使为下者行此，则不能从事。上不听治，刑政必乱；下不从事，衣食之财必不足。若苟不足，为人弟者求其兄而不得，不悌弟必将怨其兄矣；为人子者求其亲而不得，不孝子必是怨其亲矣；为人臣者求之君而不得，不忠臣必且乱其上矣。是以僻淫邪行之民……并为淫暴，而不可胜禁也。是故盗贼众而治者寡。

厚葬久丧使在上者不能听政，在下者不能从事，不论是国还是家，失去有效的管理，必然要产生混乱。从另一个方面说，厚葬久丧的结果是"衣食财用必不足"，由此而导致兄弟、父子、君臣之间不能互相接济而产生矛盾，互相怨恨，成为乱国败家之祸根。如果再有那种"僻淫邪行之民，出则无衣也，入则无食也"，他们也会成为社会不安定的因素。

厚葬久丧不能使国家"富之""众之""治之"，而相反只会使国家贫、寡、乱，"若苟贫，是无以为积委也；若苟寡，是城郭沟渠者寡也；若苟乱，是出战不克，入守不固。是故以此求禁止大国之攻小国也，而既已不可矣"。墨子经过考察"楚越之王""齐晋之君"攻伐兼并的历史，认为"凡大国之所以不攻小国者，积委多，城郭修，上下调和，是故大国不耆攻之"。而厚葬久丧则使国家贫，没有粮食积蓄；人民少，没有人修城郭；刑政乱，人心不齐，这就必然会出战不克，入守不固，怎么能保证不被大国侵略呢？

此外，墨子还讲到厚葬久丧的行为也不利于敬奉上天鬼神，因此而不能得到上天鬼神的赐福。

（二）圣王丧葬

有人不同意墨子节葬的主张，他们说："厚葬久丧，虽使不可以富贫众寡，定危治乱，然此圣王之道也。"墨子则列举历史事实进行反驳:尧北教于八狄而死于途中,葬于蛩山之阴,"衣衾三领,榖木之棺,葛以缄之"。葬棺于墓就停止哭泣,圹穴填平不做坟头,在墓地上放牧也不禁止。舜是西教于七戎而死于路,葬在南己之市,也是"衣衾三领,榖木之棺,葛以缄之"。刚刚葬下,市人就可以在他坟地上随意行走。禹东教于九夷,死于路,葬在会稽之山,"衣衾三领,桐棺三寸,葛以缄之"。既葬,将多余的土堆成个小堆,只有三尺见方。墨子感叹地说:"故三王者,皆贵为天子,富有天下,岂忧财用之不足哉?"尧、舜、禹这三位古代著名的圣王,其丧葬如此之简朴,"若以此若三圣王者观之,则厚葬久丧果非圣王之道"。

墨子所讲述的这三位圣王丧葬的情景究竟是不是历史的真实,无从考证,这种托古言志的手法,古人经常使用。墨子不仅假托三位圣王丧葬的情景表达了他的节葬观,而且还假托"古圣王制为埋葬之法":"棺三寸,足以朽体;衣衾三领,足以覆恶。以及其葬也,下毋及泉,上毋通臭。垄若参耕之亩,则止矣。死者既已葬矣,生者必无久哭,而疾而从事,人为其所能,以交相利也。此圣王之法也。"埋葬既简单,处理完丧葬事后,就尽快恢复正常的生活,去做自己的工作,这些所谓的古圣王之法,其实就是墨子自己的主张。

当时还有人不同意墨子关于厚葬非圣王之道的说法,他们反问说:"厚葬久丧,果非圣王之道,夫胡说中国之君子为而不已,操而不释哉?"意思是厚葬久丧如果不是圣王之道,为什么君子们都坚持这样做而不禁止呢？墨子回答："此所谓便其习而义其俗者也。"这只不过是一种风俗习惯罢了,他举例说：从前越之东有个輆沐之国,其国人生下长子,长子就被肢解分食,说是"宜弟"。祖父死了,则将祖母背出去扔掉,说是"鬼妻"不可同处。楚之南有啖人之国,其国人对于死去的亲人,"朽其肉而弃之,然后埋其骨,乃成为孝子"。秦之西有仪渠之国,其国人对于死去的亲人,"聚柴薪而焚之",说是"登霞"。在当时中原的士大夫们看来这些习俗都是荒唐的,不可理喻的。然而在那些少数民族,却是"上以为政,下以为俗。为而不已,操而不释",他们都认为那是孝行义举,所以一直坚持那样做。墨子是要通过这些事例说明：丧葬之法是约定俗成的,只要在上者提倡,在下者奉行,便会形成风俗习惯,甚至成为制度。既然如此,像厚葬久丧这种不利国又不利民的陋习就应该废除,代之以圣王节葬之法。只要在上者提倡,在下者奉行,节葬之法也会得到社会公认,形成新的风俗习惯。

（三）儒墨论争

在丧葬问题上,墨家与儒家也存在着严重的分歧意见。《淮南子·要略》中所说："墨子学儒者之业,受孔子之术,以为其礼烦扰而不说,厚葬靡财而贫民,(久)服伤生而害事,故背周道而用夏政。"就是把儒家主张厚葬久丧看成是墨子背儒立墨的一个主要原因。墨家对厚葬久丧的批判,多是针对儒家,

《公孟》篇中墨子批评"儒家之道足以丧天下者四政",其中之一就是厚葬久丧:"又厚葬久丧,重为棺椁,多为衣衾,送死若徙,三年久丧,扶后起,杖后行,耳无闻,目无见,此足以丧天下。"《公孟》篇中还有两家关于这一问题论争的记载。

有一次公孟子对墨子说:"三年之丧,学吾子之慕父母。"墨子立即就反驳他说:"夫婴儿子之知,独慕父母而已,父母不可得也,然号而不止。此其何故也? 即愚之至也。然则儒者之知,岂有以贤于婴儿子哉?"公孟子的话来源于孔子,《论语·阳货》篇载:孔子的弟子宰我认为三年之丧时间太长,"期可已矣",一年就可以了。对此,孔子反问他:父母死了还不到三年,你就吃白米饭,穿花缎衣,你能心安吗? 听到宰我肯定的回答,孔子就说:"汝安,则为之! 夫君子之居丧,食旨不甘,闻乐不乐,居处不安,今汝安,则为之。"孔子认为,父母死后的三年之内,作为孝子应该是"不甘""不乐""不安",所以他对宰我的态度非常不满,等宰我一离开,他马上就说,"予之不仁也! 子生三年,然后免于父母之怀。夫三年之丧,天下之通丧也,予也有三年之爱于父母乎"? 孔子认为,三年之丧是合于情理的,因为人生下来至少要三年才能免于父母之怀,所以,父母死后的三年之内也应该是"不安",才能表达出对父母的爱心。但是当孔子问宰我是否能安心而宰我却明确地回答"安",因此,孔子便认为宰我"不仁"。墨子反对孔子的这种思想,当公孟子对他说三年之丧是仿效子女对父母的思慕依恋之情时,墨子便不客气地对他说:不满三岁的婴儿确实有思慕依恋父母的感情，一时看不到父母便大哭不止，这只说明婴儿没有理智，成年人却不能这样，因为成年人有理智。他讽刺说儒者这样做，只说明他们的理智并不高于婴儿。

还有一次，公孟子对墨子说，"子以三年之丧为非，子之三日之丧亦非也"。儒家主张三年之丧，墨子以三年服丧时间太长而反对，公孟子反击墨子说：你认为三年之丧不对，那么你主张三日之丧也不对。墨子说："子以三年之丧非三日之丧，是犹裸者谓撅者不恭也。"意思是，公孟子用三年之丧否定三日之丧就像是一丝不挂的人却骂人家穿短衣服一样荒谬。《非儒》篇中还对儒家所提倡的其他丧葬恶习进行了具体描述："其亲死，列尸弗敛，登屋，窥井，挑鼠穴，探涤器，而求其人矣。以为实在，则戆愚甚矣。如其亡也，必求焉，伪亦大矣。"如果认为死者的灵魂真的存在于屋顶、井底、鼠穴这些地方，那就太愚蠢了，如果知道死者已经不存在了，而又去找，这就是故意弄虚作假。

有人认为，厚葬并不是儒家发明，而是古已有之，但是，不可否认，儒家对于厚葬久丧之风的盛行起到了推波助澜的作用，墨家不遗余力地批判儒家厚葬久丧的言行，不仅使厚葬久丧失去理论依据，也是为推行节葬之风扫除障碍。遗憾的是，历史却选择了儒家，随着儒学统治地位的确立，墨学很快走向衰微。儒家所倡导的厚葬久丧之陋习，长期得不到根除，以至现在也没有消除其不良影响。

三、 非乐论

非乐是墨家学说的一个基本观点,是墨子的十大主张之一。

所谓非乐,就是反对和谴责从事音乐活动,包括演奏和欣赏。"乐"在我国古代主要是指声乐,也包括歌舞,是综合艺术。墨子非乐,就是反对一切艺术活动,主要是音乐。

墨子为什么要非乐呢? 这是首先要弄清的问题。

(一) 不中万民之利

有人说,墨子非乐的原因是他不懂乐。这是误解。《淮南子·要略训》说:"墨子学儒者之业,习孔子之术。""乐"就是儒家的基本课程六艺之一,墨子所学的"儒者之业"应该包括乐。有人根据《礼记·祭统》中所记"墨翟者,乐吏之贱者也",认为墨子做过乐工。我们对此虽不能确证,但从墨子非乐的言论中完全可以看出他对乐非但不是外行,相反,他的音乐知识是非常广博的。

墨子知乐,不仅有理论知识,而且还善于乐技。《吕氏春秋·贵因》篇载:"墨子见荆王,锦衣吹笙,因也。"墨子善于吹笙的事在《艺文类聚》中也有记载:"墨子吹笙,墨子非乐,而于乐有是也。"尽管见荆王吹笙是不得已而为之,但毕竟说明墨子还是善于此道。他对音乐活动的"非",也不是绝对的,有时候也持"是"的态度。

墨子知乐，当然也知道音乐等艺术活动的美感功能，据《非乐上》篇载：子墨子之所以非乐者，非以大钟、鸣鼓、琴瑟、竽笙之声以为不乐也。非以刻镂文章之色以为不美也。非以牺豢煎炙之味以为不甘也。非以高台厚榭邃宇之居以为不安也。虽身知其安也，口知其甘也，目知其美也，耳知其乐也，然上考之不中圣王之事，下度之不中万民之利，是故子墨子曰：为乐非也。

墨子非乐，并不是因为各种乐器演奏的声音不好听，美丽的色彩花纹不好看，佳肴美味不好吃，高台广榭不好住，而是因为，这些东西虽然可以满足耳、口、体的享受，但上不符合圣王的原则，下不符合万民的利益。这里所说的"乐"，外延更为宽泛，是指一切享乐。这段话意在说明：墨子非乐，并不否认文化娱乐活动可以给人以美的享受，对个人具有美感效益，而是因为文化娱乐活动"不中圣王之事""不中万民之利"。其实，墨子所说的圣王之事也就是万民之利。墨子非乐完全是为了国计民生："以为大钟鸣鼓琴瑟竽笙之声，以求兴天下之利，除天下之害，而无补也。是故子墨子曰：为乐非也。"一切以是否利人为准则："利人乎即为，不利人乎即止。"(《非乐上》)墨子所说的"利人""天下之利"是指广大劳动人民的利益。

墨子非乐的具体原因有三：首先是乐舞的演奏者，这些人本来是生产者，但是他们被迫脱离生产而变成了消费者，而且是高消费者。因为统治者认为：这些演员如果吃不好，就会影响面目颜色的美观；如果穿不好，就会影响视觉效果，所以，他们食必粱肉，衣必文绣。他们的高消费实际上还是为了统治者享乐。

今王公大人惟毋处高台厚榭之上而视之，钟犹是偃鼎也。弗撞击，将何乐得焉哉？其说将必撞击之。惟勿撞击，将必不使老与迟者。老与迟者，耳目不聪明，股肱不毕强，声不和调，明不转朴。将必使当年，因其耳目之聪明，股肱之毕强，声之和调，明之转朴。使丈夫为之，废丈夫耕稼树艺之时；使妇人为之，废妇人纺绩织纴之事。

王公大人从高台厚榭上看去，大钟就像倒扣着的鼎一样，不撞击它，它就不会发出声音。要撞击它，老人与反应迟钝的人是不行的，因为他们耳不聪、目不明、四肢不强健、声音不和谐、眼神不灵敏、眉目不传情，所以要选用年轻貌美、反应灵敏的人。如果让青年男子去从事这种活动，就会耽误他们种田、耕种；如果让青年女子去干这种事，就会耽误她们纺线、织布等。这就是墨子非乐的一个重要原因。

其次，不仅搞音乐等艺术活动的人要耽误生产，而且欣赏的人也要影响工作。《非乐上》说：

今大钟鸣鼓琴瑟竽笙之声既已具矣，大人肃然奏而独听之，将何乐得焉哉？其说将必与人，不与君

子必与贱人。与君子听之,废君子之听治;与贱人听
之,废贱人之从事。今王公大人惟毋为乐,亏夺民衣
食之财,以拊乐如此多也,是故子墨子曰:为乐非也。

王公大人听音乐还要人陪着,陪着听音乐的人不管是君
子还是贱人,他们都各有自己的工作,听音乐就会耽误他们的
工作。这实际上就等于掠夺人民的衣食财物。

墨子非乐还有一个具体的理由:要进行音乐活动,还要制
造乐器,而乐器的制造也要浪费许多人力物力,这要增加老百
姓的负担。《非乐上》里说:

今王公大人虽无造为乐器以为事乎国家,非直
掊潦水、折壤坦而为之也,必将厚措敛乎万民,以为
大钟鸣鼓琴瑟竽笙之声。古者圣王亦尝厚措敛乎万
民,以为舟车,既已成矣,曰:吾将恶许用之? 曰:舟
用之水,车用之陆,君子息其足焉,小人休其肩背焉。
故万民出财赍而予之,不敢以为戚恨者,何也? 以其
反中民之利也。然则乐器反中民之利亦若此,即我
弗敢非也。然则当用乐器譬之若圣王之为舟车也,
即我弗敢非也。

乐器的制造并不是像掊取地上的积水、拆毁土墙那么容
易,而是需要大量的材料和费用,那就必然要加重民众的赋
敛。从前圣王也曾厚敛乎万民,那是为了制造舟车,舟车对人
民有用,所以万民肯拿出财物,没有怨恨,可是制造乐器并不

如造舟车那样可以减轻人们的劳动,而只会增加民众的负担。

墨子从乐器的制造、音乐的演奏与欣赏几个方面论述了他非乐的理由。概括地说:进行音乐等艺术活动劳民伤财,对民众有害而无利。因此,他旗帜鲜明地提出:"今天下士君子,请将欲求兴天下之利,除天下之害,当在乐之为物,将不可不禁而止也。"

(二)非乐与节用

要兴利就必须除害,除害本身就是兴利。当时,广大劳动人民面临的主要祸害是:"民有三患:饥者不得食,寒者不得衣,劳者不得息。""今有大国即攻小国,有大家即伐小家,强劫弱,众暴寡,诈欺愚,贵傲贱,寇乱盗贼并兴,不可禁止也。"(《非攻上》)然当时的统治者却置天下的混乱、百姓的死活于不顾,而大搞音乐艺术活动,以满足自己的享乐私欲。墨子在《非乐上》里举了一个典型的事例进行分析:

> 齐康公兴乐《万》,万人不可衣短褐,不可食糠糟。曰:"食饮不美,面目颜色不足视也;衣服不美,身体从容不足观也。"是以食必梁肉,衣必文绣。此常不从事乎衣食之财,而常食乎人者也。是故子墨子曰:今王公大人惟毋为乐,亏夺民衣食之财,以拊乐如此多也。

齐康公是和墨子同时代的人,墨子所说的这件事其他文献中也有记载。齐康公创作的这个乐舞之所以名《万》，就是因为这个乐舞需要万名乐工演奏。撞巨钟、击鸣鼓、弹琴瑟、吹竽笙，其场面之宏伟壮观可以想见，而这种现象在当时并不罕见。据有关文献记载，音乐活动在当时非常流行，王公大人的衣食住行都离不开音乐，"大鼓钟磬管箫之音，以巨为美，以众为观"（《吕氏春秋》）。有的甚于齐康公：吹笙者必三百，舞女者竟达三万之多。统治者为了自己的享乐，竟强迫这么多的人为他们演奏乐舞。这和墨家主张的节用完全对立，背道而驰。

墨子非乐的思想和他的节用思想是一致的，都是为了使人们强力从事，节约费用，增加社会财富，裕民强国。正如伍非百在《墨子大义述》中所说："墨子非乐，非不知乐，为救世之急也。""墨子所谓利者，因不止物质的，而亦兼有精神的。不过利有缓急，有本末。先其急后其缓，培其本削其末"。

墨子是"背周道而用夏政"，他的政治理想是"法夏"。以大禹为效法对象，而夏处于原始社会后期，其经济、文化生活都很简朴，音乐活动当然十分简单，墨子就是以夏的音乐标准，提出"非乐"的观点，其所非之乐，主要是东周后期统治阶级用以铺张的奢靡之乐和儒家所要恢复的西周礼乐，《非儒下》篇中就明确指责儒家"繁饰礼乐以淫人"，"盛容修饰以蛊世，弦歌鼓舞以聚徒"。《公孟》篇中墨子所说的"儒之道足以丧天下者四政焉"，其中之一就是："弦歌鼓舞，习为声乐"。

墨子非乐是为了节用，墨子所提出的非乐理论，当然自有他的道理。不过,客观而论,墨子非乐非得确实有些过分,他几乎把包括音乐在内的所有艺术活动都视为浪费,认为这些是无利于社会的消极因素而主张全面禁止,这显然是片面的。《淮南子·说山训》中说道:"墨子非乐,不入朝歌之邑。"这件事在《史记·邹阳列传》中也有记述:"邑号朝歌而墨子回车。"其他史料中也有类似的记载。可见,这件事情还是可信的。墨子带着学生周游列国时,听说前边的城市叫朝歌,便使他联想到歌舞活动,于是产生了极大的反感,立即调头转回,不愿意经过那个城市。墨子对音乐活动的偏激态度,由此可以想见。

墨家的非乐与儒家对待乐的态度形成了尖锐的对立,非乐就是非儒的一个重要内容,因此也受到了儒家的强烈反击。对于墨家的非乐思想,历来存在着不同的评价,有的否定,有的肯定,至今仍然存在着分歧。我们这里就不再做进一步探讨。

四、 俭节则昌,淫佚则亡

梁启超曾赞扬墨子是千古大实行家,对于节用,他不仅有深刻的理论论述,更是身体力行,说到做到,《庄子·天下》曾具体地描述了墨者学习大禹,辛勤劳动、生活节俭的情景。墨子自称"量腹而食,度身而衣",弟子自述在墨子门下穿"短褐之衣"、吃"藜藿之羹"(《鲁问》)。

司马谈在《论六家要旨》中这样介绍墨者的生活情景："堂高三尺,土阶三等,茅茨不剪,采椽不刮",这是他们的住房;"夏日葛衣,冬日鹿裘",这是他们的衣着;"食土簋,啜土刑,粝粱之食,藜藿之羹",这是他们的饮食;"其送死,桐棺三寸,举音不尽其哀",这是他们的丧葬。司马谈评价说:"强本节用,则人给家足之道也。此墨子之所长,虽百家弗能废也。"墨子关于加强农业生产和节用思想,是墨学的长处,是不可否认的真理。

（一）历史影响

司马谈的评价具有一定的代表性,先秦诸子百家,多是赞同墨家观点,主张节用的。就连主张君权至上的法家也不得不承认统治者节用的必要性,李斯就说:"凡古圣王饮食有节,车器有数,宫室有度,出令造事,加费不加益于民者禁。"（《史记·李斯列传》)这与墨子的言论完全同调。道家创始人老子主张"寡欲",《老子》中说:"常使民无知无欲",不仅是老百姓,统治阶级更应如此,"我无欲而民自朴",这里的"我"就是统治阶级。"田甚芜,仓甚虚。服文采,带利剑,厌饮食,财货有余,是谓盗夸。"认为统治阶级奢侈浪费就像强盗头子一样可恶,因此要求他们"去奢""去泰"。这与墨家的节用观基本一致。《晏子春秋》中所体现的崇尚节俭的思想与墨家更为接近。《晏子春秋·内篇谏下》记载了晏子批评齐景公的一段话:"公之牛马老于栏牢,不胜服也;车蠹于枢户,不胜乘也;衣裘襦裤,朽弊于藏,不胜衣也;醯醢腐,不胜沽也;酒醴酸,不胜饮也;府粟窳,而不胜食。又厚藉敛于百姓,而不以分馁民。"这完全是墨子指责"当今之主"的翻版。更为可贵的是,晏子也像墨子那样身体力行,自奉节俭。衣粗布之衣,食脱粟之食,乘驽马,驾弊车,居陋室,多次谢辞景公所赐新宅、车马、衣裘、千金等。作为大国重臣,晏子有这种思想、行为,更显得难能可贵。

当然,也有人对墨家的节用提出异议。

《庄子·天下》中讲到"墨子独生不歌,死无服,桐棺三寸而无椁,以为法式。以此教人,恐不爱人;以此自行,固不爱己"。"其生也勤,其死也薄,其道大觳。使人忧,使人悲,其行难为也。恐其不可以为圣人之道,反天下之心。天下不堪。墨子虽能独任,奈天下何?"庄子很崇拜墨子的人格,这一段评价也充满了对墨子的惋惜之情。他认为人的本性是好逸恶劳,乐富恶贫,墨子的节用节葬的主张以及他们的身体力行尽管值得称道,但是别人却很难做到,所以不可能普遍推行。庄子的评价比较客观公允,他对墨家的节用并没有否定,只是指出"其行难为"而已。

《荀子·富国》篇中则从政治家的角度评论说:"墨子大有天下,小有一国,将蹙然衣粗食恶,忧戚而非乐,若是则瘠,瘠则不足欲,不足欲则赏不行。墨子大有天下,小有一国,将少人徒,省官职,上功劳苦,与百姓均事业,齐功劳,若是则不威,不威则罚不行。赏不行,则贤者不可得而进也;罚不行,则不肖者不可得而退也。贤者不可得而进也,不肖者不可得而退也,则能不能不可得而官也。若是则万物失宜,事变失应,上失天时,下失地利,中失人和。"从国家财政经济的生产与消费以及人事奖惩制度上指出墨家节用主张的缺陷。荀子的批评代表了儒家的观点:富国裕民之道在于礼乐刑政,而不在于单纯强调节用。应该说,荀子的评价也比较中肯,他对墨家节用的良苦用心还是持肯定的态度:"墨者之言,昭昭然为天下忧不足,夫不足,非天下之公患也,特墨子私忧过计也。"荀子认为,财用不足,并不是什么大问题,自然资源足以利用,只要人们勤劳,其收获足够人们衣食之用,而"墨子之节用也,则天下贫",其理由是:如果让墨子治国,他必然是整天为财用不足而担心,而愁眉苦脸。再加上他吃的穿的都那么粗劣,和一般老百姓没有什么区别,这样统治者就没有权威性,赏罚也达不到效果。所以,他认为,统治者的物质享受应该求美求富,生活待遇应该是最高水平,这样才能体现礼的作用:"夫为人主上者,不美不饰不足以一民也,不富不厚不足以管天下,不威不强不足以禁暴胜悍也。"应该说,荀子的话自有他的道理,因为他是站在统治阶级的立场上看待这个问题。他不像墨子那样,身为下层劳动人民,对劳动人民的苦难的生活体会那么深刻。他理想的社会仍是孔子所要恢复的西周时代等级分明的社会秩序,所以他在《非十二子》中批评墨子是"蔽于用而不知文""上功用,大俭约,而漫差等"。在《天论》篇中还说:"墨子有见于齐而无见于畸,有齐而无畸,则政令不施。"用现在的话说,荀子是批评墨子在经济上的绝对平均主义,应该承认,墨子将一切超出生存基本需要以外的物质享受都视为不合理,将不同等级的物质享受都要改变为均一齐等,实际上是取消阶级差别,这在阶级社会里是无论如何也行不通的。

对墨家的"节用""节葬"持彻底否定态度的是郭沫若,他认为:"'节用'与'节葬'是一套消极的经济政策,这和老百姓的生活并没有直接的关系。因为老百姓的用是节无可节,葬也是节无可节的。他的整套学说都是以'王公大人'为对象,'王公大人'的不合理的消费如果节省一些,当然也可以节省一些民力。从这么一点间接的恩惠说来,墨子倒可以算在替人民设想了。大家也就抓住了这一点,认为墨子是人民的朋友。譬如《节用中》篇反复的一句话,'诸加费而不加民利者圣王弗为',好些朋友认为这就是墨子事事为'民利'着想的证据。但我却丝毫也不能够在这句话里找到满足。一国的政治如果真是为'民利'设想的话,你只愁用费不够。哪里会有什么浪费的忧虑?他之所以忧虑浪费者,只是为的王利而不是'民利',如何在老百姓身上多用一点,他从不曾这样想过。他只是把人民的生活限制在极苟简的阶段,一切器用'足以奉给民用则止',只求他们冻不死,饿不死。假使王者不节约,把老百姓榨取到冻死饿死的程度,那怎么办?这就是他所担心的。"郭沫若对墨家偏激的态度,错误的批评,学术界已有不少人专门进行过分析评论。

我们承认墨家的节用思想有其局限性,但却不能因此而

否定其积极的意义与价值,这不仅仅是对当时的社会状况
而言。

在中国历史上,墨子第一次对节俭问题进行了系统的论
述,墨子的节用思想,在我国历史上产生过巨大而深远的影
响,特别是墨子在论述他的节用思想时提出:"圣人之所俭节
也,小人之所淫佚也。俭节则昌,淫佚则亡。"(《辞过》)意思
是:圣人在日常生活方面非常俭节,不去追求奢侈浮华,而小
人在日常生活方面却骄奢淫逸、铺张浪费。把节俭与否作为
评价一个人道德品质的标准,作为区分圣人与小人的准绳。
在此基础上,墨子进一步把节俭问题提高到关系国家兴衰存
亡的高度,强调了节俭问题的重要性。"俭节则昌,淫佚则
亡",这一光辉命题,是对历史经验的深刻总结,是千古不易的
定则,它是墨家节用思想的结晶,具有普遍真理的意义。这一
光辉命题,正如警钟长鸣,启示着世世代代的人们。

隋朝是一个短命的王朝,隋炀帝就是一个著名的"淫佚"
之君,是墨子批评的"当今之主"的典型,而隋朝的开国皇帝隋
文帝就是一个"俭节"之君。隋文帝有个大臣苏威经常上奏,
请求减轻老百姓的赋税,也经常劝文帝俭节。有一次,他看到
宫中用白银做帷幔的钩子,便感到过于奢华,就对着文帝讲了
一通"俭节"的道理,文帝便吩咐把所有奢华的东西全部拿掉。
据史书载:当时隋朝统一不久便是"中外仓库,无不盈积",可
供隋统治者支用五六十年。但隋炀帝继位之后,便大肆挥霍,
仅仅十几年的时间,便将隋文帝创立的一统大业彻底毁灭,他

也成为一个典型的败家之子,亡国之君。隋朝两代的兴亡就是"俭节则昌,淫佚则亡"的绝妙教材。

(二)现实意义

在漫漫的历史长河中,墨家的节用思想培养了中华民族勤俭节约的美德,这优良的传统我们应该继承发扬。

我国老一辈无产阶级革命家都是节俭的典范,不用说在战争年代,就是建国之后他们的生活也是十分俭朴。特别是周恩来总理,他生活节俭的美德更是有口皆碑,比如穿衣,新中国建立之后,周总理只做过三次衣服,第一次是在"红都"服装店,做了一套青色粗呢毛料中山装,一套蓝卡其布夹衣和一套灰色平纹中山装。这几件衣服一直穿到1963年。第二次做衣服,就是1963年出访14国前夕,因非洲天气酷热,他做了几件100支纱的白府绸衬衣和浅灰色有暗格的毛的确良中山服。第三次做衣服是基辛格访华前夕,也是他最后一次做衣服,那次做的一件灰色的法兰绒中山装就是他的遗体火化时穿的衣服。他为了保护衣服,专门做了套袖,工作时就套上。衣服破了他就找人修补一下再穿。在其他生活方面,周总理都是始终不渝地奉行节俭的原则。

习近平同志在第18届中央纪录检查委员会第二次全体会议上说:"'俭则约,约则百善俱兴;侈则肆,肆则百恶俱纵。'勤俭是我们的传家宝,什么时候都不能丢掉。要大力弘扬中华民族勤俭节约的优良传统,大力宣传节约光荣、浪费可耻的思想观念,努力使厉行节约、反对浪费在全社会蔚然成风。"中央文献研究室 2013 年编辑出版了《厉行节约反对浪费——重要论文摘编》,其中收录了毛泽东、邓小平、江泽民、胡锦涛、习近平和周恩来、刘少奇、朱德、陈云等有关厉行节约反对浪费的重要论述,充分说明我们的党和国家领导人历来对这个问题都高度重视。

随着我国社会主义现代化建设的进程,生产力高速发展,人们的消费水平也在不断提高,但是,随之而来的纵欲主义、享乐主义思潮,使一些人沉湎于灯红酒绿、纸醉金迷,结果不仅损害人的身体健康,而且败坏人的道德品质。这种思潮对于正在成长的年轻一代为害尤甚。长期以来,人类错误地认为,自然界是取之不尽、用之不竭的宝藏,因此毫无节制的占有、耗费自然资源,严重破坏了自然界的生态平衡,使人类的生存环境不断恶化。我们现在提倡节俭,一个重要的方面就是节制人的物质欲望以减少对生态环境的破坏,保持人类社会的可持续发展。特别是我国,人口众多,而自然资源相对不足,在这种情况下,提倡节俭的现实意义更为显著。

党的十六届五中全会提出,要把节约资源作为基本国策,大力发展循环经济,加快建设资源节约型、环境友好型社会;形成节约型经济增长方式及健康文明、节约资源的消费模式。党的十八大报告指出:节约资源是保护生态环境的根本之策,对全面促进资源节约做出了具体部署,明确了全面促进资源节约的主要方向,确定了全面促进资源节约的基本领域,提出了全面促进资源节约的重点工作。要把这些部署全面贯彻落实到经济社会发展的各个方面和各个环节,确保全面促进节约资源取得重大进展。

我们要响应党的号召,构建资源节约型社会,要在全社会掀起提倡勤俭节约反对奢侈浪费之风。要像墨家那样,身体力行,从自我做起。

勤俭光荣,浪费可耻,中华民族的这一传统观念在短期内不会改变,也不应该改变。尤其是现在,我们还处于社会主义的初级阶段,我们的扶贫战役还没有结束。所以,发扬墨家的节用思想还有着积极的现实意义。就是将来物质极大的丰富了,也不应该忘记墨子"俭节则昌,淫佚则亡"的至理名言。

第六讲　墨子的军事智慧与和平思想

秦彦士

内容提要：墨子与墨家时代的战争及其影响；墨家"救守"防御军事理论；《墨子·备城门》诸篇城防利器与墨家科学技术；墨子与诸子反战和平思想的比较；墨子思想的域外影响与现代价值。

我们今天来重新学习和研究墨子及其后学弟子的军事智慧以及当时那些古圣先贤的反战和平思想，就更加能够看到我们这些杰出先辈们的伟大，同时更可以从他们超越时空的智慧中获取当代应对各种挑战的重要启示以及巨大的精神力量。对此，我们将从以下五个方面对墨子的军事智慧加以解读。

一、墨子及其后学时代的战争

为什么我们首先要从墨子及墨家后学时代的战争开始讲起？因为正是这个问题直接引出了墨子的反战理论和墨家的

军事行动,从而才产生了可以与《孙子兵法》相媲美的独特军事理论。而在两千多年的历史长河中,由于种种原因造成《墨子》的《备城门》诸篇为代表的独特军事思想长期湮没无闻,所以今天我们更需要对这份宝贵的文化遗产加以认真的研究。早在六十多年前,著名学者岑仲勉先生就曾经针对学术界对墨子军事理论长期存在的普遍忽视,精辟地指出:"《墨子》这几篇书(即《备城门》为首的城守诸篇),我以为在军事学中,应该与《孙子兵法》同当作重要资料,两者不可偏废的。"(《墨子城守各篇简注》自序)这是非常有道理的。

犹如先秦时代的战争刺激了思想家、哲学家对战争的反思一样,墨子的反战思想同样是这个时代的产物。同时亦如战争催生了中国古代的许多军事家,产生出闻名于世的《孙子兵法》这种军事巨著一样,从春秋时代到战国时期的频繁战争也同样刺激了墨子这位伟大的思想家、哲学家对战争的反思。尤其重要的是,为了制止战争甚至彻底消除产生战争的根源,墨子进行了更加深入的思考,并带领他的弟子们通过艰苦卓绝的努力,在历史上留下了惊世的伟业。为了更好地理解这个特殊时期以墨子为代表的古圣先贤的伟大贡献,我们首先要对春秋战国时期的战争作一个简单的回顾。

(一)从春秋到战国时代战争的变化

与世界各国一样,人类社会产生以来就不断发生战争,尤其是从部落到国家产生以后战争更加频繁、规模也不断扩大。

所以墨子探讨的是一个世界性的问题。在中国,战争除了规模更大、破坏性更强以外,还有一个非常具有中国特色的现象就是,在春秋时代的战争中,士兵居然还十分注重礼仪。因为春秋时代的战争主要是贵族参与,他们那种贵族的气质、贵族的礼仪就自然而然地带到了战场上。

《左传》里面有一个非常有名的战争——齐晋鞌之战,这虽然是一个春秋史上的著名大战,但两个大国之间的战争却不时表现出君子的风度。一开始齐国的军队统帅非常轻敌,还说:"余姑翦灭此而朝食!"意思是我要把对方干掉了才吃早饭,结果却被晋军打得大败。然而,在战斗中却出现了一些喜剧性的场面:齐侯的部下邴夏要射杀晋军的将领,齐侯却说,你称他为"君子"还要射杀他,这是不符合礼仪的。齐侯后来被对方追上,马上就要被俘虏。然而当晋军的将领韩厥追上齐侯时,首先却是彬彬有礼的向对方行礼,还讲了一通标准的外交辞令。在我们今天的人看来那个时候的战争有点像舞台上演戏一样。但春秋时代的战争确实有那个特点:像"不鼓不成列""君子不擒二毛",这些战争中的礼仪都是古代史书上明确记载的。像我们这样头发花白的人在战争的时候都比较安全。但战国时代的战争还有没有这些?绝对没有!谁管他年纪大小,先冲过去杀掉再说。为什么?因为杀人越多越有军功,只要打胜了就是赢家。哪里还管什么礼仪不礼仪。

战国时代的战争不仅没有春秋交战的那么多礼仪,而且规模巨大,时间很长,非常的残酷,杀人动不动就是几万甚至几十万。从东周初期的大小一百多个国家到后来的七雄争霸,最后秦统一中国,我们可以想象有多少残酷的战争!春秋时期最大的战役(城濮之战、鄢之战等)也不过两三万人参战,而战国时代的战争动辄数十万。同时由于参战人数众多,时间也大大增加:比如像秦赵长平之战"秦虽大胜于长平,三年然后决,士民倦"(《吕氏春秋·应言》)。依据《史记》等资料的记载,战争的结果是赵国四十万大军被俘虏并被坑杀,而秦国的兵力、经济也受到很大的影响。

墨子及其弟子亲眼目睹了这些造成巨大破坏的战争,在《墨子》书中就记载过"齐、楚、晋、越"各大国许多残酷的战争。三家分晋前发生的晋阳之战,更是残酷到"城中巢居而处,悬釜而饮""臼灶生蛙,人马相食"的程度,可以说是惊心动魄。在这种残酷的战争面前,墨子首先旗帜鲜明地表示了反对的态度,进而对战争的不义进行了有力的批驳。在《非攻》的下篇里面,墨子痛斥发动侵略战争的军队侵入别国边境,大肆砍伐树木,践踏庄稼,摧毁城郭,抢走牛羊,杀害百姓,甚至毁坏祖庙。对这种不义的行为,墨子首先从道义和法理上批驳了发动战争者的种种谬论,同时墨子对战争造成的农人"废耕织,百姓饥寒冻馁而死者,不可胜数"的巨大破坏也表示了极大的愤怒和强烈的谴责。在这样一个情况之下,墨子首先将绝大多数老百姓的利益放在第一位来考虑问题。但拥有发动战争权力的人,那些有军事实力的人想的却是如何侵占别国的土地资源,如何把自己变为天下的霸主。面对这种恃强凌弱的现实,墨子如何应对呢?

正是在这种许多人认为无可奈何的情况下,墨子站在"农与工肆之人"的立场,对如何制止战争进行了深入的思考。更重要的是,他不仅奔走天下宣传自己的主张,而且通过止楚攻宋的大无畏行动来阻止大国对小国的进攻。同时,更带领他的弟子们为实现墨家"兴天下之利,除天下之害"的理想展开了卓有成效的伟大行动,正是他们的种种努力才为后世留下了至今仍然值得我们深入研究的宝贵军事智慧和当代仍然极具价值的和平思想资源。

(二)墨家对战争的因应

在当时的思想家对待战争的种种不同态度中,墨家的因应显示出非常鲜明的特点:明确的反战态度与防御战争的专题讨论;卓有成效的止战行动;全面深入的"救守"防卫军事理论与实战的研究。以上三个方面的特点使墨家学派在先秦时代产生了独特而巨大的影响。

作为战乱时代的哲学家,墨子针对战争的巨大破坏首先旗帜鲜明地提出了自己的核心思想理念:兼爱与非攻;同时为了有效地反对和制止战争,他带领自己的弟子们全面系统地研究"救守"防御方法,也正是这样的行动产生了作为"显学"重要特征的以巨子为核心的墨家集团,他们的行动在当时列国纷争的血雨腥风中产生了巨大的社会影响。下面我们将对这三个方面一一加以解读。

在墨子的思想中,旗帜鲜明的反战理论是与他的全面社会问题解决方案一致的:"国家昏乱,则语之尚贤、尚同;国家贫,则语之节用节葬;国家务夺侵凌,则语之兼爱、非攻。"

墨子的这种思想虽然代表了绝大多数人的利益,但对于群雄争霸时的国君,想要他们停止战争,这在当时那个时代是没有多大作用的。有一次,齐国要攻打鲁国,鲁国派了子贡去齐国试图阻止这一行动。齐国使者听完子贡的话以后说,你说的道理都对,但齐国要的是土地,你说的再多也没有。他就是要打你,你怎么办?所以墨子和他的弟子们就面临一个严峻的问题:如何把这样一个理论、思想化为有效的行动,这是一个非常重要的转变。台湾著名学者韦正通先生说:"墨子能在中国文化中取得一重要的地位,在他反侵略、反战争、热情救世、力行不懈的牺牲精神。他的思想是因受到这一精神的支持,才被重视。他的人格,不仅能感召一世,且足以震动万代,这就是墨子的真正伟大之处。"而正是由于这个转变,才使得墨子成为世界历史上一位独特的伟人。

二、 墨家"救守"防御军事理论

(一)居安思危的意识

清代学者俞樾曾说:"墨子惟兼爱,是以非攻;惟非攻,是以讲究备御之术。"这是因为当时的弱国经常在强敌的侵略面前遭受难以抗拒的威胁,而小国的城池更易被攻破,而一城之破就意味着生灵涂炭！为了避免这种巨大的灾难，墨子也就集中精力带领他的弟子来研究弱小国家怎么抵御强敌。正是这种与众不同的努力，使《墨子》一书给后世留下了弥足珍贵的军事学遗产（《墨子》一书秦汉以后极少有人关注，而这一部分更是罕有研究者，这不能不说是一个巨大的历史遗憾）。所以我们今天就要对此作一个认真的探讨，看看墨家究竟对古代军事理论做出了怎样的重要贡献。

犹如墨子的兼爱非攻理论是他的总体社会解决方案一样，墨家防御军事理论是将国家的安危福祉综合进行考虑的。所以墨家的备御首先是注重思想的备御和人心的凝聚，其次才是物资武器的准备。

对于备御，一般人的了解只是注重军队的训练，以及准备防守武器、准备粮食，准备后勤需要的物资。而墨子认为最重要的不是物资上的准备，而是首先在思想意识上有所准备，决定战争胜负的是人心，城守的关键是上下同心，这个才是最重要的。所以墨子在《七患》中就明确提出要有居安思危的观念。我们讲到养兵千日、用兵一时，我们在座很多朋友感触很深，是不是？只有在思想上有了高度的重视，你才有可能去真正做好经济、军事、外交等所有一切在未来发生战争之前要做好的一切准备，然后才是具体的防御方法。

所以，《墨子》的城守诸篇的第一篇《备城门》在谈如何守城之前首先提出 14 个必备的条件，其中就特别强调"主信以义，万民乐之无穷"，还有就是"吏民和""父母坟墓在焉（哀兵必胜)"。就是人主必须要有信义,上下要精诚团结。所以篇中罗列的 14 个方面其他的条件都要与之配合。比如说征集粮食,不是政府和军队的官员到老百姓家里去独断专行任意行事,而是要"军吏民杂之",也就是官吏、军士和老百姓共同称量粮食。为的就是怕官吏的不法行为影响民心。

在这种总体的意识之下,墨子的救守防御军事理论就显示了下面几个突出的特征:居安思危的危机意识。

在战乱频繁的年代,作为平民思想家的墨子对"以强凌弱"的现实极为痛心疾首,这种悲愤情结在城守各篇当中不时凸显。《备梯》一开始就写道:

> 禽滑釐子事子墨子三年,手足胼胝,面目黧黑,役身给使,不敢问欲。子墨子其哀之。乃管酒槐脯,寄于大(泰)山,昧茅坐之,以樵禽子。禽子再拜而叹。
>
> 子墨子曰:"亦何欲乎?"禽子再拜再拜曰:"敢问守道。"
>
> 子墨子曰:"姑亡,姑亡!古有其术者,内不亲民,外不约治,以少间众,以弱轻强,身死国亡,为天下笑,子其慎之,恐为身灾。"
>
> 禽子再拜顿首,愿遂问守道,曰:"敢问客众而勇,埋茨吾池,军卒并进,云梯既施,攻备已具,武士又多,争上吾城,为之奈何?"

这段话给我们展现了一幅苍凉的背景：在泰山之上墨子与他的大弟子禽滑釐对战乱之中的弱小国家悲悯不已。他们摩顶放踵奔走天下，手脚长了老茧，一脸黑瘦。弟子一直服侍老师墨子，却不敢向老师求问如何防御守城之事。墨子很同情他，于是备了酒肉，坐在茅草上。弟子对老师拜了又拜，只是叹气。

墨子问他："你有什么要求就说吧。"禽滑釐再拜说："只想请教守城之道。"墨子回答说："千万千万不要随便探究这个问题啊！古时候有演习这种方法的人，但他们对内不爱护民众，对外不能结交友邦。自己的力量弱小却轻视强大的国家，结果是身死国亡，最后被天下人耻笑。你千万小心，不要为追求守法而遭受祸殃。"

但禽滑釐还是一再叩拜请问说："老师的教诲我一定铭记在心。但我还是想请教一下：当敌人兵卒众多且勇猛无比，他们已经填塞了我方的护城河，蜂拥的冲锋攻城。同时还架起了云梯，攻城的队伍像蚂蚁一样从云梯爬上城墙，这个时候我方该如何抵挡呢？"

面对这种千钧一发的危险局面，但见墨子微微一笑说："你问的是如何对付敌方用云梯来攻城的方法吗？云梯看起来可怕，其实却是一种笨重的武器。它看起来高大，但移动起来却很困难，所以对付这种进攻并不难。只要我方防守队伍排列的宽度与敌方相应，当敌人发起冲锋的时候，就可以在统一的号令下使用各种大型机械杀伤敌人，同时使用交叉火力向敌人射箭。这时城上的飞箭和沙石、木棍、水、石灰、薪火等杂物一起,势如雨下的扑向敌人。攻城的敌军自然就会被击败。"

这一段对话让我们在千年之后仍然能够真切地感受到墨子师弟子那种救民水火之中的"摩顶放踵利天下为之"的急迫感情。另一方面,从墨子对弟子的语重心长谆谆告诫中,我们可以看到墨家的军事思想中首先关注的是居安思危的危机意识。如果我们联系先秦时代许多国家上下离心,国君平日贪图享受不知防备,一旦危机来临,这样的国家便只能在强敌面前陷于灭顶之灾。战国时代的许多小国就是在这种重压和威胁下消失于无形。所以墨子的告诫才显得格外重要。

然而,墨子也不能不面对一个严峻的事实:这就是墨家要守卫的是"率万家而城方三里"这样一个中小等级的城池(也就是小国),这样弱小的防御力量如何去抵御"十万之众"的强敌,这不能不说是一个极其难以完成的任务。因此墨子也不能不在多方面考虑救守的实际准备,这就是墨子与诸子不同的备御主张。

(二)足食足兵——物质的准备

在这一点上,墨子与孔子是截然不同的。《论语》里面记载了一次孔子和弟子子贡的对话。学生问如何为政,孔子回答国君除了信用之外还需要"足食、足兵"。子贡听了以后问,在三者之中如果不得已要去掉一种,那应该去掉什么呢?孔子毫不犹豫地说"去兵"。对方又说，如果迫不得已还要去掉一样，该去掉什么呢？孔子的回答是"去食"。理由是"民无信不立"。

这样的话儒家就陷入了自相矛盾的境地："衣食足而知礼仪"，饭都吃不起了，社会问题就更多了，抢劫和盗窃增加了，在座的也就更忙了，是不是？诸葛亮的空城计能够每次奏效吗？文学家的想象可以编写故事，但真正打起仗来是要吃大亏的。

所以，墨子的观点就不同："我城池修，守器足，推（樵）粟足，上下相亲，又得四邻之救，此所以守也。"你们在座带过兵打过仗的就明白，两相比较，一定是墨子的看法更能符合保家卫国的实际。这也是古今中外无数事实证明了的。

当然，我们也不是说孔孟的思想完全不对，"仁者无敌"很有道理，讲"天时地利人和"也是正确的，但真正打仗还是要有各方面充足的准备。所以墨子非常实际，面对当时攻城的军队"常所以攻"的"临、钩、冲、梯、堙、水、穴、突、空洞、蛾（蚁）傅（附）、轒辒、轩车"十二攻具，墨子就和弟子们一一进行研究，并找出了有效的对付办法。墨家在《汉书·艺文志》中被列为"兵技巧"家，就是因为他们在这方面有专门的研究。

墨家的"足兵"包含了军队的组织训练、兵力布防、武器配备、旗帜号令、军民协作（包括老人、妇女、儿童共同参与城防工作）等一系列的准备，同时我们看《墨子》的《备城门》诸篇就知道，他们对防御的每一个方面都有结合实战的详细论述。

比如作战队伍的布置就从每五十步的"男子十人（操重型武器者），女子二十人"，到官吏司马以上的妻室子女要留在官府作人质，夜间要巡查三到五次。对父老、官吏中相互有怨仇的要召集到长官面前消除前嫌，一致对敌。甚至警卫人员及照料生活的妇女他们的脸色、语言、行动反常的，都要加以审讯并报告。对于旗帜的运用甚至细到柴薪、石头、水、烟火等不同物资传递都要用不同的旗帜来指挥。至于各种武器的配备使用我们下面还要专门讨论。

由于墨家的军事理论与实战方法非常特别，各种武器数不胜数，所以对于没有认真研读过《墨子》城守这部分文字的人，我们真的很难将这些丰富复杂而又详细的内容向大家一一展现，我们今天讲的内容只能是其中的概要论说。好在古人曾经将它们归类，所以《汉书》的《艺文志》所论墨家的特点（在兵家的四个派别中《墨子》被列为"兵技巧"家）我们也可以参考。但如果仅仅把墨家视为兵家的"技巧"类，那显然是不全面的。所以我们下面必须对此略作辨析。

（三）墨子"兵技巧"的特征

在《汉书·艺文志》的兵家类中，《墨子》被列为"兵技巧"类，其特点是："习手足，便器械，积机关，以立攻守之胜也。"但实际上墨家绝不仅仅是"习手足，便器械，积机关"而已，我们只要认真阅读《备城门》诸篇，就会发现即使在文字残缺三分之一的情况下，也可以明显看出墨家不仅有"兵技巧"而且兼具有"兵权谋""兵形势""兵阴阳"其他三家的特征。比如,"兵权谋"的"以正守国,以奇用兵,先计后战"诸项特征,《备城门》诸篇无不具备。我们对比"兵权谋"中的《齐孙子》《吴孙子》诸书,就可以明显看出它们和《墨子》城守各篇有很多相似之处,只是前者更多地探讨军事战争的全局(包括用最小代价取胜以及如何进攻的问题),而《墨子》则专门研究如何抵御强敌的进攻。但我们注意一下《孙子兵法》的一些观点,就可以明显看出二者的共同性:"上兵谋攻,其次伐交,其次伐兵,其下攻城。攻城之法为不得已。修橹**轒**辒,具器械,三月而后成,具闉,士卒又三月而后成。将不胜其忿而蚁附之,杀士卒三分之一,而城不拔者,攻之灾也。"只要我们对照一下《墨子》的《备蚁附》等篇就会非常明显地看到二者的联系。

作为"兵形势"代表的《尉缭子》,它与《墨子》的共同点就更多了。在先秦兵法著作中,除了《墨子》之外,《尉缭子》是唯一有专篇文章谈城池防守的。它的《守权》篇和《墨子》相近,对于城郭建筑、坚壁清野、人力动员、武器配备、严明号令等问题都有论述。此外,对于"备闉""渠答"等防御器械的讨论都与《墨子》有很大的相关性。甚至《尉缭子》谈阴阳望气的《天官》中的内容也和《墨子》的《迎敌祠》论述有一定的关联性。

"兵阴阳"家的特点则是:"顺时而发,推刑德,随斗击,因五胜,假鬼神而为助。"这在《墨子》中也同样有明显的反映(要知道墨子是明确主张"明鬼"的)。《迎敌祠》就有敌人从四面而来,我军迎以东西南北四坛,又有巫医敬神助战的方法以及专人望气的说法。凡此种种都是兵阴阳家惯常的做法。

由此我们可以看出，《墨子》一书的兵法部分确实具有兵家四家的综合性特征，换句话说，它是先秦兵家智慧的综合性体现。

此外，墨子兵技巧还有一个重要的特征就是它的实用性或者说是实战性。有人就说《墨子》的城守诸篇有战争守则的性质，就是说它所提供的详细作战办法其他人完全可以按照上面的操作来打仗。如果认真去阅读那些篇章我们会完全赞同这种说法。

这里我们顺带说明一下当代考古发现的出土文献提供的《墨子》城守诸篇的新证据。

对于墨家与战国时代军事战争关系的资料历史上留下来的很少，但非常幸运的是，通过考古工作者的努力我们已经发现了不少相关的新资料，尤其是墨家与统一中国的秦国关系的原始资料被发现更是价值巨大。这种两千多年以前的人亲手写下的文字比起经过后世不断增删改动的史料更加具有说服力。在大家知道的《睡虎地秦简》《岳麓书院藏秦简》以及现在正在不断整理出版的里耶秦简（有 10 万片以上）当中，我们发现一些秦墨与秦国的政治、军事各个方面相关的资料。著名学者李学勤等专家就依据这些新的史料对墨家与秦国的统一战争关系做出了重要的考证（如果有兴趣大家可以去参看，我的专著里面也有引用和论证）。在这些资料中，墨子"兼爱""节用"等思想都有明显地反映。由于时间的关系我们这里不可能展开讨论。但有一个问题需要引起我们思考,那就是秦国为什么经常是通过野战来消灭敌人的主力军,而不是打攻城战,因为它通过墨者知道了城防术的威力。有时候 10 万大军打不下一个小城,《孙子兵法》也说了最下是攻城。所以秦赵、秦楚之间的大战都不是通过攻城进行的。从这里我们也可以看出墨家对战国时代的影响(有关墨家思想以及墨家对秦国社会政治的影响问题,有兴趣的朋友可以去看我论著当中的相关论述)。

(四)墨家高科技的立体防御体系

墨子及其弟子所研究的防御体系是一个纵横的平面与立体交互作用的综合防御体系。这种防御体系以平面的三线配置和立体的城池防御体系共同组成。这种城防设施从城外的百里到三十里地之外就开始布防:第一线是郊外的瞭望预警部队。墨家有住在郊外的警戒部队和建筑的瞭望设施以及郭外之亭(包括烽火设施和城郭要塞部队)。第二线是中间地带的"天田"及栅栏等阻敌设施。第三线才是壕池、城墙、城门、吊桥及城上的轻重武器。而这三线的防卫是紧密相连的:从百里之外开始警戒到三十里之内开始坚壁清野,然后千步、二百步、百步、五十步、三十步、二十步、十步直到城上每一步的武器、人员配备都有专门的设防,从而形成一个坚固堡垒的整体。

除了平面的纵深防御之外,墨家更加强大而有效的是立体城防体系。就是地下有坑道(防御敌人挖地道进攻),城外有护城河,从地面到高大城墙上的各种重型武器以及城墙之上的立楼、望楼等。在城壕(护城河)里面设置正向反向的尖锐竹箭,护城河与城墙之间蒺藜、木桩等障碍物,城门上方有"悬门沉机",当敌人先头冲锋队冲进城门后就可以操纵机关(放下"悬门")阻止后续部队进入,城中的守军乘机消灭敌人的前锋。城墙每三十步还设置了一个"突门",用来掩护我方的勇士以便适机进行反击。城上每五步建有一个"爵穴",用来藏匿手持火炬的战士,敌人夜间偷袭的时候可以照明,面对敌军的密集爬城进攻时还可以大量扔下火炬投掷杀伤敌人,等等。

对付敌人挖地道攻城,墨家有一整套应对的方法。首先是严密监视敌人的异常举动,如果敌方改变了攻城的方法,挖地聚土的方法不正常,或者旁边有水的地方不正常的浑浊,就表明敌人用开挖地道的方式准备进攻我们。于是我方就要在对应敌人挖掘地道的延伸方向向下挖井,然后也反方向在地下挖坑道。同时用空坛置于地下,通过监听敌人挖地道的声响弄清楚敌人挖掘坑道的方向。当我方坑道马上要接近敌人的时候,就用颉皋冲破土层,然后鼓动风箱用烟熏敌(敌方如果也使用这种方法对付我们,则将醋洒在毛巾上用来掩住口鼻,防止呼吸道和肺部受到损伤)。此外还有"备水""备穴"的种种方法。限于时间我们也不能详细叙述。对于充分发挥了墨子在科学技术方面的创造性,并能有效防御强大敌人进攻的创新型武器,我们更要高度重视。因为它不仅在中国军事史上极具创造性,而且放在世界历史上看也是非常了不起的。对此,我们在下一章进行专门的分析。

三、"墨守"诸篇城防利器及墨家科学技术

(一)城上重型武器

墨家的十二攻守防御术有一个重点就是依托他们自己发明的具有极大杀伤力的重型武器来抗击强敌。仅仅在现存(残存)的《墨子》篇章中就包括有:藉车(抛石机)、连弩、转射机、渠答等等,但可以肯定决不限于这些。我们从《墨子》的《公输》篇里可以看到墨家的高科技武器是多么厉害。可惜,从古至今由于绝大多数人都不读这些篇目,所以至今仍然还有不少人认为它只是文学家的想象产物,那么今天我们就来看看这些武器是不是有那么厉害。

这种代表先秦时期最高科技水平的武器作为墨家的城防重器,它的背后其实是有强大的科研实力的,这就是墨家创造性的科学发明以及长期的工艺实践(关于墨家城防武器与墨家科技的关系,我们后面还有专门的分析)。正是墨家的这种特点才使他们能够发明创造出其他人很难发明的各种利器。这种大型的武器非常多,这里我们仅仅举出几个具有代表性的例子。

第一种：藉车（图 1）

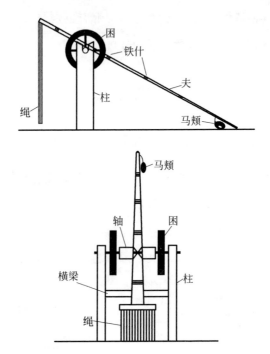

图 1　藉车正面、侧面图

其实它是一种大型的抛石机。结合下面的示意图，我们可以看到这种武器的大致结构：藉车由两根长七尺的粗大支柱固定在地面（其中四尺深埋地下以便减少震动），立柱顶端安装一个很大的车轮（叫作"困"），用以固定长长的摔臂（称为"夫"，长度要大于三丈）。在摔臂的末端是长二尺八寸的"马颊"（用来装裹投掷物）。在摔臂的末端有一组绳索，当需要使用抛石机打击敌人的时候，就命令一组士兵拉动绳索来投掷石块或其他打击物。如果投掷得不准确，就通过增减人数来调整打击的距离。这种使用杠杆原理来远距离打击敌人的武器不仅极具杀伤力，而且对强敌可以造成巨大的心理压力。由于它是在城上远距离发射，所以在冷兵器时代，敌人只会遭受伤亡而没有反击的机会。由于每二十步就安装一台这样的藉车，所以我们可以想象当它们同时发射的时候，其威力绝对不亚于万炮齐发。这种威力巨大的武器不仅可以大量杀伤敌人，更能够给敌人造成巨大的心理压力。据说阿基米德使用抛石机打击罗马军队时，敌人甚至看见城上放下一根大绳子就会怕得要死。诸位可以想象这种压力有多大。更不要说墨家还有那么多别的威力巨大的防守武器同时使用了。要知道墨家城上的装备是"渠答、藉车、行栈、行楼、颉皋、椲梃、长斧、长锥、长锄、钩钜、飞冲车、悬梁、批渠"，这还远远不是墨家武器的全部！（有的我们下面会提到，但根本不可能一一解说）想象一下，诸位如果生活在墨家的时代，你们去带兵进攻墨家防守的城池，那对大家绝对是一场灾难！所以墨家的"墨守"绝不是浪得虚名，不是如很多人所想象的那样只是文学家的想象夸张的产物。今天居然还有许多人持有这种看法，这真是一种很大的遗憾。

　　作为科学技术的专家，墨家的设计非常精密仔细，比如为了不易受到损坏，每个藉车要用铁皮包裹，不仅可以防损坏，而且在发射的时候可以抵消发射的后坐力。其他类似武器的细节在《墨子》书中不一而足。

　　在历史上这种武器曾经发挥过巨大的作用。当蒙古人的铁蹄已经踏破了欧洲的时候,中国合川钓鱼城的军民就曾使用这种武器打死了蒙古军队的领袖蒙哥(欧洲人当时惊喜的高呼:"上帝之鞭折断了!"蒙哥死后,进攻武昌的蒙哥之弟忽必烈为了争夺可汗之位匆忙撤兵,正在叙利亚作战的蒙古军队也同样班师回朝),由此蒙古人企图占领欧亚非的梦想被粉碎,中世纪人类历史的命运也因此而改变。

我们要谈到的第二种墨家城防重武器是连弩。这是一种可以连接数十支强弩的又一种巨型武器。弓弩本来就是由弓箭演变而成的极具有杀伤力的武器,但墨家把古人的发明进一步的提升、改造。弩虽然已经很厉害,但是一张弩必须用一个人来操作,所以操作它需要很多的人,这样在人力有限的情况下,它的威力是有限的。而墨子带领他的弟子运用机械原理,把每只强弩的弩弦全部用一根总线连接起来,组成更加厉害的连弩。所以用一个人或几个人就可以操纵几十支强弩,我们可以想见这种连弩是多么厉害的利器! 根据《墨子》书的记载,一组连弩可以一次发射六十支箭! 而且墨家还可以使用辘轳来收回发射出去的利箭。我们可以想象一下:当多组连弩同时发射的时候,无数支利箭一下子如蝗虫般从天空中飞射下来,这是一种多么惊人的震慑力和杀伤力! 哪一个强国的军队不会一看就吓住了呢? 有了诸多这种高科技的武器,墨家的防守军队就不用大量的人力去应对敌人的猛烈进攻。墨家"墨守"以少胜多、以弱胜强的奇迹就是这样创造出来的。

由于后世的神仙家把墨子说成是神仙,而绝大部分的人也不读《墨子》,以至于许多人都把《公输》篇中的描写视为文学家的夸张产物,甚至在当代这种认识仍然非常普遍,这不能不说是极其令人遗憾的事情。

第三种:转射机(图 2)

图 2　转射机

这是一种将弩机配合"转射"装置一起使用的武器(考古工作者发现居延汉简的时候同时发现了这种器械,陈直先生的《居延汉简研究》有说明)。大家看到的插图上的这种"转射":这是一个"H"形的器具,它的中间有一个转轴,可以旋转120 度,是放在城墙上的城堞凹处使用的。当敌人从城下向城上放箭时,就把它的孔旋转向内,敌人的箭自然射不上来。当我方要向敌人射击时,则将孔旋转下去,从孔隙中向敌人放箭。

第四种:渠答(图 3、4)

渠答前人多将它看成一种防守器,实际上是两种防护武

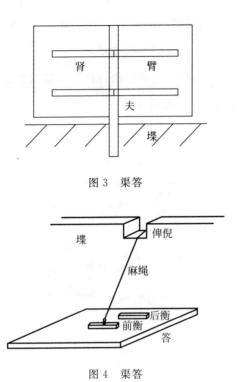

图 3　渠答

图 4　渠答

器。渠的形制与功用在《墨子》书中有多处说明,其中最集中的一处是在《杂守》篇中。文中说渠有一丈五尺长,宽是一丈六尺,宽大于长,这是为了有效阻挡敌人放箭。它的立柱有一丈五尺,下端的三尺埋在城墙表面的地下,以便起到牢固的支撑作用。这是一种预防敌人向我方守城将士射箭的防御器,也就是城上的挡箭牌。答又称"累答",它用木板或者秸秆、苇草等物编织而成,因此这种设施有三种作用:一是可以遮挡敌方射来的箭支,同时还可以收集敌方的大量箭支(《备高临》就说"以答罗矢"),可谓一举两得。其三还有一个特殊的用法:"客(敌人)则蚁附城,烧答以覆之",意思是说当敌人密集攻城时,我方就点燃累答投向敌军。我们可以想象在冷兵器时代,这种"二步一答"同时抛掷的密集火海差不多就等于火焰喷射器。这不仅在杀伤力方面是非常厉害的,而那种心理的作用就不仅是压力简直是恐惧!

其实墨家的防守武器还远远不止这些,从历史上看,所谓"输攻(公输班的进攻)""墨守"就是战国时代的人对最厉害的进攻与防守的代名词,但我们在《公输》篇里面就看到了,攻守双方二人"九攻九拒"之后,公输班的攻城器械已经用尽,但墨子的守御武器和方法还绰绰有余。有人可能认为文章是墨家写的,所以才把敌人描绘得黔驴技穷,但如果我们认真通读《墨子》的城守诸篇,就会知道墨家的"墨守"真的就有那么厉害。其中的秘密就在于这些武器后面有墨家第一流的科学技术在背后支撑。下面我们也对此作一个简要的分析。

(二)阿基米德城防武器与墨家城防科技

在先秦历史上,墨家之前的大型攻城武器只有《诗经》等文献上提及的"钩""梯"等少量几种,所以上述我们谈及的大多数守城器械都是墨子带领他的弟子们自己发明的。有意思的是,大约在同时,西方也有著名的科学家阿基米德,历史上也有他发明防守武器的类似传说。这些故事不仅在西方甚至我们自己的教材中都不难看到,奇怪的是,我们自己先辈的伟大发明却很少有人知道。因此我们更有必要把相关问题在这里做一个澄清。

说到阿基米德及其城池防御利器,在全世界好像无人不知。作为古希腊的著名科学家,传说在叙拉古抗击罗马军队的侵略中,他发明的传奇武器曾发挥了巨大的作用,从而创造了军事上的奇迹。但西方严肃的历史学家对此却普遍持怀疑的态度。依据广泛流传的传说,阿基米德发明了抛石机、起重机(其实它运用的杠杆原理与墨子的"藉车"是一样的)等强大武器,所以他能够带领城中的老人、妇孺多次击退来犯的敌人。其实就算历史上的这类传说是事实,阿基米德的所谓强大武器和墨家相比,也是要甘拜下风的。从种类来看,前者只不过聊聊几样,而墨家却实实在在地有藉车、连弩、渠答、转射机、悬脾、颉皋等等各种威力强大的防守武器。这些武器在墨子之前少有记载,而在墨子之后却在后世战争中大量使用(我们在后面会谈到这种影响),所以墨家的守城武器才是真正实实在在的创造性发明。

其实除了守城武器之外,墨子与阿基米德相比还有许多后者所没有的贡献,比如在军事工程方面墨家的成就远远大于阿基米德。现代军事工程包括以下三个方面或者说是三大任务:一是野战工程作业,它包括战场、战术工程,比如战壕堡垒等诸多工事等;二是战略支援工程,如道路、桥梁库房以及后勤供应等等;三是辅助支援工程,包括供水、照明诸项事务。由于古今技术材料的差异,虽然墨家不可能有现代化的军事器械和工程技术,但总的说来这几个方面的任务在《墨子》书中却全都有所涉及:野战攻城方面,墨家有城池、城墙、地道各种建筑设施;战略支援方面,墨家也有道路、桥梁与后勤供应的诸多准备;辅助支援工程方面,照明、供水诸项墨家无不具备。《杂守》等篇甚至细致到厕所建修多少个,城上要往下倒水都有专门的旗号指挥。这些方面不仅在中国古代军事史上少有,甚至在世界军事史上也非常罕见的。

(三)《墨经》科学技术理论与墨家城守武器

由于《墨子》一书后世很少有人研读,再加之魏晋以后的神仙家把墨子日益神化(所谓《墨子枕中五行记》《墨子变化术》就是这类产物,在道教典籍中墨子也被堂而皇之地列为神仙谱中的"地仙"),所以就给后人留下一种根深蒂固的印象,好像墨子的高科技武器与"墨守"的奇迹都是文学家、神仙家想象的产物。甚至在当代有这种看法的人仍然相当普遍。其实我们如果认真研究《墨子》里面《墨经》中的数学、力学、光学的有关部分论述,就可以理解墨家为什么能够有那么多的科技发明,这样,墨家何以能够发明出那么多高科技武器的问题也就毫不奇怪了。

即使在现今残存的《墨经》中,我们也会看到墨家学者对自然科学中的数学、力学、光学的不少专门研究,"墨子号"命名的一个重要原因就是这个项目的首席科学家潘建伟的老师,著名科学家钱临照先生在《墨经》中发现了"光学八条"的重要理论(国际光学协会已经在滕州召开了两次光学方面的学术研讨会,说明了国际科学界对墨子科学成果的认同)。与墨子的城防武器相关的研究条目也不少,我们这里仅仅举出几个重要的理论条目加以说明。

在墨家防守诸器械中广泛运用的圆、角、矩形以及杠杆原理,书中都有专门的研究,比如,《墨经》中有圆的定义:"圆,一中同长也。"这个定义不仅与欧里得几何中圆的定义完全一样,而且更为简洁。这是墨家把工艺实践中无数次画圆的实践提高到理论高度的结果。做到前者并不难,但要上升到理论的高度就是非常困难的事情了(犹如专利发明一样)。在墨家守城器械中,矩形、方形的理论也大量运用。《墨经》中就曾讨论过四方形(《经上》第19条),给出的定义是:四方形就是四条边四个角都聚合相等的封闭图形。而制作渠、答、悬陴等器械就大量地使用了这个原理。可以说在墨家城守的所有此类器械的制作都运用了这个原理。

而杠杆的原理则在名为藉车的抛石机以及吊桥、悬陴等武器中大量使用。在《墨经》的《经》和《经说》(见第126条)中,作者对杠杆原理有详细的说明。在解说力点、支点、阻力点三者的关系时说,用力点(力点)距离支点越远,阻力点离支点越近,做工时就越是省力,反之就越费力。墨家的抛石机之所以能远距离发射攻击敌人,就是运用了这个原理。其实在《庄子》中也有颉皋的记载,《庄子·天地》就提到"凿木为机,后重前轻,其名为槔(即颉皋)"。但庄子只是带着贬义的感情色彩用这个例子来说明"有机械者则有机心"，当然他不会去研究什么杠杆原理了，而墨子则不同，为了"兴天下之利"，他带领弟子们专门研究杠杆的原理并做出了科学的说明。拉动滑轮来操作铁链控制悬陴上下的原理，同样是省力的杠杆原理。墨家为了帮助弱小国家更有力地反击敌人的入侵，自然就把同样的原理用到了城防武器上。为什么是墨家而不是别的人发明制造那些威力巨大的武器，其原因就在于此。所以墨家的大型武器不是什么神仙家的幻化，而是实实在在的科学发明。遗憾的是后世文人既不懂科学技术，又不读《墨子》（读了也不懂，尤其是《墨经》这部分文字。我曾在北京图书馆善本部通读历代的《墨子》版本，看到古代有学者给《墨子》一书断句标点，但是点到《墨经》因为读不懂就点不下去了），所以影响至今，大部分人还是只知道传说中的阿基米德故事，而不知道真实的墨子和墨家。但如果我们今天仍然持这样的观点，那就要贻笑大方了。

（四）墨子与克劳塞维茨军事思想的比较

墨子的防御军事理论不仅在中国古代有着突出的成绩，而且将它放在世界军事理论的历史上看，也同样具有特别的价值，在这方面它与西方著名的军事理论家克劳塞维茨的军事学说尤其是军事防御理论最具可比性。这里我们就将它们做一个简要的比较。

在克劳塞维茨著名的军事理论著作《战争论》中，作者特别研究了军事防御，并著有防御理论的专门篇章。但正是在这种相同主题的论述中，我们看到了他和墨家思想的根本差别，这种差异主要表现在两个方面。

第一个是西方的历史文化传统和中国的区别。在"防御"这一专章中，克劳塞维茨首先说防御是必需的，打不赢的时候只能防御，但作者特别强调：防御是迫不得已的事情，一旦有条件进攻的时候一定要毫不犹豫地、疯狂地发动进攻。所以防御是被迫和辅助的手段。战争的根本目的是要"占领敌人的国土，所以争夺领土是进攻的目标"。

而墨家恰恰相反："救守"的目的完全是防御外敌的侵略。墨家的防守当中也有以攻为守的方法，但这仅仅是正义防御战的辅助手段。墨子和他的弟子们从来就没有探讨过如何将防御转为进攻的问题，更没有说乘胜追击去占领对方的土地。所以二者的区别是非常明显的，他们反映的历史文化背景有着根本的差异：《战争论》反映的是扩张的、殖民的西方历史文化，而墨家的军事防御理论体现的则是中华民族爱好和平的传统文化。

第二，克劳塞维茨完全迷信正规军而轻视民众，他觉得民兵是乌合之众，在他看来"人民战争像云雾一样，在任何地方也不会凝结成一个核心"，所以和正规军相比，他们打仗根本不行，如果干点敲边鼓的事情还可以，但绝对不可以重用。他的骨子里对于民众是非常鄙视的。他甚至说，"对人民武装来讲，由于他们早就做好了被战败和被击退的准备，遭受伤亡惨重、被俘虏很多人的重大打击"，在这种打击下他们会"逐渐消失"。

但与此相反的是，墨家的防御恰恰是要建立在全民兼兵的基础之上的。墨家强调上下一心、精诚团结，认为这才是弱国战胜强敌的最大法宝。在《杂守》篇中，墨家召集的人包括"有谄人、有善人、有恶人"，总之是全民动员。墨家之所以能以数万人完胜十万之众的强敌，其根本的力量和原因正在于此。保家卫国的正义战争、万众一心的精诚团结、以实力求和平的战略战术的结合，成为墨家抵御强敌战无不胜的法宝。

所以，综合《墨子》全书的军事智慧与理论，我们看到的绝不仅仅是简单的一些防守的技巧，而是形成了一个完整的理论和实践相结合的系统。虽然《墨子》书的文字叙述不像《战争论》那样是以全面系统的方式出现，但综合全书的内容，我们会非常清晰地发现墨子的救守防御理论、方法的根本特点。

总体来看，墨家的防御系统是一个无所不包的完善军事防御体系：它以全民动员作为最深厚的力量，以纵深立体防守体系构成固若金汤的堡垒，以高科技器械作为抗敌的强大力量，以全方位的后勤保障为前线提供可靠的支持，以"旗帜""号令"作为协调作战的指挥通讯手段，以严明的军纪与赏罚分明的措施作为执行命令的保证，凡此种种构成了墨家坚不可摧的强大守御堡垒。上述种种智慧无不显示出古代智者与广大先民尤其是下层民众的极大创造性。同时，墨家不仅为中国古代军事学提供了杰出的篇章，而且充分反映了中华民族的善良和平天性。更为重要的是,由于墨家的超前智慧,使他们提供了超越时代的思想和方法,所以无论当代还是未来,它依然能为全世界的和平事业提供重要的启示(我们将在最后一个部分来分析)。

四、 墨子与诸子反战理论的比较

从总体文化特征来看,先秦诸子的思想都表现出明显的内敛和平特征。对于当时频繁战争对社会的巨大破坏,诸子纷纷表示出反对的态度。不过各家反战态度的程度和方式却有所不同,尤其是在实践上,儒道诸家除了宣传他们的主张以外,对制止战争的行动和具体的方法似乎并没有过多的考虑,更不用说对此的专门研究了。相形之下,墨子与墨家学派却显示出完全不同的风格。全面深入地探讨这个重大的问题是一个巨大的课题,这里我们只能对此做一个概要的分析。

(一)诸子反战理论与实践的异同

从总体上看,先秦诸子作为中国文化思想特征的创建者,其主要的倾向是和平的,这一点同样得到国际权威学者的承认。在著名的《中国科学技术史》中,作者对中国的历史有一个总体的评价:"在中国历史上有很多战争,但是没有军国主义。"这种历史文化传统的形成与诸子的和平思想,尤其与墨家的理论有重大的关系。

不过,虽然先秦诸子都主张反战,但各自的依据和理由却不同。道家主张道为自然宇宙本源,人也是道的产物,所以作为自然产物的人类生命自然不可残害,对于战争他们的主张是"兵者不祥之器,圣人不得已而用之"。即使迫不得已用兵,战胜以后也要"以丧礼处之",什么意思?平时上将军是居左,而办丧事的时候就是偏将军居左,左为上,为什么要这样反常对待?因为战争是以牺牲人的生命为代价的,因而也是违反天道的,对反常的行为就用反常的礼仪来体现。这就是道家的思想。

儒家主张仁者无敌,认同"礼乐征伐自天子出"。然而,到了东周礼崩乐坏以后,社会上很难维持天子礼乐征伐的是非观念,甚至周天子也只能依据实力来说话:三晋强大只能承认分裂的事实。天子都没有原则了,所以征伐自天子出的理论也就只能是虚设。在这种情况下,从孔子开始,儒家的学者也就只能是"邦无道,危行言逊"。对于战争,除了发表反对的言辞外,剩下的办法似乎除了洁身自好之外也没有其他更好的法子。后来孟子对宋钘试图制止战争时也说,你具体怎么做我不管,但你用利益来说服秦楚两国的方法我不赞成。孟子认为小国面临大国的进攻,最好的方法是"惟仁者为能以小事大"。然而当时的事实已经证明这是行不通的。

另一方面,就对中华民族性格的影响而言,秦汉社会之后,由于统治的需要,儒家被改造成为服务于统治需要的面目,加上后世历代帝王"霸王道杂之"的政治实践(法家只有专制没有制约,只有集权没有分权),这样就造成了变本加厉的集权专制和民族的软弱性格。

相对而言,墨家的以实力求和平的思想以及对军事防御的全面研究与践行在当时产生了与儒家完全不同的影响,其对中华民族性格形成的意义也是更具有正面作用的(在后面墨家军事的历史影响部分我们再做具体分析)。

当然,墨家也有他们的问题,尤其是战国后期墨家不断分裂以后,其中一部分人对墨子思想的理解也发生了偏差。所以就有学者在研究墨家守御的时候认为《备城门》等篇不是墨家而是商鞅等人的著作,理由是其中有许多严酷的军令与墨子兼爱思想不符。对此我们必须作一个简要的回应,概要而言,这里我们必须考虑三个问题:第一,面对强敌的破城危险,守军不能不严守军令,否则会导致千百万生灵涂炭;其二,秦国的墨者既要与当权者合作,则不能不执行严格的秦国军令;其三,后期的墨家弟子的确有"背义向禄"者(我在相关的著述中有专门的论述)。不过总体而言,我们在墨子的城守诸篇中看到的依然是"兴天下之利,除天下之害"的"救守"思想。即使与兵家相比,墨家的防御军事思想也是极具特色的。

兵家虽然专门研究战争,但同样主张慎战。《孙子兵法》开篇就讲"兵者,国之大事,死生之地、存亡之道,不可不察也"。什么叫察?察就是慎,要慎重考虑。最高的军事智慧是什么?叫作不战而屈人之兵。这个"不战而屈人之兵"有几种含义,一种是用政治、外交手段,第二种是展示实力。实际上我们的南海危机不利局面的扭转,根本就在于我们有效的应对方法,从历史文化的影响方面看,其可供借鉴的思想资源一方面是墨家的以实力求和平的思想,另一方面是兵家的这种智慧。大家可以认真思考一下,局面的扭转是不是和我们的实力与智慧有关,也跟我们民族的这个文化传统有关系?我们看《墨子》的《公输》篇,通过九攻九拒的演练和展示实力的方法制止了一场迫在眉睫的大战,墨家的这种方法也是不战而屈人之兵,只不过是很少有人注意到而已。与孙子的智慧相比,这是另外一种不战而屈人之兵的表现。

（二）诸子思想历史影响的差异

在历史上,由于儒家的政治文化的正统地位,所以儒家对待战争与和平的理念也是影响广泛而深远的。从积极的方面看,儒家的礼仁观念在奠定中华民族的和平性格方面起到了非常重要的作用,至今这种价值观仍然在发挥它的重要影响。但另一方面它的消极负面影响也是深远的:由于儒家仁亲的宗法血缘局限加之提倡君子内省的功夫,这种内向的文化引导了中国人的内敛性格。以后再经过董仲舒等人的改造,这种性格倾向日益发展,尤其是程朱理学对孔孟思想的改造以后(存天理,灭人欲),我们的民族性格不断走向柔弱的方向。前人就曾直斥理学之徒"平日无事谈心性,临危一死报君王"。道家顺应自然,强调谦虚卑下,主张柔弱胜刚强。这种观念造就过汉初的文景之治,熏陶了我们民族的温和性格,并与儒家思想一起在世界上共同构成中华民族谦和好礼的特征。但另一方面由于过分的柔弱,在面临外来强敌的侵扰面前,我们也少了刚毅与奋争。鲁迅先生就曾对大多数人的软弱表示了怒其不争的愤慨。相形之下,墨家的思想和精神遗产就大不一样。

墨家虽然在秦汉以后日渐沉寂,但它的"摩顶放踵利天下为之"的精神却在民间潜流承传,历代的游侠之风与急公好义美德无不与之有直接的关系。直到清代末期梁启超还大声疾呼:"欲救今日之中国,舍墨学之忍苦痛则何以哉!舍墨子之轻生死何以哉!"正是戊戌变法六君子激励了他,同时这种精神也激发了中国人的奋发改革勇气并由此推动了近代历史的向前发展。而这一切都与墨家精神的传承有密不可分的关系。

对于备御传统的传承似乎没有这样清晰的线索。人们通常的理解是,墨家的"墨守"城防理论与战术也随着墨家的消亡而消失了。但实际上,正如墨侠精神长期影响后世一样,墨家的攻防术同样对后世同样有明显的影响。这种影响主要表现在以下两个方面:一是在墨子以后的历代战争中,墨家的攻防术有大量的运用。二是在后世的各种兵书中,墨子的军事理论与战术一直有人在研究。限于时间的关系,今天我们在这里只能概要的说明。

历代战争当中墨子攻防术的运用,我只简单地举几个例子。战国时代的田单反击燕国的火牛阵就使用了墨子的反击战术，后来汉代的昆阳之战中守城将士也正是用《备城门》中的武器战术取胜。陈规的《守城录》里面也直接记载了墨子和他弟子的对话，而且在以弱胜强的防守中，城池的建设、调动军队、打击敌人的战术无不大量地运用墨家的防御术。在历代战争当中，很多军事家都用到过这些方法，比如说曹操跟袁绍作战的时候，面对敌强我弱的局面，曹操是怎么打败袁绍的？当然有战术谋略、民心军心等等因素，但是其中有一个重要的原因，就是得益于墨子的藉车之类的大型武器的帮助。他的军队使用抛石机的时候，因为威力之大，被称为霹雳车，这是形容巨石满天飞，就像天上狂风暴雨伴随冰雹落下来一样。一种武器就有如此大的威力，想象一下墨家各种各样的武器一起使用，会是怎样的一种场景。还有就是历史上被视为神机妙算的诸葛孔明，结果在攻打一个小城的时候，被对方名叫郝昭的无名小卒用墨家的防御武器打得大败，打了二十多天以后无计可施，最后只能灰溜溜的撤兵。这可不是什么小说家的传说，是《三国志》的《明帝纪》里面明确记载的（有兴趣的朋友可以看我书中的墨守历史影响专章）。

墨家城守理论历史影响的第二个方面就是在历代兵书中的大量相关记载和论述。从《尉缭子》到许洞的《虎钤经》、陈规的《守城录》等历代的兵家著述里面都有：他们有的直接引用《墨子》语录、战法，有的记载墨子攻防术的具体应用，还有的将墨子武器、战法加以改造。凡此种种不一而足。下面的时间我们要探讨最后一个重要的问题,这就是墨家军事学与和平思想在世界上的影响尤其是对我们当代人类的重大价值。

五、 墨子思想的域外影响与现代启示

谈到墨子的影响,除了中国大陆与港台地区之外,我们仍然首先要关注日本的墨学传播与研究。早在镰仓时期日本就有《墨子》的抄本流传,而专门的墨家城守的研究从 1922 年山口察常的《墨子的非战论》就开始了。日本这个国家从古代就开始研究中国,比中国人研究日本要深得多。所以就这类专题研究论文的数量比例来看,日本学术界墨家城守专论的文章在整个墨学研究中所占的比例比中国还要高。研究的质量总体看也是很有成就的,客观地说,一些论文的水平超过了我们。山口之后有大冢伴鹿的力作《关于墨子的兵技巧诸篇研究》,以后千原胜美的《墨子兵技巧考》也有较深的功力。再往后就是墨守研究的专家渡边卓的专门论著,而且他的一些观点非常具有启发性,比如墨家的城防术以及墨子整个思想后世为什么会失传。他有一个重要的观点,他说因为墨家在当时思想太超前了所以才会消失,当时到处都在打仗,国与国之间都是"争于气力",在各个大国都要争霸统一中国的时候,你去讲"非攻"有谁会听呢? 所以他的思想没有多少人接受。但

是也正因为他思想的超前,所以才在现当代日益引起人们的重视。这个观点极具启发性。历史过了两千多年,国际上的战争还是如此,人类的财富分配不均,包括各种不平等以及种族、阶级利益的纷争还是没有解决,虽然人类的经济和科学技术有很大发展,但社会上的各种重大问题两千多年来还是没有根本的变化。正因为墨子思想超越了历史,所以现在人们回过头去发现,我们面临的这些问题从根本上来说还是墨子那个时代要解决的问题。因此,墨子的现代意义也就日益突显。这个观点对我们是非常有启发的。还有近一二十年的专家田中淡这个人也着力研究墨子的军事防御,他不仅研究墨子的文本,对当代考古发现的成果也是非常注意的。比如有什么战国古墓或是城墙的发现,他就会亲临现场去测量城墙的长度、高度,做很多具体的考证,然后和墨子书中的记载去印证。包括日本学者对《墨子》文本考释(包括城守部分)的功夫确实是超越我们的。最近听说日本一位学者花了近四十年功夫做的《墨子》集释类的专著很快要出来了。我们有没有人做这种工作?好像没有,连这样想的人恐怕都很少吧?日本人这种做学问的功夫真的令我们汗颜!

韩国的学者也有不少人研究墨子,近二十多年他们参加墨学研讨的人数有时候甚至超过日本,他们的研究成果也不少。比如郑仁在等先生提出的墨子是最早的国际伦理观的提出者,这样的观点就有非常深刻的启发性。

说到国外墨子的影响和研究,要提到一套大书《中国科学技术史》。这部书的领军人物也是一个传奇人物：他本来是学分子化学的，也是这方面的国际知名学者，但在三十多岁的时候，一个偶然的机会他接触了中国的留学生，因而了解到中国古代伟大的文化，其中有一个女士给他讲的中国传统文化当中科学技术的惊人成就，他听了以后大吃一惊，从此下定决心由学习汉字开始来研究中国的古代科学技术。最后居然带领一大批学者写出影响世界的巨著！他就是世界著名的李约瑟先生。《中国科学技术史》中研究墨家军事学的部分是在第五卷第六分册，叫《军事技术分册》，这部书谈中国的军事技术，书中差不多三分之二的内容都与墨家有关。这一分册的作者叫叶山，他对《墨子》城守部分的研究，我个人的看法，其广度和深度超越了国内的相关研究成果。当然我们现在也正在迎头赶上。

谈到墨家从消极和平到积极和平的思路，也就是从反对侵略战争到消除人类社会的冲突进而彻底消除战争，这个思想高度、深度的世界影响，我们不能不谈到两个重要人物，一个是著名的历史学家叫汤因比，还有一位日本著名宗教家和学者池田大作，这两个人曾经有一个对话，后来集结成一本书《展望21世纪》，这个对话探讨了从人类历史到哲学、科学等各个领域的问题，尤其谈到当代的经济、政治、军事各个方面的冲突，不同文明的冲突，以及宗教、地域的冲突。为了当代世界的和平，他们探讨了不同民族思想文化遗产的作用。其中他们有一个共同的观点，就是墨子的兼爱、非攻仍然可以解决当代社会的问题,尤其是国与国之间的纷争,墨家的思想有非常重要的启示。他们认为墨家的兼爱比儒家的仁爱更加符合当今人类的需要。为什么这么说?仁爱好不好?很好。"仁者爱人""己所不欲,勿施于人"等等都很好。但是如果以血缘的远近作为标准,作为人与人交往的原则那就出大问题了。因为是一家人所以就"父为子隐、子为父隐",用现在的法律语言就是做伪证了,这样国家权益、别人的利益就受到损失了。墨家不是这样:有一位墨家巨子的儿子杀了人,秦王说墨家对秦国贡献很大,所以要法外开恩,说你老人家年纪大了,儿子杀了人可以法外施恩,可以免死。这在秦国是很不正常的事情,秦国的法律是什么?轻刑重治,你在街上撒灰,立马有人把你抓起来关进大牢处置。但面对秦王的恩惠,这位巨子却说,墨家之法,杀人者死,一定要按照法律行事。因为他知道只有这样社会才能得到公平。这就是墨家的理论与践行。

面对当代复杂纷纭的社会矛盾与各种冲突不断的国际问题,墨家的思想仍然有着相当重要的价值。所以这里我们自然要谈到成功发射的"墨子号"量子卫星,说起这两个字我们就非常激动,尤其是在滕州的时候。同时在讲到墨家军事智慧的时候这种感情特别强烈。要知道这个成果是全世界最领先的,是欧美这些科技最发达的国家都没有搞出来的!

"墨子号"卫星蕴含着非常丰富的信息,领导这个国际领先项目的首席科学家潘建伟说,命名是经过了反复慎重考虑的。的确，其他任何一个名字都不合适，能不能用"孔子号""孟子号"？都不行。"墨子号"是名正言顺。因为墨子是全世界最早做光学实验，提出光是沿直线传播观点的科学家。所以墨子可以成为光学研究的鼻祖，他才有这个专利权。现在国际上有一个学者的评价，他说中国量子卫星的发射，既是对墨子的致敬，也反映了中国文化的自信。因为墨子是世界第一个研究光学理论的人。同时，他又是一个宣传和力行反对战争、主张和平的伟大哲学家。这个评价是非常深刻的。所以"墨子号"的发射对中国文化在全世界的传播、中国文化的自信心的提升和传统文化的复兴，起到了非常振奋人心的鼓舞作用。墨子代表的和平思想反映了全人类的共同愿望，在当代和未来都有重要的意义。我们悠久的传统文化的历史证明：中国的强大不是对世界的威胁，而是全世界的福音。所以我们的滕州、我们的山东、我们的中国，因为有墨子这样的思想遗产，有庄老孟韩荀等众多古圣先贤的宝贵智慧，他们的智慧引领我们的先民创造了辉煌的历史，未来这些宝贵的思想遗产仍然可以引领中国，甚至人类走向更加光辉灿烂的未来。

第七讲　谈辩——墨家的逻辑与思维智慧

杨武金

内容提要: 谈辩是墨家的主要教育科目之一,墨家有其独到的辩学,墨家辩学具有丰富的逻辑和思维智慧,墨家逻辑思想在理论和实践上都具有重要的现代价值。墨家逻辑思想的根本主题是要明是非之分。为达成这个主题,还需要察名实之理,明同异之处。明同异之处的关键就是要在推理论证的过程中坚持同类异类原则。正是在这个原则的基础上,墨家提出了"故""理""类"三物逻辑思想。关于具体可以采用什么样的方法来进行论证,墨家总结出来了"辟""侔""援""推"等具体论式。关于如何处理异法,即具有复杂性问题的方法,墨家提出了"两而勿偏"等权衡是非利害的辩证思维,这在本质上与现代逻辑中的道义逻辑等相通。

前言

墨家的逻辑和思维智慧博大精深。"墨子号"量子卫星发射的首席专家潘建伟先生讲到为什么要用"墨子号"命名的时候,特别讲到墨家的逻辑思想对于墨家的科学发现和科学理论建树来说具有基础性的地位。由此可见墨家逻辑思想的重要性。

先来看看"谈辩"这两个字,因为这是墨子自己用过的词汇,而且"谈辩"在墨家思想学说里面已经形成了一个单独的学科。可能墨家其他方面的思想学说是不是成为一个学科有待考量,但是墨家的辩学即墨家的谈辩之学则是作为一个学科体系来呈现的,即在墨学理论体系里面辩学是首先作为一个学科来出现的。

我们在阅读《墨子》文本的过程中可能会发现,这个文本的墨论部分具有很强的逻辑性和论证力,而文本的科学理论部分也体现了逻辑和思维方法的强大力量。例如,墨家学派在光学理论方面之所以能够有这么深刻系统的发现,他们肯定是做了成百上千次的科学实验,而这些实验为什么能够得出如此巨大的科学研究成果,其背后正是墨家学者经过了严格的思考和论证。而整个来看,墨家学说为什么能有这样强的论证性和逻辑说服力,正是由于墨家学者他们非常重视谈辩,并把它作为重要的教育科目来进行推广。

我们来看《耕柱》篇是怎么讲的:"能谈辩者谈辩,能说书者说书,能从事者从事,然后义事成也。"如果要问墨家思想学说最核心的部分是什么? 可能很多人会说是兼爱,但是也有人会认为是"为义"。墨子"十大"主张里面虽然没有"为义",但《墨子》五十三篇中有《贵义》,强调的就是"为义"的重要性。可以说,"为义"也应该是墨子思想学说的一个非常重要的主题。墨子把谈辩看成是做好义事的第一个重要科目,是为义的首要任务,由此可见其在墨子心目中的重要地位。

　　谈辩不仅具有上述重要性,而且在墨子看来,它还是贤良之士,也就是墨子所强调的国家的栋梁之材所必须具备的重要素养。他讲道:"况又贤良之士,厚乎德行,辩乎言谈,博乎道术者乎!"德行是第一位的,辩排在第二位,但也非常重要。

　　谈辩作为一个学科来说,墨家在《小取》中做出了总结:"夫辩者,将以明是非之分,审治乱之纪,明同异之处,察名实之理,处利害,决嫌疑。"我们看到,这里墨家所讲是辩学的基本内容和辩学的根本目的和任务是什么,即辩学的目标是什么。辩学的这几个内容或任务放一块,究竟哪一个是最根本的目标?虽然仅就这几句话,我们还看不清楚,但是如果再全面而深入地考察墨家思想的整体情况就会发现,这里面最根本的目标或目的就是通过其他目标来达到"处利害、决嫌疑",即"审治乱之纪"。利害和嫌疑是最难决断的,治乱之纪是与我们每个人的日常生活和生存需要密切相关的根本问题。要达成这个根本目的、这个目标的话,如果说是非不明,又怎么能够"处利害、决嫌疑"呢?所以,"明是非之分"是达成审治乱之纪的必要手段,而察名实之理和明同异之处则又是明是非之分的两个非常重要的方面。所以我认为,从《小取》篇的开篇就可以来大致概括或者囊括出墨家逻辑思想学说的体系和基本内容。

一、　明是非之分

　　我们中国人一直以来都是讲是非的。可能我们有一些人对这句话有点怀疑。因为中国在秦汉之后逻辑没有得到发展，甚至有时还被各种反逻辑的现象所弥漫。但是，即使是这样，我们的主流社会还是在讲是和非的。当然，这个"是"和"非"可能更多地以伦理、价值的形式来体现。"是"和"非"始终是我们中国人一直强调的根本性问题。到底什么是"是"？什么是"非"？怎么样来分清"是"和"非"？"是"和"非"又涉及哪些根本性的问题呢？

从《小取》看来，"夫辩者，将以明是非之分……"。从这个提法来看，"明是非之分"排在了辩学任务之首。墨家为什么要把它放在辩学的任务之首呢？我们先来看一下《修身》篇里面把是非问题看得非常重："辩是非不察者，不足与游。"比如作为一个领导干部来说，不要与那些是非不明的人交朋友。这里在墨子来看，要交什么样的人，对领导者有至关重要的影响，要交什么样的人，不要交什么样的人，是要非常加以注意的大问题。

由此我们可以看到，墨家已经将明辨是非的问题提到了一个很高的高度。而这又是与当时的社会发展状况，与当时的社会历史发展背景密切相关的。当时的社会正处于礼崩乐坏的情况下，孔子所创立的儒家学派要维护周礼，道家等其他学派则主张是非无定、辩无胜等相对主义观点，从老子到庄子，相对主义都比较严重。墨家从自己小生产者的阶级立场出发，高扬理性精神，主张一切的思想或言行都要在理性的法庭上来接受检验，这个理性检验从根本上来说就是要明是非。所以，墨子特别强调辩必有胜，一定要明是非之分。因为作为站在小生产者的立场上的代表，墨子是处于社会的弱势阶层，他只有是非辩明之后才能够坚持住自己所在阶层的利益，所以我们看到墨家为什么特别强调这个问题的重要性，而明是非之分这样一个主题也正是逻辑学的主题。

怎么样来明是非呢？明是非中最关键的是什么叫明是非？《经下》讲道："谓'辩无胜'，必不当，说在辩。"意思是说辩没有胜可言，这是不正确的。因为辩必然有胜利者，必然有失败者。《经说下》进一步解释说："所谓非同也，则异也。同则或谓之狗，其或谓之犬也。""同"是什么情况？比如一个人说"这是狗"，另一个人说"这是犬"，这两个人说法一样，这就是"同"。两个人的断定完全一样，谈不上谁胜谁败的问题。《经说下》说："异则或谓之牛，其或谓之马。俱无胜，是不辩也。""异"是一种什么情况呢？假如这里有一条狗，一个人说这是一头牛，另一个人则说这是一匹马。两个人的断定都是错的，也就谈不上谁胜谁败。《经说下》说："辩也者，或谓之是，或谓之非，当者胜也。"辩是一种是非之争，例如一个人说这是狗，另一个人则说这不是狗，如果这里确实是一条狗，则前者胜而后者败，而如果这里确实不是一条狗，则前者败而后者胜。墨家认为，一定是当者才可能胜，不当者肯定是败的一方。在另外一个地方墨家也说到辩是一种是否指争。《经说上》说："或谓之牛，或谓之非牛，是争彼也。是不俱当。不俱当，必或不当，不若当犬。"一个人说这是牛，另外一个人说这不是牛，这必然有一个是不对的，如果是一条狗，说是牛就不对。在墨家看来,辩就是这样的东西,必有胜败可言的东西,这样的东西就是对真假是非区分的把握。

《经上》总结道:"辩,争彼也。辩胜,当也。"辩胜的那一方所持的问题或言论一定是符合客观实际的一方。这里,"当"是符合客观实际的意思。"当"为什么是符合客观实际呢?《小取》说:"以辞抒意。""辞"就是判断,就是语句。我们用语句或者判断来表达我们的思想。"意"就是我们的想法、我们的思想。《经上》说:"信,言合于意。""信"实际上就是讲诚信,但讲诚信是不是讲的就是真话呢?那不一定。因为我们可能说的很多话,确实是真心地说出来的,但是我们却不一定就说的是真话。真话和我们平常所说的"说真话"有点区别。我们以为讲真话就是讲真的"真话",其实假话也可以是"真话",即诚信的话而已。那么,真的真话到底是什么?在墨家看来只有当者才可能是真的真话。所以"信,不以其言之当也"。即诚信的话不一定就是真的,不一定就是当的。但是当的、真的判断一定是符合客观实际的,也是诚信的话,所以墨家讲的"当"实际上就是逻辑上所说的"真"。墨家的这句话意味着我们在实际生活中要讲诚信吗?确实是要讲诚信,但讲诚信不一定最后就能怎么样,就能够成功或者是什么的,但是每一个人都还得讲诚信,每一人都应该认识到讲诚信这是个根本性的东西,当然它是非常重要的。这里从逻辑上来看,"当"比"信"的要求要更高,就是还要和最后的实际或结果完全吻合,但是"信"不一定就和最后的实际或结果吻合。有时候我对别人好，而别人却未必对我好，这样就会出现一些问题，就会出现以怨报德的问题。所以，墨家辩学要讨论的主要是真假、是非的问题。

我们来看一看，为什么"当"就是"真"，是非问题就是真假问题呢？西方的逻辑之父亚里士多德说："并非任何句子都表达命题，只有那些或者是真的或者假的句子才表达命题"（《工具论》）。什么是命题？命题是逻辑研究的一个最直接的对象，这种命题不是一般的句子，而是一定有真假的句子。

弗雷格（现代逻辑之父）说："就像'美'这个词为美学、'善'这个词为伦理学指引方向那样，'真'这个词为逻辑指引方向。"（《思想》）"真"是怎么为逻辑指引方向的呢？实际上说的就是逻辑的研究必须以真假的探讨为根本方向。这个"真"实际上就是墨家所讲的"是非之争"，必有真假，即能够体现出"当"与"不当"的区分，从而是非可分，真假可辨，胜败可论。这样就可以使得我们的社会讲理、讲逻辑。

二、察名实之理

要讲清楚是非之分，下面我们还需要分别以察名实之理、明同异之处进一步挖掘其中的道理。察名实之理是一个非常重要的问题，通常把这个名实问题称为名实之辩，或者是名辩思潮。这里面除了辩，还有名，所以名实之辩在当时是一个非常重要的问题。

明是非之分,必须察名实之理。因为思想最终要通过语言表述出来,语言要通过语句来表达,表达思想的语句叫命题,命题有真不真的问题,判断也有对不对的问题。判断真还是假,命题真不真,又涉及所用的概念是什么意思。这个概念没有弄清楚,命题的真假也就说不清楚。有时,如果所讲的"名"是另外一个概念,判断的真假就要发生变化,所以是非真假问题需要讲清楚名实关系的问题。

《经说下》说:"或以名示人,或以实示人。"示就是展示来让别人知道。我要传达我的想法,我要想告诉别人(某一个对象),如果这个对象在我眼前,我就直接用手指指给他就是这个东西。但是往往我们在说什么东西的时候,往往这个东西不在我们的眼前。比如说打仗的事儿,这里没有打仗,再比如我这里要说奥运的事儿,这里也没有奥运比赛,所以只能用名来表达我的思想,所以要以"名"示人。这个"名"是非常重要的问题,在现代逻辑或现代哲学中,进一步把"名"的问题拉宽,就成了语言的问题。可以说,我们所面临的所有问题无非就是语言和世界的问题。

名应该怎么表达才能更好地明是非之分呢?《小取》说:"以名举实。"名要概括客观实际,怎么样概括实际,举是什么?我举这个实际,怎么才能举?《经上》说:"举,拟实也。"《经说上》说:"名若画虎也。"举就是拟实。"拟"就是刻画、描述,但是拟实不等于真正的实。"以名举实"就像画一只老虎来表征真实的老虎一样。比如我们拿到一张照片,说"这个照片好像我，但不是我"。这只是一种描述，这里的"名"意味着带上了主体的痕迹。既然带上了痕迹，就有可能与实际存在着这样那样的分别或差异，所以我们通过名来认识实，就要察名实之理，因此这个问题就是很重要的。

墨家特别主张以"名"来决定"实"，而我们知道儒家坚持的是以名正实、正名，这里墨家的思想是把儒家的学说反过来看的。《经说下》说："有之实也，而后谓之。"必将根据实际情况来进行称谓。《经说下》说："无之实也，则无谓也。"没有这样的实际，就不能这样说话。为什么呢？就是因为实际情况可能会发生变化。所以《经下》就说："或过名也，说在实。"有的时候这个概念、这个名在实践中会出现错误。为什么会出现错误？因为在实际情况下会发生变化。比如十年前的滕州宾馆可能就不在这，而在另外一个地方。所以，如果你打车跟出租车司机说是去滕州宾馆，就要说清楚要去的是哪一个滕州宾馆。不然就有可能被司机拉到另外一个地方去了。在墨家看来，"以实定名"说的就是这个名要和实对应上，所以《经说下》说："知是之非此也，有知是之不在此也，然而谓此南、北，过而以为然也。"有可能实际情况发生了变化，所以用名来指也要根据实际情况做相应的变化。

在以名举实的这个过程中，墨家特别看到了语言的复杂性，语言具有多样性、复杂性的特点。世界是多样化的，世界具有变动性，语言不能老变，所以我们用语言把握世界，就要弄清楚语言究竟是怎么来把握世界、把握什么样的世界。《经下》说："通意后对,说在不知其孰谓也。""通意后对"是什么意思? 就是要先弄清楚对方的意思然后再来做应对。这里面牵涉到人与人的交流,因为人是社会关系的总和,人在社会关系中需要有交往和交流。在交流的时候就要注意通意后对。比方说这句话可能是有一定背景的,你要先弄清楚对方所讲的背景。所以讲英语的时候就经常会说你能不能再说一遍,就是你再说一遍,让我听清楚。为什么要对方再说一遍呢? 有时候对方说话没有说清楚,你就直接做应对做出决定就会出问题。有的人说话有点结巴,有可能不结巴但由于昨天晚上没有睡好觉,结果说话就吞吞吐吐的。这个时候你就要多问几个"再说一遍",尽可能地弄清楚他是什么意思。《经说下》说："问者曰:'子知羁乎?'应之曰:'羁何谓也?'彼曰:'羁旅。'则知之。"我们一定要弄清楚对方的意思再做应答。如果不是这样的话,就不清楚对方讲的道理是什么意思,就容易出现交流当中的障碍。在和学生的交流过程中,如果学生问我们什么问题我们是不能随便说不知道的,因为对学生来说可能会这样想:"我问你不知道,以后就不问你了。"学生要问你,一般都是认为你能回答上来,所以他可能是言语上没有说清楚,所以这是一个思想交流的过程,一定要让对方再说一遍。同样,有时候我们和孩子交流,年纪大了抱孙子,孙子没有讲清楚话,你就要耐心一些,如果你不耐烦,以后他就不问你了。

在"通意后对"这个原则的基础上,墨家还针对名实的确定问题提出了"正名原则"。这个"正名原则"就是"彼此彼此可：彼彼止于‘彼’，‘此此’止于‘此’。‘彼此’不可：‘彼’且‘此’也。"那个"彼"必须确指那个"彼"，这个"此"必须确指这个"此"，要进行确定性的对应。彼此之名必须确指彼此之实。这个彼此之名，不能既指"彼"这个实，又指"此"这个实，因为这是不行的。墨子举了一个例子，比如说"牛"只能指牛，"马"只能指马，而"牛马"也只能指牛马。"牛马"在墨家学说里面是一个整体性的概念，"牛马"这个名只能整体地指称牛马这整个的实。这个牛马不能确指牛和马。说旧社会劳动人做牛马，这"牛马"就是一个整体的指称，并不是就指劳动人民真的成了牛或成了马。所以，《经说下》说："牛马非牛非马"，其中的"牛马"是一个独立的整体性概念。我们逻辑上把它叫作集合概念，只有一个个体，这个个体是一个整体，就是说要把牛马作为一个整体来看，就像把"人民群众"当作一个整体来看那样，并不是单独地指称某个人。

我们从这里可以看到，在察名实之理这个过程中，墨家提出了"先意后对"、"彼此"止于"彼此"这样根本性的原则，这对我们的思维活动是有重要的指导意义的。我们如果能够坚持这样一个原则，我们就能够更好地去明是非之分。

三、 明同异之处

察名实之理主要是就概念层面来说的，而概念层面最终要通过命题才能表达思想。命题、语句的是非、真假，就需要牵涉到实际事物对象之间的同异关系。实际上,先秦时期各家各派都给出了同异之辩的各种看法。比如说公孙龙说的"白马非马",就是要表达他们心目中白马和马之间的同异关系。公孙龙离马于马,放大了白马与马之间的异,而墨家则坚持白马和马之间的真包含于关系,所以《小取》说:"白马,马也"。鲁胜说:"同异生是非",同样是白马和马的关系,在墨家这里生出"是",即白马是马,而在公孙龙那里却生出了"非",即白马非马。因此可以通过事物之间的同异关系来明判断的是非。

《经上》篇说:"同,重、体、合、类。""同"有重同、体同、合同、类同四种,"异"也有不重、不体、不合、不类四种,就是有二之异、不体之异、不合之异、不类之异。墨家还给出了"同"的定义,《经上》说:"同,异而俱于之一也。"什么叫"同"?"异而俱于之一",异就是不同,不同的事物,它们虽然是不同的事物,但是它们俱(都)有共同的部分、共同的地方,这就是同。所以绝对的"同"不讲这个,"同"因"异"才有了"同"。具体地,这四种"同"、四种"异"可以这么看。重同,属于两个名,内涵外延都一样,比如说玉米,北方叫棒子,南方叫苞谷,名字不同,说法不一样,但是都指相同的东西。再一个是体同,"不外于兼,体同也"。比如我的手不在我身体之外,《大取》中称为连同。"共处与室,合同也。"什么是合同?比如说合作就是一种合同,再如我们共同坐在这里、共同听报告,就是合同,共同的意志和思想让我们坐在了一起。合同是不同的个体,而且这些个体都是可列的;体同或连同是不可列的。最后,"有以同,类同也"。凡是有某种共同属性的不同对象之间都可以是类同。为什么墨家要区分上述这几种不同的"同"呢?为什么要做这个工作?就是为墨家所创立的辩学研究做基础,就是为他们的逻辑学做铺垫。

我们可以发现,潘建伟先生讲到墨家逻辑思想时特别提到墨家所发现的两个概念,一个是"辩",一个是"类"。其中,"类"这个概念在整个墨家逻辑体系里面占到了非常核心的地位,对于墨家逻辑体系的建构非常重要。为什么重要呢?我们从刚才所讲到的同异之分来看,具体到推论过程中,就要贯彻"同类相推""异类不比"的原则。同类相推,就是一定要按照同类来推,类同是最广泛的"同",异类就不能推。《小取》里面讲到要按照"以类取,以类予。有诸己不非诸人,无诸己不求诸人"去推论。取是推理,予是反驳。比如,在反驳过程当中我们要特别注意,有诸己就是自己坚持某种观点,也不反对别人坚持这种观点,别人也可以这样做。"无诸己不求诸人"。就是自己没有这样的观点,那也就不要强求别人必须这样做。这里其实就是强调要注意思维的同一性或一致性原则,即在推论过程中我们大家要保持一个步调。

什么叫异类,什么样的情况不能推?《经下》说:"异类不比,说在量。"比如说量上不同的就不能推。《经说下》说:"木与夜孰长?智与粟孰多?爵、亲、行、贾四者孰贵?麋与霍孰高?麋与霍孰霍?蚓与瑟孰瑟?"木头与夜晚哪一个更长?木头的长短和夜晚的长短怎么能比较?智慧与粮食哪一个更多？高贵的爵位、贵重的亲属、很贵的价格、高贵的品行其中哪一个更高贵怎么能比较？在地上奔跑的动物如麋鹿和在天上飞行的动物如鹤哪一个更高，怎么比较？蚯蚓的叫声与琴瑟的和声哪一个的声音更好听？再比如自然之美和人之美哪一个更美？这个很难说。所以，如果非要在不可比的事物之间进行比较，就会出现错误。墨子在其实际的思想论证和实践活动中，指出了哪些显然不能进行类比的情况呢？墨子又是怎么样来解决这些问题的呢？

《兼爱中》说："然而天下之士君子曰：'然，乃若兼则善矣。虽然，不可行之物也，辟若挈太山、越河济也。'子墨子曰：'是非其譬也。夫挈太山而越河济，可谓毕劫有力矣，自古及今，未有能行之者也。况乎兼相爱，交相利，则与此异，古者圣王行之。'"对手说：兼爱的确是一个好东西，但它又是一个不可行的事情，"辟若挈太山、越河济也"。这是不可行之物，是很难做到的，就像把泰山拎起来扔过河济一样。墨家看来，对手的这个论证显然是错误的。因为挈太山而越河济与兼爱是完全不可比较的，墨子说是"非其譬也"，即类比不当。为什么不可比呢？墨子认为，因为把泰山拎起来扔过河济，可以说是要用尽所有的力量，而从古到今，从来没有人做得到。而"兼相爱，交相利"则完全不同，古代的圣王尧舜禹等就曾经成功地施行过。因此，我们在进行论证的时候，一定要注意同类相推、异类不比的原则。异类相推在逻辑上是错误的、是不成立的。

我们还可以看到另外一个案例。《非攻下》篇载：今逮夫好攻伐之君，又饰其说，以非墨子曰："以攻伐之为不义，非利物欤？昔者禹攻有苗，汤伐桀，武王伐纣，此皆立为圣王，是何故也？"子墨子曰："子未察吾言之类，未明其故者也，彼非所谓'攻'，谓'诛'也。"墨家的非攻就是要反对一切的非正义战争，而并不是要反对正义之战。非攻要反对的是"攻"而不是"诛"，像禹攻有苗、汤伐桀、武王伐纣这样的战争是"诛"而不是"攻"，属于不同的类。通过异类不比的原则来分析，我们就可以从逻辑上来看清楚，墨家思想学说的准确内涵。

　　如上墨家通过这样的明同异之处来考察我们的推理和论证的正确性，实际上有很多地方。上面只是举了两个重要的地方，还有哪些地方是这样做的呢？一个是《尚贤中》批判王公大人"明小物而不明大物"，"小物"（小事情）和"大物"（大事情）是同类事物，但是统治者却明小不明大，同类就可以相推，明小当然也就应该明大，统治者为什么就不明白呢？统治者在逻辑上出问题了啊！《尚贤下》也批评王公大人"明于小而不明于大"。《非攻上》批评统治者"不知非"，"非"就是错误，"不知非"就是不知道错误。《公输》篇批评公输般"不知类"，也是一样。这些情况都表明了，墨家已经对推论过程中"类"的重要性具有很高的认识程度。

　　《耕柱》篇中讲了这样一个很有趣的故事。子夏之徒（子夏的学生），问于墨子曰："君子有斗乎？"（君子是不是也有打架的时候呢？）子墨子曰："君子无斗。"（君子是斗口不斗手）子夏之徒曰："狗猪犹有斗，恶有士而无斗矣？"子夏之徒是根据什么来进行推理的？显然违反了"异类不比"的原则。子夏之徒显然是把人看成与一般的猪狗完全同类了。在墨子看来，人怎么能和猪狗相比呢？怎么把人摆在猪狗的地位上呢？我们常说：不要理睬那些无理取闹的人，你理他就等于是降低了自己的身份、自己的人格。他骂你，你骂他，马上就把你降到了与他一样的人格，你和他就一个样了。同样道理，狗咬你，你是不是也要去咬狗呢？你和他或它不是一个类，怎么能"推"呢？墨子讲的就是这个道理。所以，墨子回答说："伤矣哉！言则称汤文，行则譬于狗猪，伤矣哉！"即你们子夏之徒们这样做推论实际上就是把自己降低为猪狗的地位了。这里，我们应该看到，类这个概念，不只是在言语，而且在我们的行动中都是要贯彻的。所以墨家学派坚持"同类相推""异类不比"原则，就是要求我们的言论和行动、我们的思想和行为都要以类同类异为根本性的原则。必须把握这个原则，我们才能够从根本上明是非。我们是不是真正地明是非之分了呢？那你明同异之处了吗？你把握了"异类不比、同类相推"的原则了吗？在我们的日常生活中、在实际工作中对这个原则都把握准了吗？这是值得我们反思的。

四、"故""理""类"三物逻辑思想

究竟需要进行怎样的逻辑论证才能够足够地达成明是非之分的目的呢？墨家提出了"故""理""类"三物逻辑的思想，

这是墨家逻辑最核心的部分。

逻辑学的中心论题就是区分论证。这是美国现代逻辑学家柯比(Copi)提出来的。他说:逻辑学的中心论题就是区分论证。怎么区分论证? 通过掌握这种工具找出哪些论证是好的、哪些论证是坏的,哪些论证是正确的,哪些推理是错误的。也就是结论能够从所给予的前提中推出来吗? 你是讲逻辑的吗? 你的结论能够被推导出来吗? (参见 Irving M. Copi, *Symbolic Logic*. New York:Macmillan Publishing Co.. Inc. 1979. p1)墨家提出,我们要保证结论是符合逻辑地推出来的,就必须要保证具备故、理、类的这三物必要条件。所以,潘建伟院士说"类"这个概念是墨家逻辑体系的核心概念是有道理的。故、理、类这三个概念的提出,通常是在《大取》中看到:"(夫辞)以故生,以理长,以类行者也。"也就是说,我们要区分是非判断,明确哪是是、哪是非的时候,我们就需要将"故、理、类"三物把握住。《大取》说:"三物必具,然后(辞)足以生。"如果在具体论证时能够把这三物都抓住的话,那我们的结论就是合乎逻辑的,就是有充足的逻辑的。在墨家看来,故、理、类这三物离开一个都不行。《大取》说:"立辞而不明于其所生,妄也。"没有理由怎么行? 那就是妄说,就是乱下判断。有的人就喜欢乱下判断,没有任何理由就在那里乱说话,道听途说,就会造成这样的结果。《大取》说:"今人非道无所行,虽有强股肱而不明于其道,其困也,可立而待也。""非道"就是没有根据,说话没有根据,有的人道听途说,知道一点具体的消息,但是又不知道具体的根据是什么,然后就在那里乱发表议论,显然这样的结论是很难得出来的,就是说所做的结论是没有根据的,就是有问题的。《大取》说:"夫辞以类行也者,立辞而不明于其类,则必困矣。"前面我们讲明是非之分的时候,就讲到墨家特别强调同类相推、异类不比的原则,由此可见,类在推论的过程中是多么的重要。

由于类的问题我们在前面已经做了详细分析,接下来我们着重来看看墨家所强调的进行推论的另外两个重要方面。一个是"理",也就是刚才所说的"道"。理、道、方、法、仪、表在《墨子》文本里面都是可以互训的。在墨家看来,道、理、方、法也就是我们推理的方法和原则。《非命上》篇中提出的"三表法",其中的"表"实际上就是理或道。"三表"即历史证据、经验证据和实践经验证据。有时候我们说话,历史证明什么什么,实践证明什么什么,我们可以去看看墨子是怎么样来讲这个问题的。"上本之于古者圣王之事。"这里的本就是历史证据。这三表即这三个方面为什么就可以作为我们论证的根据,即论证的逻辑依据呢?它们是怎么样作为论证的逻辑根据的?

墨家在《小取》篇中说:"以说出故",讲"故"、讲"类",然后就讲"法"。《小取》里面怎么讲"法"即"理"的呢?《小取》说:"效者,为之法也。"法就是根据,就是我们可以仿照它去实行的、去执行的、去行动的东西。比如我们为什么要改革开放,为什么首先要做试点,深圳就是试点,我们通过试点进行典型分析,就可以得到一般性的实践经验、实验根据,其实就是墨子的"三表法"之一，即"发以为行政，观其中百姓人民之用"。通过这些实践依据，我们就可以进行推广、推演，也就是可以"效法"它们。用《小取》的话来讲就是说：已经得到实践证明的经验可以进行推广。事实上，我们后来的实践或全国其他城市、其他省份、其他地方的建设都可以按照先前的经验去实施，我们的行动或实践行为是完全可以"效法"过去的实践经验的，完全以之为"法"，以之为"方"，以之为"道"，以之为"理"。《小取》说："所效者，所以为之法也。故中效，则是也。不中效，则非也。"通过效法来明是非之分，通过理来明是非之分。所以理和法在推理中是非常重要的根据，可以说是衡量一切推论是否有效的根本性标准。荀子说"言之成理"（《非十二子》）的理，是与墨家相同的，是一样的。

　　那么，墨家的这个"理"如果从现代逻辑的角度看有什么意义和价值呢？在现代逻辑看来，我们衡量一个推理是否有效有两个基本方法：一个是看"这个推理的方式有没有可能从真前提推导出错误的结论？"（董毓：《批判性思维：原理与方法》，北京：高等教育出版社，2010年，第235页）如果能够推导出来，就可以说明该推导是有问题的。如果是实践经验，我们要进一步改进。如果没有导致错误的可能，这个推理的方式就是放之四海而皆准，这是普适性的，或者在某个范围内可以推广的，比如后面我们将看到墨子所提出的"推"式论证模式就是这样的一种方法。第二个要看"它的推理形式是否有效的存在。也就是说如果推理具有这样的有效的推理形式，那么它就是有效的。"(董毓:《批判性思维:原理与方法》,北京:高等教育出版社,2010年,第237页)这里,墨家的"理"和"法"实际上就类似于上面的第二个方法。什么意思呢?"理"和"法"就是有那么一个模子,我们仿照这个模子所得出来的结论就是可以成立的,而符合这个模子的断言就是"是",否则就是"非"。这个模子实际上也包括了现代逻辑所讲的有效推理形式。墨家讲的"譬"式推论,以及我们可以看到的墨子所实际应用的正反对照论证法,都具有普遍性,都是逻辑上的有效推论形式。另外,墨家从小故到大故的推理模式,也具有普适性,后面我会讲这个问题。

"故""理""类"三物,前面我们讨论了"类"也讨论了"理",接下来我们再来看"故"是什么东西,它在推理论证中处于什么样的地位?《经上》篇开篇就说:"故,所得而后成也。"故,就是推理的前提、理由或依据,有了它我们就可以得到结论。墨家认为,这个"故"还要区分为"小故"和"大故"。《经说上》说:"小故,有之不必然,无之必不然。""有之不必然""无之必不然"是什么意思呢?说的是必要但并不充分的条件,就是说即使有这个小故,结论也不一定就能推出来。墨家举例说,小故相当于"体也,若有端"。就是说小故只是部分的故,"端"就是几何学上的点。没有点就没有线,这是通过科学上的原理来总结、说明逻辑学的规律。我们画线首先要画点,才可能画出线来,点是形成线的必要条件。但是只有点,只停留在点上永远都划不出线来。所以,点对线来说,是"有之不必然,无之必不然"的小故。因此,我们的论证不能只停留在点上,而是必须要上升到线上、到面上、到体上。所以,我们的论证还必须要从小故上升到大故。什么叫"大故"?《经说上》说:"大故:有之必然,无之必不然。若见之成见也。"比如我们要看到某事物对象,首先这个事物对象它要存在。如果这个事物对象本身不存在,你让我看什么。只存在不行,而且要在我可视的范围之内,如果不在我可视的范围内,我没法去看这个事物对象。要是我是近视眼,即使坐第一排的人拿支笔我也看不见。所以只具备这其中一个条件,即"小故",而要看见一定距离的事物对象还是不够的、不足的。这就还需要别的条件,比方说一定的光线、一定的距离、适当的视力,假如我是近视眼就还得戴眼镜,才可以看到。总之,假设这些条件都具备了,这就叫大故,就是充足的条件了。也就是说,在推理论证的过程中,首先我们要找大量的必要条件,而这些条件全都具备以后,我们的结论就必然能够得出,在实践中我们的事情就能够获得成功。实际上,我们做很多事情都是如此,比如说我们要举办一次会议,就需要做这样的考虑:我们这个会议要办好必须具备哪些条件? 专家、学者必须要有,还要做好的服务,要是没有好的服务会议肯定不算成功,而且会议的主题和宗旨也都需要得到体现。如果我们把这几项都考虑到了并且贯彻好了,所要举办的会议就一定能够成功。试问,我们大凡做事情难道不都是这样的吗? 墨子小故和大故逻辑思想的提出,可以说是对人们的思想、人们的行动,对人们大量的实践活动进行了思考和总结,可以作为人们思维或行动的直接参考。

　　事实上,墨家大量的理论观点都是通过从小故到大故的思考过程来进行论证的。何以能够这么说呢?首先,墨家在论证自己的核心主张兼爱的时候,就是先指出兼爱是实现天下大治的必要条件,即如果不兼爱就会天下大乱。在一个家庭内部其实也是如此,作为一个家庭的主要成员,要是只爱自己,看到对方干活什么也不管,你看这个家乱不乱。为什么乱就不好?其实,每个人都想不乱,每个国家都不喜欢乱,没有一个人喜欢家里面一团糟,每个人都不希望国家天天打仗。所以不兼爱,就会造成了这些人们不希望看到的乱象。所以,《兼爱上》说:"圣人以治天下为事者也,不可不察乱之所自起。当察乱何自起?起不相爱。臣子之不孝君父,所谓乱也。子自爱不爱父,故亏父而自利,弟自爱不爱兄,故亏兄而自利;臣自爱不爱君,故亏君而自利,此所谓乱也。"天下大乱,起于不相爱,"父自爱不爱子""兄自爱不爱弟""君自爱不爱臣"等,导致天下大乱。由此我们可以这样说,如果这个社会治理不好,原因很可能就是我们的领导者不兼爱。同理,如果一个家庭治不好,你想一下,我们这个家庭的各个成员尤其是家长兼爱了吗?一个单位搞不好,我们这个单位的员工尤其是领导者兼爱了吗?都可以做这个思考。这是在进行必要条件的追问,就是小故的追问,但这只是必要条件的考虑,而我们还需要考虑的是我们单位一定要搞好、家庭一定要搞好的问题,所以不但要找必要条件,还要找充分条件。所以墨子在《兼爱上》中说:"若使天下兼相爱,爱人若爱其身,犹有不孝者乎?视父兄与君若其身,恶施不孝?犹有不慈者合?视弟子与臣若其身,恶施不慈?"要像爱自己一样来爱对方,就不会出现各种乱象。"若使天下兼相爱,国与国不相攻,家与家不相乱,盗贼无有,君臣父子皆能孝慈,若此则天下治。"所以,兼相爱则天下大治、家庭和睦,人人就能够生活在幸福之中。所以,最后墨子得到结论说:"故(所以)天下兼相爱则治,交相恶则乱。"(《兼爱上》)兼爱是实现天下大治,实现社会和谐和家庭和睦,以及个人生活幸福的既必要而又充足的条件。

事实上,从小故到大故的论证模式,在墨家的《兼爱》《尚贤》《尚同》《非命》诸篇中都得到了全面的运用,体现出墨家的思想学说具有强大的逻辑力量。墨家这样一种逻辑模式和论证方法非常值得我们学习和应用。具体来说,当我们要实际论证一个问题的时候,首先就是要针对这个问题寻找其小故,就是通常讲的必要性或者重要性,然后从必要性得出充分性,最后得到充足的论证。可以说,从小故到大故的论证模式是墨家给我们留下的逻辑论证的重要理论和方法,将永远具有十分重要的理论意义和实际应用价值。

五、"说"和"辩"的具体方式

墨家所讲的推理或论证的具体方式方法怎么样呢?这些论式又是怎么样来进行的呢?

关于逻辑的研究对象存在各种各样的说法。根据皮尔士的观点，他说关于逻辑到底研究什么？至今为止存在着 100 多种不同的说法，但是从根本上来说，逻辑要研究的是推理过的论证（参见 Irving M. Copi, *Symbolic Logic*. New York：Macmillan Publishing Co.. Inc. 1979. p1）。墨家把推理论证叫作"说"，墨家认为，通过推理可以把我们不明白的东西变得明白。通常来说，眼前的东西、现在的东西我们明白，长远的东西我们不明白，将来的东西我们不明白；小的东西、近处的东西明白，远处的东西我们看不见、看不清、不明白。墨子告诉我们，通过推理，可以达到以往知来，从已知得到未知和新知，所以推理非常重要。《经说上》说："方不障，说也。"方就是空间的区域、时间的区域，不能称为我们进行推理的障碍，即推理可以超越时空的障碍，使我们从已知得出未知和新知。那么，墨家是怎么说的呢？墨家是怎么样来阐述这个问题的呢？《经下》说："闻所不知若所知，则两知知，说在告。"听到所不知道的，就会使不知道的变成我们所知道的。为什么我们原来不知道的东西后来却变得知道了？不知道的东西知道了就是新知，就是有人告诉我们一些情况以后，我们就可以通过已知的东西推导出新的东西来。那么，我们是怎么样从已知推导新知的呢？《经说下》说："在外者所知也，在室者所不知也。"假若我们在室外，看不见的东西在室里。室外的东西看得见，室内的东西我们看不见。但是如果有人告诉我们说"在室之色若是其色"，室内的颜色和室外的颜色一样，这时我们就可以由我们所看到的室外物体的颜色推出我们所看不到的室内物体的颜色如何。所以，"犹白若黑也，谁胜？"如果我们看到室外物体的颜色是白的，就可以推出我们没有看到的室内物体也是白的，反之则是黑的。"外，亲智也。室中，说智也。"我们的认知屏障隔离之外的都可以叫"室"，每个人都有"室"，我们读书越多、我们知道的东西越多，室就会收缩。如果读书少，如果认知少，我们实践经验少，我们的室就比较大，所以推理就能够让我们能够逐渐扩大我们知识的范围，从而更好地来应对我们将要遇到的各种新事情或新事物。

墨家正是由于他们特别重视推理所具有的以见知隐、以往知来的巨大作用，才成就了墨家学派所取得的重大科学研究成果。《非攻中》说："谋而不得，则以往知来，以见知隐，谋若此，可得而知矣。"如果谋划一个事得不到要领和方法，则可以根据以往的经验和历史，根据前人的经验、前人的做法，即通过以见知隐，根据我们把握的情况，来预知未来的情况。因为很多事情想要做成功，就得要考虑到方方面面的可能性，方方面面可能潜在的危险。这些潜在的情况都要将它们事先推测出来，必须得根据过去所已知东西作为出发点。不进行推理和推测怎么可能知道？比如刚才从室外情况推知室内情况的问题，必须进行推理才可能获取新知。所以，墨子说："谋若此，可得而知矣。"如果谋划一件事情，能够真正以往知来，以见知隐，就一定能够成就我们的事业，成就我们所要做的事情,我们的事业也就一定能够取得成功。

为什么可以做出如上的断定呢?曾经就有人对墨子关于推理的上述作用产生过疑问。比如据《鲁问》篇就记载这样一个故事。当时一个名叫彭生子的人说:"往者可知,来者不可知。"墨子是怎么反驳他的观点的呢?墨子说:真的吗?"假设尔亲在百里之外,则遇难焉。"假设你的父亲或母亲在百里之外遇到了问题,比说突然发病需要钱住院,钱又都掌握在你手里面。"期以一日也,及之则生,不及则死。"就限期一天啊,一天之内能赶到这儿,他就活,你把钱交给医院,他就能活。你赶不到、交不上钱,他就是死。"今(现在)有故车良马于此,又有奴马四隅之轮于此,使子择焉,子将何乘?"这时,彭生子只能回答说:乘良马固车,可以速至。于是墨子做出结论说:"焉在矣来!"看来还是以往知来、以见知隐的啊,比如上面说的这个事情,通过推理就可以事先知道。墨家对于推理的重要作用给予了非常高的认定,墨家对推理的论证作用也进行了很好的论证。

《小取》说:"以说出故。""出故"是什么意思?就是将所断定、下断言的理由说出来。判断是非很重要,但是怎么将这其中的是非曲直说清楚、道明白,就需要用理由来加以论证和说明。比如下雨天,北京地铁里就要广播了:"请大家注意安全,因为天雨路滑。"用"天雨路滑"这个理由来强调大家一定注意安全,即通过用天雨路滑这个理由就可以推出必须注意安全吗?当然可以,因为如果不注意安全就容易导致摔跤等情况发生，就不安全了，就会出事故。这里面有理、有故、有类，所以，一个简单的论证背后都是有故、理、类在里面起作用的。因此，我们要把一个断定、一个论断说清楚、讲明白，背后一定要有推理，所以推理对于论证的作用是巨大的。那么，在墨家看来，究竟应该怎么来做推理，应该怎么样来以说出故呢？事实上，我们通过考察墨子所提出的"譬、侔、援、推"等论式，就可以明白墨家关于推理或论证的具体方式和方法。

　　首先，我们来看墨家关于"譬"式推论的理论和做法。《小取》说："辟也者，举他物而以明之也。"譬就是用同类的他物来说明此物。首先，譬不是一般的比喻，而是一种论证。一个譬的方式到底是一般的比喻还是一个论证呢？我们得看他是不是着重用于证明某个论断的成立。如果为了论证某一个论断为是或为非，那一定是一种论证或证明。那么，我们在论证的时候怎么用譬来"以说出故"？

　　我们来看看《所染》篇是怎么运用譬的，即如何通过譬式推论来出"故"的呢？"子墨子言见染丝者而叹曰：'染于苍则苍，染于黄则黄，所入者变，其色亦变，五入毕而已，则为五色矣。'"就是说，同样的丝，就是因为所放在的五种不同的染缸而已，结果染出来的颜色就完全不同。由此，墨子把这样一个现实事物的情况作为类比对象，就直接上升到了国家治理的层面来做结论，即从染丝手工业上升到国家治理："非独染丝然也，国亦有染。"我们看到，染丝和治国，二者虽然属于完全不同的领域，但是在道理上是一致的，是同类，因此在这一点上就可以做推理。而且,墨子不但推到国家这个层面,而且也可以推到每一个个人的层面,与每一个人实际密切相关:"非独国有染也,士亦有染。"具体到每个人都有染的问题,关键是染上好的还是坏的的问题,即和谁交朋友的问题。大家可以思考,一般能够做大事情的人都是在和谁交朋友?是在和有问题的人交朋友吗?显然不是。而墨子在这里是直接列举了尧、舜、禹、齐桓公等是和哪些人交朋友的。相反,桀、纣、幽、厉又是和谁交朋友的,等等,都一一列举出来。《所染》篇就是用了两个类比推理,就能够达到以说出"故"的效果,具有很强的论证性和逻辑说服力。

我们再来看墨子在《公输》里面所进行的另外一个譬式推理。"子墨子见王,曰:今有人于此,舍其文轩,邻有敝舆,而欲窃之;舍其锦绣,邻有短褐,而欲窃之;舍其粱肉,邻有糠糟,而欲窃之。此为何若人(这都是些什么样的人呢)?"楚王说:"必为窃疾矣。"犯了盗窃病。结果,墨子马上以此为譬的对象,直接类推到正在论证中的主体楚王,即你楚王本人就是这样,"荆之地,方五千里,宋之地,方五百里,此犹文轩之与敝舆也。"墨子最后得出说:"臣以三事之攻宋也,为与此同类,臣见大王之必伤义而不得。"最终逼迫楚王不得不说:"善哉。虽然,公输般为我为云梯,必取宋。"墨子所进行的推理已经要求楚王必须同类相推,楚王本人在思维上已经完全跑不掉了,因此他必须做出自己是窃贼的这个对自己非常不利的结论,从而他在逻辑上也已经完全站不住脚了。

　　我们再看"侔"式推论。这种推论在《小取》和《大取》中都有相应的应用。《小取》说："侔也者，比辞而俱行也。"古汉语受语言的影响，容易使人们自然考虑做这样的推论。实际上中国的语言影响思维的情况是很多的，比如说《论语》中说："名不正则言不顺，言不顺则事不成，事不成则礼乐不行……"《大学》里面也有类似的推导。这些推导大都是因为语言而引起的，但未必存在必然性，而只是具有一般性。如《大学》里面推断"格物然后致知……"，难道格物就必然能够致知吗？不一定，是具有一般性。墨家所追求的"侔"式推论则要求具有必然性，这是一种什么样的必然性呢？《经下》说："狗，犬也，而杀狗非杀犬也不可，说在重。"《经说下》说："狗，犬也，谓之杀犬，可。"这个推导肯定没有问题，即如果"侔"式属于二名一实的情况，这个推导肯定是没有问题的，可以确保具有必然性，但是如果不属于二名一实的情况，而是为其他的"同异"关系时就不一定能够保证这种必然性了。这个时候该怎么样来衡量推理呢？墨家是采用同类、异类的原则来进行把握，即"法异则观其宜"的办法。后面再做分析。

　　"援"式推论是什么情况？这种推论主要是用于反驳的时候，即当对方先说话时，我方该怎么办？如果觉得对方对，我就认可他、同意他，你说我同意、没有问题。但是假如对方说的话有问题，则我方的论证该怎么样来进行呢？对此，墨家就提出了"援"式反驳方式。《小取》说："援也者，曰：'子然，我奚独不可以然也？'""援"就是援引对方的主张，作为类比推论的前提,以引申出自己同样的主张,即"你可以那样,我为什么偏偏不能那样呢?"即我根据你思考问题的方式来进行同样方式的思考,为什么可以呢? 就是你说要这么做,你是有理由的,即你是因为什么什么所以要这样做;那么我也可以说因为什么什么要这样做,即我也能不能这样考虑,如果我可以这样考虑,我就可以说服你。这实际上也就是要坚持《小取》中所说"有诸己不非诸人"的同类相推原则。

关于"援"式推论,墨子在论证自己思想的过程中有很多运用。《鲁问》篇中讲了这样一个故事。鲁阳文君即将攻打郑国,墨子听说之后立马前去阻止,对鲁阳文君说:"今使鲁四境之内,大都攻其小都,大家伐其小家,杀其人民,取其牛羊、狗豕、布帛、米粟、货财,则若何?"假如说在你国内让大家这样不兼爱、互相攻伐的做法,你觉得应该怎么办? 鲁阳文君当然不能容忍这种做法,他说:"鲁四境之内,皆寡人之臣也。今大都攻其小都,大家攻其小家,夺之货财,则寡人必将厚罚之。"既然你鲁阳文君可以这样说话,那么我墨子也就可以就虽然范围更大但却是同类的事情来说话:"夫天之兼有天下,亦犹君之兼有四境之内也。今举兵将以攻郑,天诛其不至乎?"墨子用鲁阳文君自己所同意的观点和他所不同意的观点进行对抗,即既然你鲁阳文君同意那个那么你也得同意这个。这里我们看可以看到,墨子的论证充分地说服了鲁阳文君的错误做法。所以,"援"在反驳过程中具有非常重要的作用。

　　"推"比"援"要复杂一些，虽然都是在反驳，但"推"还要求将对方的观点明确地摆出来。在做"援"式推论的时候，自己赞成的观点不必明确表达出来，只就对方的意思来说同样的话。"譬"和"侔"都主要用于证明，而"援"和"推"则主要用于反驳。"推"在整个墨家论式里面是最全面、最有说服力的。《小取》怎么定义"推"的呢？《小取》说："推也者，以其所不取之，同于其所取者，予之也。""推"是为了反驳对方的主张，选择一个与对方的观点是同类的，却又是荒谬的、连对方也不可能接受的命题，从而证明对方的主张是不能成立的。《尚贤下》篇中，墨子说："而今天下之士君子，居处言语皆尚贤；逮至其临众发政而治民，莫知尚贤而使能。我以此知天下之士君子，明于小而不明大也。何以知其然乎？"什么叫明于小而不明于大？"今王公大人有一牛羊之财不能杀，必索良宰。"牛羊不会杀，找会杀的人来杀。"有一衣裳之财不能制，必索良工。"自己不会做衣服，就得找裁缝。"有一罢马不能治，必索良医。"有一匹病马不会治，就必然得找良医来治。"有一危弓不能张，必索良弓。"这个弓有问题不能张开，就要找有经验、有能力的人来做，但是很奇怪的是，一到管理国家就不一样了，管理国家为什么就不一样了呢？这个时候不是找有经验、有能力、有水平的人来管理，那找什么人呢？找骨肉之亲、无故富贵、面目美好者。管理国家和杀牛、制衣、给马治病、修弓，都是一类，而在这一类里面，管理国家比其他方面要重要得多、要大得多，但统治者在小的方面知道尚贤，而在大的方面却不知道尚贤。所以,墨子说统治者把治理国家看得还不如制衣杀牛重要。这里,对方所不取的就是治理国家的时候要尚贤,对方所取的是在小事情上知道尚贤。这样就可以把对方所不取的和对方所取的进行对照,就可以达到反驳对方的目的。有时,我们把墨家所总结出来的这种"推"叫作以小推大,小与大是类同,同类当然可以相推。

墨子"推"式论证的地方很多,《非攻上》说道:"今有一人,入人园圃,窃其桃李。"这种行为只是偷别人的水果,统治者知道这是一种侵犯人家的行为。然后到"攘人犬豕鸡豚,其不义又甚入园圃窃桃李。……"偷鸡摸猪之事,偷窃别人驯养的动物,统治者也还知道是一种侵犯人家的行为。然后到"入人栏厩,取人牛马者,其不仁义又甚攘人犬豕鸡豚"。牛马是劳动工具,偷窃人家的牛马就是更严重的侵害他人的行为。然后到"杀不辜人也,扡其衣裘,取戈剑者,其不义又甚入人栏厩取人牛马"。人命关天,取人性命已经是一种犯罪。墨子在这里进行总结道:"当此,天下之君皆知而非之,谓之不义。"即统治者在上述情况下都还能头脑清醒,认识到这些行为都是不义的,因而都会将相关的责任人员抓起来,谴责这些行为,都要给相应的责任人定罪。可是"今至大为攻国,则弗知非,从而誉之,谓之义"。即大到国家与国家之间的攻伐之战,则不能认识到这些攻伐战争的非正义性。这里,墨子用"推"这样一种方法来验证了"非攻"这样一个主题。

墨子在《公输》篇也采用了"推"式论证。墨子是怎么和公输班进行论战的呢？公输班看到墨子来了，老朋友见面，马上问"夫子何命焉为？"墨子说："北方有侮臣者，愿借子杀之！"要公输般帮助自己杀人。公输般怎么讲呢？他说：我这个人从来都讲义气，怎么能杀人呢?！墨子说："吾从北方闻子为云梯，将以攻宋。……义不杀少而杀众，不可谓知类。"墨子这一论证使得公输般不得不服。所以，"推"式论证是一种非常高明的推理方法，使对方进入自相矛盾的泥潭之中而不能自拔。

另外，《公输》篇中也展示了墨子关于"譬"式推论和"援"式推论的应用。《公输》篇中关于"譬"式推论的应用，前面已经讲过了，即墨子通过应用"譬"式推论让楚王自己承认自己犯错，自己承认辩论失败，从而说逼迫楚王和公输般不得不用实力来较量，这个时候墨子就只能硬碰硬。"公输般九设攻城之机变，子墨子九距之。公输般之攻械尽，子墨子之守圉有余。"到这个时候都是凭借实力的，实际上就是比试战略、策略与技术。通过实例较量，使得公输般诎。这时，公输般不得不拿出最后一招："吾知所以距子矣，吾不言。"墨子也说："吾知子之所以距我，吾不言。"这个时候搞得楚王莫名其妙了。公输般其实就是想直接杀掉墨子，而墨子也早已经做好了充分准备。这最后一轮的对话中墨子使用了什么样的逻辑呢？其实就是"援"：我知道怎么战胜你，但我不想说。你公输般这么说，我墨子为何就不能这样说呢？由此我们看到，就是一个短短的《公输》篇，也都展现了非常强的逻辑性和论证力。

六、"两而勿偏"的辩证思维方法

"两而勿偏"的辩证思维、辩证逻辑,实际上也是墨家针对"法异"问题而提出来的方法。如前所述,在墨家看来,推理必须遵守同类相同、异类不比的原则。同类相推这个问题好办,那么,异类问题是不是就不能处理呢? 显然不是。那如何处理异类问题? 当然不能根据同类相推原则进行推理,否则就要犯不当类比的错误。因此,异类问题只能根据异法来进行处理。《经上》说:"法异则观其宜。"

法异问题或者异类问题,相当于我们今天所说的复杂问题。我们当代人所面对的好多问题,比如社会治理问题、环境治理问题等都属于复杂性问题。《小取》中说"审治乱之纪",在当时看来,社会管理是一个非常复杂的问题。在那样一个时代,也就是春秋战国时代,在墨子看来,人们面临的最重要的问题也就是最复杂的问题就是人的生活和生存的问题,所以《小取》说要"处利害、决嫌疑"。可以说,解决社会管理中存在的大量的复杂问题是墨家辩学最重要的任务或者最根本的目的。

那么,怎么处理这些复杂问题? 处理方法是什么? 墨家提出了"两而勿偏"的辩证思维方法,处理方式是"权",即权衡。这种方法是怎么样一种方法呢?《经上》说:"欲正权利,且恶正权。"《经说上》说:"权者两而勿偏。"正当的权利可以用来衡量利益,即有好处的事情是所得越多越好、多多益善。"恶正权害"说的是对于那些不好的事情、厌恶的事情的处理,则是哪一件事情害处小就选择它,害处大就不会选择。对于一个人、一个家庭、一个国家来说,首先战略上要对。如果在大的事情即战略上对了,即使在小的事情上可能会出现一些不足,那都是小害。比如说现在要二胎,有的人就说要二胎多麻烦,生下来后有多辛苦啊,如果不生多好啊。但这些情况讲的都是小害,只要在大的方向上、在策略上正确就行。不要只考虑现在怎么样,还要看到 20 年以后怎么办,30 年以后怎么办,要以往知来,所以在要不要二胎的问题上,一定要将眼前情况和长远利益结合起来做决定。也就是要坚持"两而勿偏"的思维方法,即在做决策的时候,必须兼顾事物的两个方面、多个方面。也就是说,在处理现实问题的时候必须兼顾事物矛盾的两个方面和多个方面,不要只顾一个方面,而忽视别的方面。"两"是全面、两面、整体,"偏"是片面、一面、部分。

那么,在权衡利害得失的过程中,最应该注意什么样的问题呢?《大取》说:"于所体之中而权轻重之谓权。权非为是也,亦非为非也。权,正也。"从自己方面来权衡利害关系,这就是权。而"权非为是,亦非为非也。权,正也"。这个权并不仅仅限于处理单纯的"是"或者单纯的"非",而是要超越单纯的"是"和"非",是要处理超越于"是"与"非"之上的复杂问题的大方法、大背景。所以它不是简单地区分是与非,而是强调全面、完满地来把握问题。

具体怎么样来全面完满地把握这些复杂的大问题呢?《大取》中说"断指以存腕,利之中取大,害之中取小也"。这强调的就是一个整体把握的问题,为什么取害也是取利,为什么害会转化为利?这是因为自己所面对的利害关系完全是由别人所掌握着,你属于劣势,而你又不得不在其中进行选择。所以,遇盗人,即使断一个手指头但如果能够保全自己的身体,这也是一种利。墨家的这一思想有什么重要意义?我认为选取小害避免了大害,我们通常把这称为明智的选择,不幸中的万幸,孟子说杀身成仁、舍生取义的思想其实来自墨家的利害权衡原则。通常说"小不忍则乱大谋",其实也可以看作是从墨家的利害权衡智慧引申出来的。

那么,在逻辑上何以说清楚上述这个问题呢?《经说上》说:"取此择彼,问故观宜。以人之有黑者,有不黑者,止黑人,与以有爱于人,有不爱于人,止爱人,是孰宜?"在我们的现实中,因为有一些人是黑的而且有一些人不是黑的,所以说"所有人都是黑的"不能成立。这里"是非之分"很清楚。有些人是黑的并且有些人不是黑的,这是一种事实,这就是"是",这个"是"可以用来反驳"所有人都是黑的"这个"非"。问题是:现实中有些人被人爱而有些人不被人爱,那么是不是因此可以用这种情况来反驳"应该爱所有人"这个命题呢?"应该爱所有的人"这个命题是否就不能成立呢?墨子认为"并非应该爱所有的人"肯定是不对的,不兼爱肯定不对,人们肯定是要兼爱的,肯定还要兼爱。这是为什么呢?这是因为"我们应该爱所有的人",这是一个道义命题或者道德伦理命题。即要不要爱所有的人是一个道德伦理上的判断,事实判断不能直接决定道义判断的真假。所以,必须区分两类性质完全不同的判断,因为这两种判断所属的类不一样,衡量它们的法也就不同,即推理之法不一样,因此在做推论时我就得看你用的是什么样的法,该用什么法,是事实之法还是理念之法。具体地说,如果要用的是"处利害、决嫌疑"之法,属于审治乱之纪的法,这个时候我们就不能说"不应该兼爱"。因为即使现实中存在一些问题,难道我们就不应该好好治理社会了吗?现实中还存在犯罪,是不是罪犯就不需要惩治了?不是,还得惩治,不惩治这个社会就会大乱。所以,必须要分清问题,要看讲的是什么样的问题,如果是要把握住社会治理的大问题,就必然要涉及异法,就必然需要运用"两而勿偏"的辩证思维方法。

上述所讲的异法问题,我们也可以从《小取》篇来看。《小取》怎么讲?《小取》所说的"是而不然,不是而然"等问题就涉及异法问题。"白马,马也,乘白马,乘马也"属于"是而然"问题,法相同。但是"盗,人也,多盗,非多人也,无盗,非无人也",强盗多就说人多吗?不能那么讲,因为基数不一样,没有强盗就能说没有人吗?比如这里在座的人当中没有强盗,难道就能说没有人吗?难道大家都不是人吗?不能这么说,因为法异。"盗,人也,爱盗,非爱人也,不爱盗,非不爱人也。杀盗,非杀人也,无难矣。"不是因为他是人因而杀他,而是因为他是盗和犯罪才杀他,这个对现在的法律合理性提出了肯定之意。关于法的思想,不是只有法家才有,实际上我们墨家也重视。墨子讲人必须靠自己的力量来改变自己的状态,即尚力,就是要靠我们人自身的能力来改变我们的命运,这个能力是什么能力?其实就是人有能力通过制定法律法规来保证社会的正常运转。墨子说,兼爱的实行还需要发挥宣传的作用,需要领导者来提倡。在墨家看来,最好能够通过形成法去宣传。

墨家之所以强调要运用"两而勿偏"的辩证思维方法来处理问题,是因为他们看到了事物本身存在着复杂性。《小取》里面讲到,事物本身存在着"夫物或乃是而然,或是而不然,或不是而然,或一周而不一周,或一是而一非也"。事物的复杂情况,在《经说上》里面举了许多"同异交得"的例子。《经说上》说:"于富家良知,有无也。比度,多少也。蛇蚓旋圆,去就也。鸟折用桐,坚柔也。剑犹甲,死生也。处室子,子母,长少也。两色交胜,白黑也。中央,旁也。论行、行行、学实,是非也。鸡宿,成未也。兄弟,俱适也。身处志往,存亡也。霍为姓故也。贾宜,贵贱也。"富有的家庭却缺乏知识与素养,有与无统一于一个家庭整体之中。一个数比一个少却又可以比另外一个数多,对于这个数来说既有少又有多,具有事物情况的相对性并存。鸟折坚硬的梧桐树筑巢,又有温柔的一面,同样的事物情况可以产生两种不同的用途。剑在杀伤敌人的同时，也保存了自己，具有双面的作用。如此等等。既然事物情况是复杂的，所以我们的思维就需要"两而勿偏"，也就是说，需要辩证地、全面地进行认知和解决问题。所以《小取》说："故言多方，殊类，异故，则不可偏观也。"面对事物所存在的这些复杂问题的情况，我们对这种复杂问题的把握，就要采取多种不同的方法和不同的推理方式。

"两而勿偏""同异交得"的思维方法，体现了墨家在特别强调确定性的思维逻辑的基础上，同时看到了事物的矛盾性、辩证性或者整体性，从而表现出墨家学派博大精深的逻辑和思维智慧。我觉得"两而勿偏"是非常重要的，是墨家在逻辑上做出的非常突出的重要贡献，这一点需要我们更深入地开展研究和认识它的作用。

结论

墨家辩学的根本任务是要明是非之分，而要完成这个任务，首先需要考察我们语言世界的名称与实际的关系，这是察名实之理，还需要明确客观事物之间存在的"同"和"异"关系，这是明同异之处。而要确定某个断言（辞）的是非，还必须找到"故""理""类"三物作为必要条件，进而得到充足的论证。推理具有从已知到未知和新知的重要作用，必须通过它才能更好地把握好论证。论证可以采取"譬""侔""援""推"等具体论式,但通过辩学来解决现实中的复杂问题,还必须注意异法的情况,需要注意运用"两而勿偏"的辩证思维方法。墨家逻辑中的核心理念,可以用下表来表达:

语言:察名实之理	世界:明同异之处	
谈辩:明是非之分		
"故""理""类"三物逻辑	"说"和"辩"的具体方式	现实:审治乱之纪(异法)

在上表中,墨家逻辑的核心问题就是谈辩,就是明是非之分,怎么样才能达到明是非之分?根本任务就要考察语言是不是符合实际,一定要以实来考虑名。然后还要考虑到世界中事物的同异之间的关系,同时还要把握好"故""理""类"三个方面来明确、论证是非的分别。具体的论证方法上体现为各种"说"和"辩"的具体方法和方式。通过这样把握,最终落实到解决现实中"审治乱之纪"等复杂问题,则需要运用"两而勿偏"的辩证思维方法。

第八讲　墨家的科技思想及其成就

姜宝昌

内容提要：墨家科技思想建立在墨家的认识论基础上，每一命题从酝酿、形成，直至付诸应用，无不浸润着"兼爱天下"的人文关怀。条列式的《墨经》，约有四分之一的条目属于自然科学范畴，包括形（几何）学、数学、时空观、物理学、光学等诸多方面，其中形（几何）学和光学已具某种系统性，而珠算机理，时间、空间与物体运动的关系，光的直线传播与小孔成像原理，半分木棰体现出来的极限概念等等，均为耀辉世界科技史的不朽成果。

一、　引子：相勉共赴墨学盛业

人类文明社会的形成与发展，大致说来，都离不开政治伦理和科学技术两方面的不断提升，正如鸟之云翼、车之双轮一样。如果出现偏差，必定于当代或后世显现出若干弊病。儒墨两家，战国时期同称"显学"，为世所重。汉武帝"罢黜百家，独尊儒术"之后，儒家学说被用来为统治阶级建章立制服务，于是得以传承、推阐和嫁接，从而成为中国传统意识形态的主流学派，其他学说因不适合统治阶级的口味，被迅速边缘化，墨家中衰两千年便是一个明证。我们知道，我国先秦时代，反映社会政治和伦理思想的典籍可谓浩如烟海，而记述科技思想及其成果的典籍却寥若晨星。在这类典籍中，最为人们所珍视的，要数《考工记》和《墨经》。如果说《考工记》多是记述具体的生产工艺过程，因而带有更多的技术性质的话，那么《墨经》则多是记述从具体的生产实践中归纳或抽象出来的公例或规律，因而带有更多的科学性质。平心而论，墨子和墨子后学的科技思想及其成就，完全可以与几乎同时的古希腊相媲美。不幸的是，墨家学说于秦汉以后急遽中衰，其中的科技思想及其成就更是几近中绝。随着历代统治者无不将儒家学说定于一尊，并与科举取士相结合的风潮愈益盛大，这一旨在维护封建统治秩序的指挥棒，一下子将墨家科技打入"冷宫"，以致长期尘封，不见天日。久而久之，后世学子错失传承、弘扬墨家科技的机缘，用墨家科技思想武装国人头脑，并以此为契机，推进我国经济发展和社会进步的伟大事业，只能成为一句空话。试想，如果当年汉武帝不是"独尊儒术"，而是像战国时期那样儒墨同尊，从而使政治伦理和科学技术并肩发展，那么后世中国还会出现被帝国主义列强欺凌甚至瓜分的悲剧吗？当然，历史的进程无法重来，昔日的士子们也只能徒唤奈何！今天，我们迎来传统文化全面复兴与弘扬的大好春天，就应该为传承弘扬祖国的优秀文化遗产搏击大潮，有所担当。

当然,我们不是说要冲击儒家思想作为中华传统文化的主体地位,而是要通过认真的发掘和整理,给墨家学说尤其是其中的墨学科技思想及其成就一个合理的历史定位,即我们应当从墨学"兼爱"思想,亦即"兴天下之利,除天下之害"入手,将这一思想落实到发掘、整理墨学尤其是其中的墨家科技思想及其成就的具体实践中去,使墨子故里文化成为祖国文化乃至世界文化不可或缺的重要组成部分。这件事本身也就是实实在在的"兴天下之利,除天下之害"的伟大壮举。我们就不愧"墨子故里后来人"的称号,我们就可以说是在实现中华民族伟大复兴的中国梦的宏伟事业中倾注了一份心力,奉献了一份担当。这里,没有必要过多地为自己学历偏低、功底欠厚担心。"世人无难事,只要肯登攀!"当年墨学大家栾调甫,原本不过是齐鲁大学的一名传达员,以看守校门为业,却能争分夺秒地读书思考,硬是与其时的学术泰斗、清华大学四大导师之一的梁启超就墨辩问题,以书信方式开展辩论,终于成为 20 世纪前期的墨学巨匠。滕州当地的赵富平,现在是滕州监狱的管理人员,服膺墨学,也有两本专著问世。另外,官桥农民工姜德长,仅初中毕业,历 10 年时间撰写成 1 万行、7 万字的诗集《说唱中华五千年》。下一步将撰写《说唱墨子传、鲁班传》,估计又需 10 年时间。我们身边的这些名人故事,都应当成为我们为弘扬墨学而有所担当的推挽力量。

二、 墨家科技思想的认识论基础与人文关爱情怀

公元前 500 年前后,相当于我国的春秋战国时代,德国学者雅斯贝尔斯称之为"文化轴心时代"。东方和西方同时存在着两大哲学和科技发达地域,哲学家、思想家和科学家纷纷涌现,这就是中国和希腊。当时中国与希腊在哲学、政治、伦理、逻辑和科技等方面都有着相衡相抗的成就,而中国逻辑和科技方面的成就主要记于《墨经》之中,狭义《墨经》指《墨子》书中的《经上》《经下》《经说上》和《经说下》四篇。它们除论列伦理学、逻辑学内容以外,还包括形(几何)学、数学、时空观、力学、光学等自然科学方面的内容,其中包含不少精彩的见解与论证。

墨家科技思想及其成就是建立在科学的认识论基础之上的,我们来看:

[经上 3(编号依据著者《墨经训释》之序,下同)]:知(智),材也。

[经说上 3]知材:知也者,所以知也,而不必用。若明。

[经上 5]知:接也。

[经说上 5]知:知也者,以其知(智)过物,而能貌之。若见。

[经上 6]知:明也。

[经说上 6]知:知也者,以上其知(智)论物,而其知也之

著。若明。

　　这里,[经上3]之"知",即智,名词,指人们认知事物的官能与材质。[经上5]之"知",动词,指知道、认知,"知"的结果相当于后世唯物主义认识论的感觉、表象。[经上6]之"恕",墨家特造字,从心、从知,知亦声。指明了、晓悟,即对事物及其本质属性的明彻理解,"知"的结果,相当于后世唯物主义认识论的概念、判断和推理。[经上3]之"明",指人眼能看到事物。[经上6]之"明",则指看到事物并对它有所理解。"遇物"指接遇事物。"貌"指对事物形貌加以摹写。"论"指论议、评析,即归纳、演绎的工夫。"著"指显著、洞悉、明彻。墨家认为,智能是人们用以认知自然界和人类社会的事物的官能和材质。感性认识来源于人们的感官同客观事物的接遇,而感觉、表象是感知外物后在大脑中留下的印记。理性认识是人们对感知对象通过论议、评析而获得的更加明晰的理解,而概念、判断和推理正是人们对感知对象及其本质属性进行归纳描述或演绎描述的结果。很显然,在墨家看来,"知材"是认识外物的必要条件,"知接"是认知过程的第一阶段,即感性认识阶段,"知明"是认知过程的第二阶段,即理性认识阶段。"知接"是"知明"的必要前提,而"知明"又是"知接"的必然发展。不可否认,墨家认识论已经初具现代认识论的基本内质和理论框架,是比较精准、比较科学的认识论。从这种认识论出发,去观察外界事物,并通过实验、演示得出结论,自然是严谨精到的,完全可以令人信服。

　　墨家科技思想又有着强烈的人文关爱的情怀。毋庸讳言,科技是一把双刃剑,既可惠利民生,又可伤及无辜。墨子高扬"兼爱"大旗,"兴天下之利,除天下之害",墨家科技思想也处处闪耀着"义"的光辉,以惠利民生为出发点和归宿点,自始至终反对将研发成果用于不义之战。《鲁问》:"公输子自鲁南游楚,焉始为舟战之器,作为钩拒之备,退者钩之,进者拒之,……遂败越人。公输子善其巧。……子墨子曰:'我义之钩拒,贤于子舟战之钩拒。我钩拒,我钩之以爱,拒之以恭。……故交相爱,交相恭,犹若相利也。'"墨子认为,公输子制作"钩"与"拒",用于非正义的"舟战",必然造成无辜死伤,"犹若相害",不可取。而应以"爱"与"恭"为武器,人们互爱相亲。这里有两层意思足资我们借鉴。其一,两国发生矛盾,双方都应本着"爱""恭"的原则,通过和平对话,消除分歧,所谓"化干戈为玉帛"。其二,军械装备的研创如用于不义之战,应予以反对。科技成果的推出应凸显人文关怀理念,于此可见一斑。

　　当然,墨家科技思想也与正确的方法论相关,即三物("故""理""类")推理,已见第七讲,这里不再重复。

三、 墨家科技成就举要

（一）形（几何）学

墨家形（几何）学具有一定的系统性。我们可以从墨家几何学的初设、定义和定理中整理出一个墨家几何学的框架——在初设几何元素"端""尺""区""厚"（相当于欧几里得几何学的"点""线""面""体"）之后，墨家对"圆"和"方"给出了严格的定义，对"平形"与"垂直"做了科学描述，并对几何图形的重合、相交、相接、相离、相切等位置关系进行了较为深刻的探讨。

1. 几何元素"端""尺""区""厚"的初设

［经上61］端：体之无序而最前者也。

［经说上2］体：若二之一，尺之端也。

［经说上63］间：……尺前于区而后于端，不夹于端与区内。

［经上55］厚：有所大也。

这里，诸条中出现的"端""尺""区""厚"，"端"是"尺"之端头。不消说，"端"引而成"尺"，"尺"展而成"区"，"区"加厚度而成"厚"。"尺"为一维，"区"为二维，"厚"为三维。所以就"端""尺""区"的排列次序而言，"端"必在前，其次为"尺"，再次为"区"，又次为"厚"。

明徐光启译《几何原本》说："点者，无分。无长短、广狭、厚薄。……凡线之界，是点。……线，有长短，无广狭。……面者，止有长短、广狭。……凡论几何，先从一点始，自点引为线，线展为面，面积为体。"很明显，墨家的几何元素"端""尺""区""厚"，分别对应于欧氏几何的"点""线""面""体"，名虽异而实全同。

2. 圆与方的定义

[经上 54]中:同长也。

[经说上 54]中:心。自是往相若也。

[经上 58]圜(圆):一中同长也。

[经说上 58]圜:规写交也。

[经上 59]方:柱隅四讙(权)也。

[经说上 59]方:矩写交也。

这里,"中"指圆心,"圜"读为圆,指平面圆,"隅"指角。"柱隅"指楹柱横截面之四角。"讙"读为权。《大取》:"权,正也。""四权"即四正,指四角皆为正角(直角)。墨家把圆心称作"中",认为同圆半径皆相等。圆是具有一个圆心且半径皆相等的几何图形。方(正方或长方)是像楹柱横截面那样四个角皆为直角的四边形。

《几何原本》说:"圜者,一形于平地,居一界之间,自界至中心作直线俱等。外圜线为圜之界,内形为圜。……自圜之一界作一直线过中心至他界,为圜径。径分圜为两分。"又说:"四边形(指正方形),四线等而角直,为直角方形。直角形(指长方形),其角俱是直角,其边两两相等。"很明显,墨家对圆所下的定义,与欧氏完全一致。对方(正方形、长方形)所下的定义与欧氏也基本一致,唯未细分正方与长方,是其小别。

3. 对平行和垂直的描述

[经上 52]平:同高也。

[经上 57]直:参也。

这里，"平"指两线（或两面）平行。"高"指两线（或两面）的间距。"直"指一线与另一线（或面）垂直。"参"指竖直。墨家认为，两线（或两面）平行，其间距必相等。一线与另一线（或面）垂直，此线必竖直向上。

《几何原本》说："两直线于同面行至无穷，不相离，亦不相远，而不相遇，为平行线。"又说："两直线所成的角为直角时，为互相垂直。"这可以推广到两平面间或直线与平面间的情况。很显然，墨家对"平行"与"垂直"的描述与欧氏完全相合。

4. 对几何元素、几何图形重合、相交、相接、相离、相切 等位置关系的探讨

［经上 67］撄：相得也。

［经说上 67］撄：尺与尺俱不尽。端无（与）端但（俱）尽。尺与端或尽或不尽。

［经上 69］次：无间而不撄（相）撄也。

［经说上 62］有间：谓夹之者也。

［经说下 62］正：九（丸），无所处而不中县（悬），抟也。

这里，"撄"指相值、相交或重合。《孟子·尽心下》："虎负隅，莫之敢撄。"朱熹注："撄，触也。""次"指相次、相接。"间"指相离。"抟"指圆。《说文》："抟，圜也。"段注："凡物之圜者为抟。……俗字作团。""九"当为"丸"之讹字。"丸"球体。《说文》："丸，圜倾仄而转者。从反仄。"隶变为丸。墨家认为，"撄"是相值、相交或重合等亲接关系。例如，线与线相交，唯交点相值，两线上其他各点均不相值，点与点相值，必定重合。

233

线与点相过,对点而言为相值,对线而言,除过点外,其他各点均不相值。几何图形相接,是指图形间既无间虚,又不相重合,相离是指图形相夹而中有间虚,而相切可以理解为,在直线或平面上滚动的圆或球体不论处于任何位置,凡过切点的半径必悬垂于直线或平面。

《几何原本》中也有涉及几何元素或几何图形相交、重合、相接、相离、相切的论述。在这方面,墨家与欧氏可谓无分轩轾。不过,欧氏几何学论几何图形的全等和相似甚详,而墨家几何阙如。在这方面,不能不说是一个遗憾。

总之,墨家几何学早见于战国时期的《墨经》之中。但清末之前并不为人所知。国人凡论几何学,言必称欧氏,言必称希腊,实在是一个绝大的历史误会。我们确乎应该感谢清末粤人陈澧,是他首先在其所著《东塾读书记》中进行了发覆钩沉,才使中国人自己的墨家几何学在沉睡两千余年后得以重光。

(二)数学

1. 珠算定位法

[经下 59]一:少于二而多于五,说在建住(位)。

[经说下 59]一:五有一焉,一有五焉。十,二焉。

这里,"住"当为"位"之讹字。"位",指数位。因为先秦之时没有"住"字,与其最为形近的字是"位",且从经文和经说文的论列皆与数位相关可以得到印证。墨家认为,个位上的 1,

固然小于个位的2,但十倍上的1,却大于个位上的5,原因在于所建数位不同。例如,个位上的5,包含五个个位上的1,而十位上的1,却包含两个个位上的5。因为十位上的1,其数值为10,而10自然包含两个个位上的5。

我们知道,当年马克思称赞十进位记数是人类“最美妙的发明之一”。可以这样说,自有文字记载开始,我们的先人在记数时就遵循十进位制原则。殷商甲骨文使用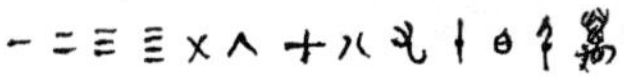等记数字个体或组合来记录十万以内的自然数,例如五十八记为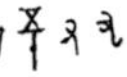。春秋时代,出现筹算方法,即以竹条或木条制成算筹,作为计算工具,摆成𝍠𝍡𝍢𝍣𝍤𝍥𝍦𝍧𝍨纵式和𝍩𝍪𝍫𝍬𝍭𝍮𝍯𝍰𝍱横式两种数字,按照纵横相间,即所谓“一纵十横,百立千僵”的原则,来表示任何自然数,例如一千九百七十一记为𝍠𝍱𝍦𝍩。筹算同样遵循十进位记数的要求,不过需要事先备下大量算筹,操作不便。大约在战国时代,人们又将算筹加以简化,使算筹布为上下两列,上列的一支算筹当5,下列的一支算筹当1。后更以算珠代替算筹,并使上列每行二珠,下列每行五珠,布为珠算之阵,此即算盘。很明显,上述经文和经说文正是珠算记数原理之所在,珠算以科学、灵便的优点,很快在华夏大地上普及开来,后又传至朝鲜、日本等邻邦,或略加改进,使用起来更显灵便。综上所述,是我们的先人发明了以十进位法操作的珠算,而由墨家首先归纳出它的建位原理和记数方法,此乃铁定的事实,无可动摇。

2. 无穷的阐释及其影响

[经说上 41]穷:或(域)不容尺,有穷;莫不容尺,无穷也。

[经说下 60]非:斫半,进前取也。前则中无为半,犹端也。前后取,则端中也。斫必半,毋与非半,不可斫也。

这里,"或"读为域,指区域。斫指砍、截。墨家先对"有穷""无穷"下定义说,区域有所限定,不能向外拓展一尺之微,是为"有穷";空间漫无涯际,可以任意向外拓展,无论多少尺都可容纳是为"无穷"。进而以"无穷"作为推理方法用于木棰"截中留半"的论证,说:如从木棰一端开始,施以"截中留半"之功,渐次向另一端推进,无穷多次之后,成为一物质微粒,它本身既是中点,又不能再分,这就是"非半"的"端"。如从木棰两端同时开始,施以"截中留半"之功,渐次向中点推进,无穷多次之后,成为两物质微粒,它们本身也都是中点,又不能再分,并且与木棰中点合而为一。不难看出,"从两端同时开始,施以'截中留半'之功,渐次向中点推进,无穷多次之后,成为两物质微粒",实际上是"从一端开始,施以'截中留半'之功,渐次向另一端推进,无穷多次之后,成为一物质微粒"的二次复合。此种推演过程及其结果,就是后世数学中的所谓"极限"。今以数学表达式说明之。设木棰长为1,第一次弃其 $\frac{1}{2}$,余 $\frac{1}{2}$;第二次弃所余 $\frac{1}{2}$ 的 $\frac{1}{2}$,即 $\frac{1}{4}$,余 $\frac{1}{4}$($=\frac{1}{2^2}$);第三次弃所余

$\frac{1}{4}$ 的 $\frac{1}{2}$，即 $\frac{1}{8}$，余 $\frac{1}{8}$（$=\frac{1}{2^3}$）；……第 n 次余 $1/2^n$。当 n 趋于无穷大时，$1/2^n$ 趋近于 0。请看这不是数列的极限又是什么！在近代数学中，"极限""导数"与"微分""积分"等是意义相邻的名称。数学分析告诉我们，在自变量的改变量无穷小时，函数值的改变量与自变量的改变量的最终比称为极限或导数，而微分不过是导数与自变量的改变量的乘积，再进一步，求积分可以视为求导数的逆运算。从这个意义上讲，我们无论如何估价墨家关于"截中留半"即"极限"的推算功绩都不过分！

应当看到，是墨家对"无穷"的阐释，培育了古代中国人作无穷推算的意识。圆周率求值问题，两汉时代，人们一般采用"周三径一"的粗略值。魏晋之际的数学家刘徽在为《九章算术》一书作注时指出，当圆内接正多边形边数无限倍增时，其周长无限接近于圆周长，其面积无限接近于圆面积。换言之，当圆内接正多边形边数无限倍增时，其周长的极限是圆周长，其面积的极限是圆面积，从而创立了著名的"割圆术"。刘徽相继考察了圆内接正三角边、正六边形、正十二边形、正二十四边形……正三千零七十二边形，终于得出了更为精确的圆周率：$\pi = 3927/1250 \approx 3.1416$。我们之所以说刘徽受到墨家"无穷"定义和无穷推算的影响，是基于他在注《九章算术·衰分》中引用《墨子·号令》之文才这样断言的。说起来，墨家以及刘徽之后的中国人未能在"极限"的基点上进一步探讨导数、微分和积分,不能不说是一个历史的遗憾。这可能与魏晋之后的士子们趋鹜儒术而弃置《墨经》有关。

在西方,微积分由英国牛顿和德国莱布尼兹于 17 世纪中叶几乎同时发明出来,上距墨家"截中留半"推理近两千年,距刘徽"割圆"推理亦有一千三四百年。

（三）物理学

1. 时空观

（1）时间与空间的定义

[经上 39]久:弥异时也。

[经说上 39]久:古今旦暮。

[经上 40]宇:弥异所也。

[经说上 40]宇:东西南北。

这里,"东西"与"南北"之间或有"家"字,依顾千里校道藏本《墨子》云:"'家'字衍"删之。"久"读为"宙",指时间。"宇"指空间,"久""宇"相对而言。墨家认为,时间遍指各种不同的具体时间形式,例如古、今、早、晚等。空间遍指各种不同的具体空间形式,例如东、西、南、北等。显然,这是墨家从外延方面对时间和空间下定义。因为时间和空间虽皆可被感知,但要从内涵上下定义确属不易。

（2）运动、静止与时间、空间的关系

[经说上 43]始:时,或有久,或无久。始当无久。

[经上 49]动:或(域)徙也。

［经上 50］止：以久也。

［经说下 14］长宇：徙而有处，宇。宇南北在旦有（又）在暮。宇徙久。

这里，"始"指运动开始。"动"指运动。"止"指静止。"有久"指有限时间，即时段。"无久"指刹那间，即瞬息。墨家认为，时间或指时段，或指瞬息，初始指开始的瞬息间。运动是物体在空间的移徙，而这种移徙必须伴随时间的迁延。静止仅是时间的迁延，而物体的相对位置并未改变。所以说，运动是经常的、绝对的，静止是暂时的、相对的，静止不过是运动的暂时定格，是运动的特例。运动物体的空间位置不断转换，但无论何时，它总处于某一确定的位置，所以说，空间由物体的空间移徙得以体现，而空间移徙又必与时间的迁延相对应。总之，时间、空间通过物体的运动紧紧联系在一起。物体移徙的空间，如东西南北，总是伴随相对应的时间，如古今旦暮。很明显，时间与空间可以说是物质存在和物体运动的表现形式，或者说是物体运动的某种规定性。细而言之，时间是物体运动的顺序性和持续性，空间是物体运动的指认性和扩充性。

在西方，直到 17 世纪中叶，人们的时空观，仍然停留在唯心主义或形而上学唯物主义层面上。例如伟大的物理学家牛顿竟提出所谓"绝对时间"和"绝对空间"的概念，认为时间和空间都与物体运动没有联系，时间与空间也互不相干。20 世纪初，爱因斯坦在总结实验事实的基础上建立和发展了"相对论"，它是现代物理学的理论基础之一，而"相对论"就是关于物质运动与时间、空间关系的理论,它抛弃了所谓的"绝对时间"和"绝对空间"的滥调,不期而然地肯定了墨家的时空观。

(3)运动路程与时间的关系

[经说下 64]行:者(诸)行者,必先近而后远,远近,修也;先后,久也。民行修必以久。

这里,"者"读为诸。"修",指长、远。墨家认为,就某一区间来说,在选定起点后,人们举步行走,一般来说行走速度恒定,当然总是先至近处后至远处,因为行程需要时间。行程近,历时短;行程远,历时长。远近,指路程长短;先后,指时间多少。就是说,较长的路程与较多的时间相对应。显而易见,就中暗含"历时行进路程=单位时间内行进路程×所历时间(=单位时间所行步数×步长×所历时间)=行进速度×所历时间"的公式。就是说,如速度恒定,则路程与时间成正比例的关系。墨家的相关表述中,此种关系虽未凸显出来,但已呼之欲出。

在西方,匀速直线运动的研究成果,可以说集中体现在意大利物理学家伽利略于 1632 年发表的《关于托勒密和哥白尼两大世界体系的对话》一书中,他是这样定义匀速直线运动的:"我们称运动是均匀的,是指在任何相对的时间间隔内通过相等的距离。"由此,可以直接导出路程=速度×时间的公式。但这已是墨家之后差不多两千年的事了。

2．力学

（1）静力学举例——简单机械"衡木"（杠杆）、"绳掣"（滑轮）、"车梯"（斜面）受力情况分析

物理学中，经典力学有静力学与动力学之分。静力学关涉到力矩相等而达平衡和省力却不省功的部分，前者如杠杆、滑轮，后者如斜面。动力学关涉到以牛顿三定律的基本原理研究物体运动状态变化的部分。如物体由静止状态到运动状态将产生加速度。简单机械，通常主要指杠杆、滑轮、斜面、尖劈四种，其中前三种也就是最重要的三种杠杆、滑轮、斜面，墨家都做了比较精细的实验与论证，而第四种尖劈，墨家只是在论述"绳掣"时附带提及，未能展开论证。

A．"衡木"（杠杆）

［经下 26］贞：（负）而不挠（桡），说在胜。

［经说下 26］负：衡木，加重焉而不挠，极胜重也。右校交绳，无加焉而挠，极不胜重也。衡，加重于其一旁，必捶（垂），权重相若也。相衡则本短标长。两加焉，重相若，则标必下，标得权也。

这里，"贞"，当为"负"之讹字。"负"指背负、担任。"挠"说为"桡"，指邪曲、偏邪。"胜"指胜任。"衡"指平衡，亦称"极"，孙诒让谓"当即上文之'衡木'"。"校"指校正、调节。"交绳"，吴毓江谓"系权之绳"。"捶"读为垂。"本"指称（秤）提（支点）至称钩（重点）的距离，即重臂。"标"指称提至权（力点）的距离，即力臂。墨家认为，本短标长则称平衡，即本短物

241

重与标长权轻,使称处于平衡状态。我们可以从上述墨家的论述中抽绎出如下的杠杆平衡原理:

① 称负重后,如选好支点,使短本重物与长标轻权搭配相宜,则称处于平衡状态;

② 如在重物一侧加重,则必须适当增加标长,才能使平衡状态保持下来;

③ 如使标长减短,又不在轻权一侧适当加重,则平衡状态必被破坏,且必偏向重物一方,换言之,在轻权一方适当加重,则平衡状态得以保持;

④ 称平衡时,不论在轻权一方加重,或在重物一方加重,平衡状态都必被破坏,在何方加重,就偏向何方;

⑤ 称平衡时,如在轻权与重物两方多加相同之重,则平衡状态必被破坏,且必偏向轻权一方。

古希腊学者阿基米德(前 287—前 212 年)也曾研究过杠杆平衡情况,并且得出如下原理:

① 加于杠杆两等长臂之等重物体彼此平等;

② 加于杠杆两不等长臂之等重物体彼此不平衡,长臂一方必偏下;

③ 若加于杠杆两臂之物体彼此平衡,则于其中一方再加一物体时,此方必偏下;

④ 若加于杠杆两臂之物体彼此平衡,则于其中一方减少部分重量,彼方必偏下;

⑤ 重量成正比的两物体,如果到杠杆支点的距离反比于

它们的重量，将彼此平衡。

两相比较，阿氏第①②两条，相当于墨家第⑤条，阿氏第③④两条，相当于墨家第④条，而阿氏第⑤条，相当于墨家①②③条。

总体来说，墨家杠杆原理与阿氏杠杆原理非常相似，唯不及阿氏表述精严而已。如果以《墨经》为活跃于战国中期及其以后的后期墨家的作品而言，其发现杠杆原理的时间当稍早于阿氏。因此，我们有理由说，最早发现杠杆原理的是中国墨家。

B."绳掣"（滑轮）

[经说下27]（掣）：掣，有力也；引，无力也。不心（必）所掣之止于施也，绳制（掣）掣之也，若以锥刺之。掣，长重者下，短轻者上。上者愈得，下者愈亡。绳直权重相若，则心（止）矣。收，上者愈丧，下者愈得，上者权重尽，则遂（坠）。

这里，"掣"指上提，"收"指下引。"施"指施加。"制"读为掣，指牵掣、曳引。"锥"指尖器。"锥刺"指以尖器刺入物隙，作为劈裂之器，即简单机械的尖劈。上"心"，当为"必"之讹字，下"心"，当为"止"之讹字。"遂"，读为坠。墨家认为，利用滑轮来上提或下引物体，靠的是地心吸力的作用。绕轮轴绳索一端的物体受地心吸力而下落，绳索另一端物体被牵掣而上升，如绳索两端物体重量相等，绳索长度又相等，则滑轮静止不动，物体既不上升，也不下降。于是，墨家所述滑轮升降重物的原理，可以归纳为：

① 如滑轮一端的权重大于另一端的物重,则权"收"而下引,物"挈"而上升;

② 如系权绳长与系物绳长相等,权重物重也相等,则上"挈"下"收"的力相等,权与物处于平衡状态;

③ 如滑轮一端的权重小于另一端的物重,则权"挈"而上升,物"收"而下引。

我们看到,墨家所论滑轮乃定滑轮,即滑轮轴固定不动的滑轮。上条经文和经说文论杠杆平衡原理,此条经说文论定滑轮受力情况,显然是将定滑轮升降重物视为杠杆平衡之特例,即二臂(力臂和重臂)不在过支点的直线上,而是分居滑轮轴的两侧,且长度相等。换言之,墨家是将定滑轮当作等臂杠杆对待的。应该说,墨家对定滑轮与杠杆关系的认识,十分合乎理性。在这一点上,与西方没有什么两样。但未能论及动滑轮受力情况,就是说墨家认识到改变力的方向的便利,但未认识到省力(不省功)的便利。在这一点上又略逊于西方。

C. "车梯"(斜面)

[经下 28]倚者不可正,说在剃(梯)。

[经说下 28]倚:倍、拒、坚(挈)、射,倚焉则不可正。挈,两轮高,两轮为轾,车梯也。重其前,……是梯,挈且挈则行。……

这里,"剃"读为梯。"坚"指牵引。"轾",无辐之轮。墨家认为,前两轮低、后两轮高且将木板铺于两轴之上的斜形板梯,可以用以将重物提升至高处,但省了力,却多走了路,不能省功。墨家"车梯"的使用与西方斜面的使用没有两样。其所以制为板梯之状,可能用来防止重物下滑。这又比西方斜面略显优长。

（2）动力学举例——力的定义

［经上21］力:刑（形）之所以奋也。

［经说上21］力:重之谓,下、与（举）。重,奋也。

这里,"奋（奮）"指飞、动,即物体运动状态的改变。"重"指重力,即物体亲地之势,亦即地心吸力。"与"读为举,指举力,即克服地心吸力的力。墨家认为,力有改变物体运动状态的作用。通常人们总是把重力作为力的代表。例如,物体自由下落,是重力在起作用;上举物体则需克服重力的作用。可以这样说,重力是改变物体运动状态的诸多种力当中的一种。

牛顿第二定律告诉我们:"作为物理量,力表示一物体对另一物体所施加的作用,并使该物体运动状态发生变化,即迫令该物体脱离静止或匀速直线运动状态。"应当说,墨家关于力的定义,已经接触到牛顿第二定律的核心问题,即力可以改变物体运动状态。当然,墨家还不可能进而探讨加速度,并得出 $F=ma$ 之类的数学表达式。这一结果由牛顿于1687年推出牛顿第二定律后才最终得出,不过这是墨家之后差不多两千年的事了。

3. 光学

在现代物理学中,人们通常将光学分为几何光学和物理光学两大部分。其中,几何光学是以研究光的直线传播性质以及光的反射、折射规律为基础的各种镜具成像情况的学科。墨家的实验研究成果属此。具体说来,表现在光的直线传播、影的生成、双影的生成、小孔成像(影)、光的反射、影大小所关涉的条件、平面镜成像、凹面镜成像和凸面镜成像等方面。可以说,墨家在几何光学方面的实验和论述既全面又系统,完全称得上是当时的一部光学教科书,可以说涵盖了几何光学的各个方面,其成就达到了那个时代的巅峰。

(1) 影的生成与光的直线传播

A. 影的生成

[经下 18]景(影)不徙 ,说在改为。

[经说下 18]景:光至景亡。若在,尽古息。

这里"景"读为影,指物蔽光而生成的阴影。"为"指作、造。"尽"指终。"息"指止息。墨家认为,物体遮光而成影子。如就一物点所生成定格的一影点而言,"影不徙",但借助"视觉暂留效应",在物体移动过程中,如果所生成的若干定格影点依次出现并且达到某一必需的速率,人们就会产生"影徙"的感觉,此则近世电影原理之所在。

B. 双影的生成

[经下 19]景二,说在重。

[经说下 19]景:二光夹一光。一光者,景也。

墨家认为,一物有时可以生成两个影,原因在于同时存在着两个光源。在这种情况下,必然出现受两个光源同时照射和只受一个光源照射的所谓"二光夹一光"现象,只受一个光源照射的地方出现双影。

C. 小孔成像(影)

[经下20]景到(倒),在午有端与景长,说在端。

[经说下20]景:光之人,煦(照)若射。下者之人也高,高者之人也下。足敝(蔽)下光,故成景于上;首敝上光,故成景于下。在远近有端与于光,故景障内也。

这里,"到"读为倒。"午"指交午、正交。"与"读为预,指干预、关系到。"端"指点,即光线与隔屏相值之点。"之",动词,指往、到。"煦",曹耀湘谓"照"原讹为"煦"。"敝"读为蔽。"内"指内面,即隔屏后面的映幕。墨家以为,由于光发出,像箭射出一样,必走直线,只要它交穿隔屏上的小孔,必定在隔屏后的银幕上成一倒像。这里的关键是屏孔极小,当然还必须调节小孔与光体、映幕的距离,使之远近适度。应该特别指出,"光之人,照若射。下者之人也高,高者之人也下。足蔽下光,故成影于上;首蔽上光,故成影于下",这既是世界上最早的关于光的直线传播性质的科学描述,也是世界上最早的关于小孔成影(像)的正确阐释。

爱因斯坦在研究、解释光电效应时,发现了光子的存在,从而揭示了光的"波(波动)、粒(微粒)二象性",就是说,光既是一种电磁波,又是一种粒子。真空中的光子在不同的参考系中都以光速 c(每秒30万千米)运动。墨家的"小孔成影(像)"实验科学地描述了光的直线传播特性。光的传播就是光子的行进。如果使光子成为信息的载体,那么光子的行进路径,就成为信息传播的通路。这便是光量子通信的原理所在。由于单光子的不可分割性和量子态的不可复制性,就保证了信息的不可窃听和不可破解,从根本上保证了信息安全的问题。我国 2016 年 8 月 16 日发射升空的全球首颗量子卫星被命名为"墨子号",道理正在于此。

古希腊的欧几里得并没有做过这类实验,只是猜测到光的直线行进特性。他在所著《光学》一书中写道:我们假想光是作直线行进的。光线从物体达到人的眼睛,形成一个锥体。锥顶在眼睛,锥底在物体。只有光线碰到了某些东西才会被我们看见,没有碰到的就看不见了。两相对比,可知欧氏关于光的直线行进特性的描述,在明晰性上远逊于墨家,更不必说他根本就未曾涉及小孔成像(影)之类的问题。

我们看到,只消把墨家小孔成像(影)的实验装置略加改制,例如,将映幕改作暗箱,并在成像处镶嵌感光材料(胶片),就可以成为照相装置。后世的照相机正是依照这一思路制作出来的。既然"小孔成像(影)"是现代照相机的初始机理,那么墨家"小孔成像(影)"实验装置可以视为现代照相机的原始机型。其像(影)可以视为最初照片。"小孔成像(影)"装置,如图 1 所示。如将"小孔成像(影)"实验装置的映幕改为胶片,就是一台针孔照相机。其结构不过是如下三部分:(1)一个封闭而不透光的匣子;(2)在匣子的前壁开一个光线可以通过的针孔;(3)在匣子的后壁嵌一张胶片,如图 2 所示。

即使是精密复杂的现代照相机也不过是在简易的针孔照

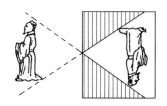

图 1　墨家小孔成影装置

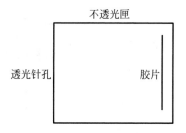

图 2　针孔照相机装置

相机的基础上增添若干包括聚焦光线、控制曝光时间和曝光强度、输送感光胶片在内的若干小配件、小装置而已。如图 3 所示。

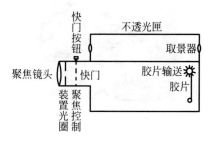

图 3　现代照相机装置

至清代,粤人邹伯奇(1819—1869 年)著《摄影之器记》,

并于 1844 年制成自己的摄影器,这是一架相当于简易照相机的光学器具,由窥孔、凸透镜、可拉伸镜筒、暗箱和玻璃感光板五部分组成。墨家小孔成像(影)实验装置终于在两千多年后,经中国人之手,制成了真正意义上的简易照相机。如图 4 所示。而一幅邹氏遗像正是他自己利用自制的摄影器拍摄下来的。如图 5 所示。

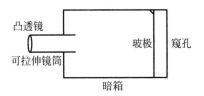

图 4　邹伯奇所制摄影器

图 5　邹伯奇自摄像

回看西方,1839 年,法国人盖达尔运用尼埃普斯银盐显影概念发明了"银板摄影术"。1888 年,美国人伊斯曼制成世界上第一架现代盒式照相机。1981 年,日本索尼公司推出电子照相机。1991 年,美国柯达公司又推出第一架数码照相机。因此,我们有理由说,这一光学科技成果就肇端于中国战国时期的墨家,又于清后期由粤人邹伯奇制成世界上第一架简易摄影器,而最终由美国人伊斯曼制成现代盒式照相机。2008 年,我在滕州举行的第二届国际"小孔成像"学术研讨会上作主旨发言时,提到照相术的初始机理正是墨家"小孔成像(影)"原理时,得到与会外国摄影家的广泛认同。同从"小孔成像(影)"到现代照相机问世经历了两千多年的岁月一样,直到 1895 年,电影才由法国人卢米埃尔兄弟在巴黎向世人展示。次年,传入中国的上海和香港。1905 年,北京丰泰照相馆老板任景丰拍摄了中国第一部电影——戏曲片《定军山》。电影是定格照片的有序连接,其原理同样与中国墨家"小孔成像"有关。

D. 物影大小、长短所牵涉的条件

[经下 22]景之大小,说在地(地)正、远近。

[经说下 22]景:木地,景短大;木正,景长小。大(光)小于木,则景大于木。非独小也。远近。

这里,"地"当为"地"之讹字,"地"同地,指斜出。"木",木表,指置立于地以取影之物。"大"指阔浓。"小"指狭淡。"大小于木"之"大",当为"光"之讹字,"光"指发光体发出的光,如烛光。"非独小也"句,承"大(光)小于木,则景大于木"语意,谓非独"光小于木,则景大于木"之例,亦有"光大于木,则景小于木"之例。"远近"句,又承"大(光)小于木,则景大于木。非独小也"语意,谓非独"大(光)小于木"或"大(光)大于木",可生成"大于木"或"小于木"之影,且光距木"远"或光距木"近",亦可生成较小或较大之影。墨家认为,木表㭉,则影短而粗;木表正,则影长而细。光体小于木表,则影大于木表;光体大于木表,则影小于木表;光体距木表远,则影小;光体距木表近,则影大。

(2)光的反射与镜具成像

A. 光的反射

[经下21]景迎日,说在抟(转)。

[经说下21]景:日之光反烛人,则景在日与人之间。

这里,"迎"指迎向、面向。"抟"读为转,指转换、反射。墨家认为,日光射至平面镜,又反转来照至人身,就会出现人影向日的现象。其原因在于光的反射,因为经过平面镜反射的光线再照至人身,人影必在日与人之间。

B. 镜具成像

(a)平面镜成像

[经下23]临鉴而立,景到(倒),多而若少,说在寡区。

[经说下23]临:正鉴,景寡。貌能(态)、白黑、远近、㭉正,异于光。鉴景当俱,就去亦(亦)当俱,俱用北(背)。鉴者之臭(臬)于鉴,无所不鉴。景之臭无数,而必过正。故同处,其体俱然,鉴分。

这里,"临"指视、照。"鉴"指镜。"正鉴",以其面对物体而得名,即平面镜。"景到"读为影倒,即倒像。"寡"指少。
"区"指面。"能"读为态。"白黑"指像体的浓淡。"光"指发光
物体或反光物体,即临照之物。"当"指相当、对当。"当俱",
义同"俱当",指鉴中之景与物体处处皆相值相对。"就"指即、
从。"去"指违、离。"北"读为背。"臭"当为"臬"之讹字。
"臬",射矢之的,此指影。"鉴者之臬"即物影,喻物影犹射物
而至鉴中之臬也。"正"指方正、方直、正直,此指两正鉴相交。
"无数",极言其多,非指无穷之数。墨家认为,二平面镜交角
愈大(度数多),所生成的虚像数目愈少,相反,二平面镜交角
愈小(度数少),所生成的虚像数目愈多。原因在于较小的交
角所夹的区面较小。不论是一个平面镜成像,还是两个平面
镜成像,镜前物体和镜后虚像都必同时存在。单一虚像或众
多虚像虽属倒置,但其形体与物体完全相同,虚像与物体或虚
像的虚像与虚像分别居于镜面前后,为轴对称图形。

(b) 凹面镜成像

[经下 24]鉴位(洼),景一小而易,一大而正,说在中之
外内。

[经说下 24]鉴:中之内:鉴者近中,则所鉴大,景亦大;远
中,则所鉴小,景亦小,而必正,起于中缘正而长其直(值)也。
中之外,鉴者近中,则所鉴大,影亦大;远中,则所鉴小,景亦
小,而必易,合于中[缘易]而长其直也。

这里,"位"当为"洼"之讹字。"鉴洼"即鉴凹,指球面镜中
反射面为凹陷面的一种,亦即凹面镜。"易"指变化、变易,此

指镜前所生成的倒而小的实像。"中"既指焦点,又指球心。说文"中之内"之中,指凹面镜的焦点;"中之外"之"中"指凹面镜的球心。墨家于此将凹面镜的焦点和曲率中心(球心)混为一谈,是其粗疏之处。"鉴者"指物体。"所鉴"指镜面所受物体发射光线或反射光线的面积。"直"读为值。王引之谓"'合于中'下应有'缘易'二字"。墨家认为,物体置于球心之外,在镜前生成比物体小而倒立的实像(近球心,像较大;远球心,像较小);物体置于焦点之内,在镜后生成比物体大的正立虚像(近焦点,像较大;远焦点,像较小)。

(c) 凸面镜成像

〔经下 25〕鉴团,景一天(小一大),而必正,说在得。

〔经说下 25〕鉴:鉴者近,则所鉴大,景亦大;亦(亓)远,则所鉴小,景亦小,而必正。景过正,故招(招)。

这里,"团"指球体。"鉴团"指球面镜中反射面为凸出面的一种,亦即凸面镜。高亨谓"'一天'疑本为'一小一大','小'字误脱,'一大'两字误并为'天'耳"。"亦远"之"亦",当为"亓"之讹字。"招"读为招,指摇动。墨家认为,物体置于凸面镜前合适的位置,必在镜后生成比物体小的正立虚像(离镜近,像较大;离镜远,像较小)。

很明显,墨家对凹面镜和凸面镜成像情况的观察和论述都相当精到,其精准度超过了欧几里得在其所著《反射光学》一书中关于球面镜成像的论述。虽然因为没有涉及反射定律,不能不使研究的深度和广度受到某种制约,但其成果在当时都堪称经典。

综上所述，人类后世乃至现代的不少科学规律、技术成果，早在两千三四百年以前，中国墨家就曾提出过、实验过或论证过。如果说，那段时间，世界上有着东方和西方两大哲学与科技发达地域，谁也不会持有异议。当然，我们也应该清醒地意识到，由于思维方式的差异，墨家的实验研究成果多以理性描述的方式出现在人们面前，其中有不少方面，在全面性、系统性、公式化程度上存有不足之处，还显得较为粗疏、零散，甚至似是而非。这不能不或多或少地削弱其科技含量和社会价值。但是，若非存心低估，就不可能掩抑墨家科技思想及其成就的耀眼光辉。诺贝尔物理学奖获得者、祖籍山东日照的美籍华人丁肇中先生说："墨家在公元前四世纪就曾研究过光和物质的相互作用。"《中国科学技术史》的作者英国著名学者李约瑟先生说："完全信赖人类理性的墨家，明确地奠定了在亚洲可以成为自然科学的主要基本概念的东西"，"他们勾画出了堪称科学方法的一套完整理论"。我国原山东大学教授、著名史学家杨向奎先生说："墨家在科学史上的贡献，可比于古代希腊许多学者的贡献"，可谓既公允又服人的评价。

第九讲　侠之大者——墨家的侠义精神与影响

薛柏成

内容提要：墨家侠义精神中的"兼相爱，自苦以为义""杀己以存天下""有力者疾以助人，有财者勉以分人，有道者劝以教人""兴天下之利，除天下之害"等内容是中国历代的"侠义"精神的源头之一。从先秦时期的"士为知己者死"，到宋明时期的"侠之大者，为国为民"，到了为了中华民族的兴亡抛头颅、洒热血的牺牲，武侠精神经历了一次次的升华，成为中华民族广大民众意识深处的最高伦理价值和行为标准，积淀成为中华民族精神的一部分，深深植根在中国人的性格当中，而墨家侠义精神的影响功不可没。

传统文化的主流是儒家文化，有"精英文化"之称，而墨学有"平民文化"之称，墨学对传统文化的影响是多层面的，其在政治、经济、军事、科技、逻辑学、哲学宗教领域的影响，不可低估。从当前社会现实的发展看，把所谓"精英文化"与"平民文化"有机对接,是优化中国文化的内在结构,消融西方文化,为今天经济的发展提供思想文化借鉴的必要方式之一。我们既要弘扬儒家文化为代表的精英文化精神,也要发扬墨家文化为代表的平民文化精神,而其中墨家侠义精神的阐发正是今天文化自觉的题中应有之义,我们要回顾来自于墨家的侠义精神在塑造中华民族之魂的过程之中所起的作用,提示自己应该怎样继承这样的侠义精神,为中华民族的伟大复兴而努力。

一、 墨家侠义思想是中国的"侠义"精神的源头

相信每个中国人都有一个侠义梦,侠义精神是人类永远的光荣和梦想,我们成年人中有成人童话——武侠小说,年轻人心中也有一个武侠梦。中国人的血液之中离不开侠客,而且侠客精神在平民文化的生活之中造成了巨大的影响,这种侠义精神的思想源泉是什么呢？ 是哪种思想最终触动了这种侠义精神的最终形成呢？

关于"侠"是否归属于或出于墨家这一点,学术界存在很多争议,我们认为分析这一论题最重要的是不要局限于把"游侠"与侠的个体行为与墨者集团的宗旨、行为进行简单的比较,那样的话只能是对号入座,且引起争议是必然的,我们应该从"侠义"精神发挥作用的整体去考虑,即从个体的行侠仗义及群体的侠义行为在思想上与墨家的联系入手,着重分析

墨者集团的社会成因及其衰亡后流向,以及汉代以来"侠义"精神在以小农经济为主的封建主义社会生产中的特点,这样才有可能说明墨家思想与"侠义"精神的关系。笔者倾向于"侠"不出于或归属于墨家,但中国古代的"侠义"精神有着来自于墨家思想的基础,换句话说,墨家思想在很大程度上影响了中国的"侠义"精神。

墨家是存在于春秋战国时期的一个学术流派和社会团体,墨者有确定的政治原则和行动纲领,敢于"赴火蹈刃,死不旋踵",是因为他们有为天下兴利除害的坚定信念,也正因为有兼爱天下的救世情怀,所以他们在生活中才能严格做到"日夜不休,以自苦为极",反对私斗与所谓"恶勇";而游侠是被司马迁称为"其行虽不轨于正义",对这句话,《史记集解》引荀悦曰:"立气齐,作威福,结私交,以立强于世者,谓之游侠。"游侠缺乏一贯的目的和计划,大都按照个人的好恶行事,喜欢逞强斗狠,快意恩仇,甚至"怨育过于耳,必阻之以创"等等,仅此几点就足以说明问题了。《史记·游侠列传》云:"韩子曰:'儒以文乱法,而侠以武犯禁。'二者皆讥……今游侠,其行虽不轨于正义,然其言必信,其行必果,已诺必诚,不爱其躯,赴士之厄困,既已存亡死生矣,而不矜其能,羞伐其德,盖亦有足多者焉……古布衣之侠,靡得而闻已……如闾巷之侠,修行砥名,声施于天下,莫不称贤,是为难耳。然儒、墨皆排摈不载。自秦以前,匹夫之侠,湮灭不见,余甚恨之。"这段话表明了几个问题:一是"侠"自秦以前并未成气候;二是汉代游侠之风很盛；三是修行砥名的闾巷之侠，儒、墨文献中没有明载，也就是说游侠之风盛于墨家衰亡之后，"游侠"与侠并不出于墨家，如果司马迁记载无误的话，这个结论应是没有问题的。

但并不等于"侠义"精神与墨家思想无关，恰恰相反，其精神源头与墨家思想有着密切的联系，因为墨家思想对中国古代"侠义"精神的形成有着深厚的思想基础。在某种意义上讲，墨家思想中的一些伦理规范成了平民小生产者的人生价值模式，因为这种人生价值观是从小生产劳动者实用的平等愿望中生发出来的，而一般小生产者不大可能都走"学而优则仕"的道路，他们相信赖其力才可以"生"，才能"强"，才能"饱食暖衣"，他们有的甚至为了起码的生存环境而劳顿奔波，想得更多的是"均贫富"，盼望的是"济世除暴"的英雄，而墨家思想价值模式满足了他们心理上的需要及超越，所以他们默认了它，并在文化价值观上加以认同。

同时墨子主张："有力者疾以助人，有财者勉以分人，有道者劝以教人。若此则饥者得食，寒者得衣，乱者得治。"(《墨子·尚贤下》)墨子这种精神与司马迁所说的游侠"赴士之厄困"的侠义精神是相符合的。而墨子所说的"言必信，行必果，使言行之合，犹合符节也"(《墨子·兼爱下》)的有诺必承，言而有信的行为与《史记·游侠列传》中"其言必信，其行必果，已诺必诚"的侠义之风也是如出一辙的。墨子一生中多次为反对侵略战争的正义事业而奔走，如止楚攻宋、说服鲁阳文君放弃攻郑、说服项子牛放弃攻鲁国等义举。更为可贵的是墨家集团为求天下大义，即使牺牲个人性命也在所不惜："墨子服役者百八十人，皆可使赴火蹈刃，死不旋踵。"而且他们功成不受赏，施恩不图报，过着极其简朴和艰苦的生活，墨子及其门徒"以裘褐为衣，以跂蹻为服，日夜不休，以自苦为极"。战国以来的侠士，基本继承了墨家的传统。《史记》中的《游侠列传》和《刺客列传》《鲁仲连列传》以及战国孟尝、信陵、平原、春申四公子列传，《汉书·游侠传》中记载的荆轲、高渐离、豫让、鲁仲连、聂政、冯谖、毛遂、侯嬴、朱亥、朱家、郭解、剧孟、万章、楼护、陈遵、原涉等人，或怀恩报主，或行刺暴君，或不辱使命，或为人排忧解难，或杀身成仁，皆有"赴火蹈刃、死不旋踵"的墨家大智大勇的献身精神。尤其像朱家、郭解这样的"闾巷之侠"，专以"振人不赡""专趋人之急，甚己之私"为务，颇得墨家"兼爱"之旨。由于侠士"以武犯禁"直接扰乱了封建统治秩序，屡被统治者所禁，因此，《汉书》以后侠义在史书中就不被记载了。其实，墨家思想并未消失，墨学中绝以后，以潜在的形式存在于上层社会与下层民间之中，与儒、道、法等家思想一起影响着中国人的价值选择。又由于墨学所代表的阶级层面是广大下层小生产劳动者，故此这种潜在影响在下层民间社会所产生的影响要远比上层社会与士大夫之中要多得多，事实也正是如此，由于统治阶级的压制与打击，墨家思想几乎湮没于儒家一统的思想浪潮之中，绝大部分转入了民间，甚至走向山林江湖。任继愈先生认为："秦汉以后，墨学不再是显学，但墨学的影响一直流传着，并未消失，它成为一种在野的、

流行于社会下层的思潮。秦汉以后，社会上不断出现'游侠'
'任侠'一流人物，他们提倡扶弱济贫，见义勇为，吃苦耐劳，重
信义，集体中成员之间友爱互助，这类思想与价值观一直受到
人民的称赞。这类民间团体历代未曾中断，显然与墨家有较
深的渊源。"

二、 墨家侠义精神的内涵

墨家理想人生价值观体现了墨家学派所代表的平民小生
产者的道德理想与英雄主义，扶弱以抗强，一直是墨者的本
色。我们从墨子的徒弟禽滑厘的一句话中看出："甲兵方起于
天下，大攻小，强执弱，吾欲守小国，为之奈何？"先秦诸子中，
像墨家这样坚定地站在弱者一边，实在是绝无仅有，而同情弱
者，正是侠义精神的发端。所以墨家与侠的生长和发展有着
密切的关系。首先，墨家对武侠现象进行了观察和研究，提出
了完整的"任"侠观念和理论主张。《墨子·经上》曰："任，士
损己而益所为也。"注曰："任，谓任侠。"这里墨子提出了一个
重要的"任侠"观念。"损己而益所为"，也就是损己利人。接
着，在《墨子·经说上》中，墨子进一步阐述了任侠精神的实践
方式："任，为身之所恶以成人之所急。"这正是侠的行为准则。
墨子对刚出现的武侠现象十分关注，并及时地对侠义精神与
侠义行为作了系统的阐述，论证它们是合理的、正当的，上升
到墨家理论上来解释，那就是为一己之私利而公然藐视天下

之公利的社会现象,被墨家认为是"亏人自利"的行为,是"不义"的,所以"不与其劳,获其实,以非其所取之故",更是不义的行为,所以"仁之事者,必务求天之下利,除天下之害",故"义侠"在这种理论的指导下敢于强力而为,赖力仗义,以义正人,乐于除暴安良,在某种意义上说,是承载了包括墨家思想为主的义侠精神在下层民间实施着影响,成为墨家思想发生作用的现实的载体。正如陈山先生在其《中国武侠史》中所言:"墨家在其经典著作中研究并阐述了任侠精神,其首领和弟子们常仿照侠的方式行事。正是通过墨家的张扬,武侠现象才被当时思想界和学术界用新的眼光来进行考察和评估,这对幼年期的侠的迅速成长起了重要的推动作用。"

至于墨家群体的侠义精神内涵,可以追溯到墨子的"尊天""明鬼"的理论上,墨子在兼爱、尚同、非攻、节用等理论之外又提出了"天志"和"明鬼"之说。所谓"尊天",就是要顺从"天志",即老天的意志,墨子认为"天志"即是"为万民兴利除害,富贫众寡,安危治乱",是"欲人之相爱相利,而不欲人之相恶相贼"……是"处大国不攻小国,处大家不篡小家,强者不劫弱,贵者不傲贱,多诈者不欺愚……"(《墨子·天志上》)显然可见,"天志"正是墨者之志,也是墨家思想价值观所尊尚的"义"。墨子将墨家之义假以"天志"提出,无非是为了借重"天"的至高权威,使横征暴敛、专制独裁的封建统治者有所顾忌与收敛:"天子未得次(恣)己而为政,有天政(正)之",所以天子必须"上同"于"天志",否则便是逆天而行,是违反"天道"

的,必受天谴,"天下有义则生,无义则死……""反天意者……必得罚"(《墨子·天志上》)。同样,所谓"事鬼"也是一个道理,因为在墨家看来鬼神的愿望是"欲人之处高爵禄则以让贤也,多财则以分贫也",由二者意思可见,"天"和鬼神之"志"都出于"为万民兴利除害"的目的,显然所谓"天志"、鬼神之"志"便是民志(民意)的曲折反映,是否可以这么说,违反民志(民意)即是违反了所谓"天道"呢?而侠义豪杰集团代表了平民及小生产者的意志,也代表了"天"的意志呢?回答是肯定的,他们有理由认为,他们的团体行义行为是一种超越于君权之上的"正义的行为",是合乎"天意"的,所以他们敢于"犯上作乱",揭竿而起,因为他们是在替天"惩罚"违反"天道"的人。

汉代以来,以小农经济为主的封建主义生产关系已经确立,并一直延续下来,封建地主阶级不断强化"君权神授",严格等级制度,专制的中央集权逐渐加强,到明清时期达到了极点。在经济上封建地主阶级占有土地,不断巧取豪夺兼并农民的土地,采取"重农抑商"的一贯政策,压制与剥削平民及小手工业者。以小农生产者和小手工业者为主的平民阶层在政治上受压迫,在经济上受剥削,造成了"贵贱不等"与贫富分化的社会现实,所以,这一漫长的历史时期始终交织着农民、小手工业者及平民和封建地主阶级的矛盾,而贵贱不等、贫富分化便是矛盾的焦点,尤其是在历代社会风气败坏的时期,官府横征暴敛,豪强地痞巧取豪夺,加之战乱与天灾人祸,这种矛盾便会激化,形成"抱打不平"的侠义行为与"官逼民反"的群体行为。但这些行为需要理论来支持,而潜在于他们中间的墨家思想价值观正是他们需要的,换句话说,他们所采用的理论和思想与墨家思想一拍即合。正如李泽厚先生分析的那样:"只有在社会发生大分裂,即阶级对抗非常激烈,要求明确区分阶级界限的斗争时刻,那些力图表现本阶级独特利益、要求和理想的意识、思想、纲领、口号,才可能被突现出来和提上日程。这个时刻主要就是农民起义和农民战争。农民起义总是裹卷了各种手工匠作于其中,并且由于后者具有某种程度上的纪律、组织(如师徒、行业等)训练,使他们经常成为起义队伍的各方面的骨干或领袖。中国历史上有频繁和巨大的农民起义和农民战争。虽然有关文献大都无存,已无法考察、了解它们的意识形态,而且由于大都是'铤而走险'、'官逼民反',不一定能有条件和时间作真正的自觉思考或理论准备,然而,就在极不完全挂一漏万的残存材料中,也仍然可以看出其中好些基本思想倒是与墨子思想有一脉相通之处的。"

从历代农民起义、农民战争某些意识形态的共同特征看,几乎都以某种超自然的人格神(即"天意")作为主宰、命令来支撑和证明起义的合理性和合法性,来组织队伍,统一意志,严格纪律,正说明了这一点。当然,在农民起义和农民战争中,某些基本观念比墨家思想要远为激进和彻底。例如进行大规模的杀戮,便不能讲"非攻"。例如提出平均土地或财富,也远非墨家思想所具有。但农民起义中的宗教信仰和博爱精神主要是当作统一意志,发动群众的行动纲领和组织力量,并直接地具体地落实在集团的战斗行动之中，这一点却与墨家的特色非常接近。所以，我们认为，潜在于下层民间的墨家思想虽然不是历次农民起义与平民暴动的直接思想来源，至少二者有很多相通之处，对此，侯外庐先生评述道："中国农民战争的口号应溯源于战国末年墨侠一派下层宗教团体所提出的一条公法，据《吕氏春秋》所载，'杀人者死，伤人者刑，墨者之法也'。这样要求人身权的旗帜，曾经影响了秦汉之际的农民起义。王充所谓'遂愚人之欲'，也指这一点。这一口号正和墨侠主张的有财相分、共同劳动的共有财产空想相照应。这在汉初游侠的言行中还可以看出来。……樊崇起义复沿用墨者的公法，提出了'杀人者死，伤人者偿创'的口号……"，所以，笔者认为从汉至清代的一些大的农民起义与平民暴动由豪杰义侠为主的团体组合而成，游离于封建统治阶层之外，具有侠义、力量、自由等因素特点，常常代表法律，以杀止杀，以暴力对抗暴力，追求平等自由，他们的信条和行为目的与墨家思想的行为目的不谋而合，如"替天行道"（宋江梁山起义军口号）、"等贵贱、均贫富"（宋钟相、杨幺起义军口号）、"天遣魔军杀不平……杀尽不平方太平"（元末红巾军起义口号）、"均田免粮、平买平卖"（明末李自成农民大起义口号）、"有田同耕，有饭同食，有衣同穿，有钱同使，无处不均匀，无人不饱暖""天下多男子，尽是兄弟之辈；天下多女子，尽是姊妹之群"（太平天国农民起义纲领与口号）等等，而他们往往借助于宗教来发动人民，这不正是墨家的"尊天事鬼"及"行天之志"吗？

三、 墨家侠义精神的历史影响

墨家侠义精神塑造和规范了中国侠义精神，它在中华民族精神形成的过程当中起到了无可替代的作用，从先秦时期的"士为知己者死"，到南宋后期的"侠之大者，为国为民"，一直到为中华民族的兴亡抛头颅、洒热血，武侠精神经历了一次一次的升华，成为中华民族广大民众意识深处的最高伦理价值和行为标准，积淀成为中华民族集体潜意识的一部分，深深植根在中国人的性格当中，而墨家思想的影响功不可没。

墨家侠义精神始终根植于以墨家"兼爱""利天下"为核心的"赖力自强、仗义而为"这一伦理文化系统，也就是说"赖力仗义"是其潜在于主体模式内的基本内涵，墨家侠义精神各个时期的历史影响也是由此模式变化开来的。在这个历史演变中，其主体代表由于受时代与社会环境的制约，也呈现"义侠"的个体行义行为与历次大规模平民起义、暴动交织出现的现象。在下层民间伦理这一层面，无论是"义侠"的个体行义行为，还是历次大规模平民起义、暴动，均自觉与不自觉地吸纳了墨家思想中的适用成分，作为他们的价值选择，影响着他们的行为方式，当然这其中也包括儒、道等家思想（儒家亦反对过分的贫富不均，也讲仁爱等），但在这一层面上墨家思想的影响是主要的。纵观漫长的中华历史区间，"义侠"的事迹并不多见，而大规模的农民起义和农民战争也不常有，但小生产劳动者却长期存在,这种社会基础使墨家的某些观念、行为以至组织形态,不但在一定程度和意义上表现在始终不断的下层秘密会社中,而且还可以通过其他各种改变了的状态和途径比较间接地展现出来,从而影响了中华民族精神的塑造。

(一)墨家侠义精神在中国历代社会的影响

春秋战国之时,墨家侠义精神在这一时期集中体现在以追求"劳形尽虑,备世之急"的群体人格价值观上,其群体代表模式呈现为"兼爱非攻"。

面对此时天下攻伐四起的现实,墨家愤怒地认为"繁为攻伐,此实天下之巨害"。为了除此巨害,必须用群体的力量,所以墨家的侠义精神此时主要以"兼爱非攻"为己任,他们结成团体,粗衣淡食,四处奔波以制止争伐,不为势夺,不为利诱,提倡一种自觉的献身精神。他们的业绩至今广为流传,如著名的"止楚攻宋"便是墨子和他的弟子们以自己的智慧和不怕牺牲的胆气制止了一场成千上万人死伤的故事。这段止楚攻宋的故事,是墨子兼爱非攻和平思想的典型表现,历史上已传为美谈。电影《墨子》即根据此段历史拍摄而成。

又如墨家巨子孟胜为楚国阳城君守城,他与弟子一百八十三人无一后退,全部战死!孟胜与楚国的阳城君是上下属兼好友关系,阳城君外出时令孟胜守护其领地,孟胜认为受阳城君所托,现在无法守护其属地,必须一死。其弟子徐弱劝告孟胜,认为事已如此,死亦对阳城君无任何益处,且此举将令墨家损失惨重,更有可能"绝墨者于世"。孟胜却认为他与阳城君的关系非浅,若不死,将来恐怕没人会信任墨者;并认为他会将巨子之位传给宋国的田襄子,不怕墨者绝世。徐弱听了孟胜的话,先去赴死。孟胜令三个人传巨子之位于田襄子,然后赴死。

我们且不讨论这种行为方式对所谓封建国家统一及对历史进程的影响,仅就他一腔救世的热忱、不惜牺牲个人的无私奉献精神来看,对自强不息的人们和爱好和平的人们永远是一种鼓舞力量。

秦王朝的建立标志着封建中央集权国家的确定,同时也表明春秋战国新兴的社会力量革命以及利益调整的完结,墨学不再适合提倡较为"合理"的"尊亲等级"制度的统治者的胃口了,其完成了变革时代的使命,遭到统治者的摈弃,应该是历史的必然。但墨家侠义精神作为一种道德价值观及令人景仰的理想人格模式却没有消失,而是进行一种转向和消隐。墨家侠义精神的"自苦以极"的生涯对大多数人来讲是"使人忧,使人悲,其行难为"的事,毕竟"摩顶放踵,利天下为之"非坚韧不拔之毅力不可,更何况是要人们主动自觉地为了较小的"义"就去漠视生命,而"生而何欢,死而何惧"的生死观更不是广大封建士子所能为、所愿为的,虽然他们在内心敬慕这种人格模式的崇高与伟大之处,庄子的"虽墨子能独任,奈天下何"(《庄子·天下》)一语道出了他们的心声。故此,它只能转向于需要它的山林江湖,草莽民间,在某种意义上讲成为平民小生产者的理想人格模式,它的存在状态只能是潜在的、消隐的。这种"潜性存在"的主体载体就是墨家义侠。笔者认为它在这一时期集中体现在以追求拯世救民的一种个体生命的自觉毁灭为主导的人格价值观上,其主体代表模式呈现为"杀己利天下"。在这一历史时期里,振世救危的墨家团体已荡然绝灭,但人们渴望墨者的救世精神,于是在救世存天下的使命召唤下,这种正在消隐的人格模式主体代表选择了"杀己存天下"的激烈方式,直接表现就是侠义之中的刺客,虽然渺小、卑微,却显示了此种人格模式的无私奉献精神。这些刺客有原型人物,还有艺术人物,原型人物就是荆轲。荆轲在燕太子丹保存燕国社稷和人民的请求之下,毅然承担了刺杀秦王的任务,燕太子丹和大臣们一身白衣送别荆轲,荆轲引吭高歌:"风萧萧兮易水寒,壮士一去兮不复还。"非常悲壮。明代有个诗人叫陈子龙,他有一首诗叫《渡易水》说得非常感慨,"并刀昨夜匣中鸣,燕赵悲歌最不平,易水潺湲云草碧,可怜无处送荆卿"。张艺谋导演的电影《英雄》就很好地再现了这种无私奉献精神,电影中的大侠残剑、无名刺秦,全力以赴,把生命置之度外。但一旦破解了"天下"二字,立刻当机立断,放弃一己之私,而为六国百姓着想,束手就擒,从容赴死。这个死,比匹夫之勇,报一己之仇要壮烈得多,深刻得多。这正是墨侠"杀己利天下"的真实写照。

田横当初与刘、项同时起兵反秦,数年后,刘邦称帝而田横与五百壮士败亡海岛上。刘邦为长远计,派使者软硬兼施以召横，田横不得已，与二门客随使赴洛阳。走到离洛阳三十里的地方，田横对两位门客说：当初我与刘邦同时起兵，而今一为天子，一为亡虏，我深以为耻。刘邦其实是想看看我的面容，烦劳二位将我的首级献给刘邦，于是自杀。二门客如诺，献田横首于刘邦。刘邦大为叹息，于是以王礼葬田横并拜其二门客为都尉。葬毕，二门客在田横墓侧自掘坑，然后双双自杀。刘邦更为惊叹，派使者赴海岛召五百壮士欲加重用。海岛上的五百壮士从使者口中得知田横已死的消息后，无一奉召，他们采取了另外一种回答刘邦、回应田横的方式——全部自杀！田横及五百壮士重义轻生、慷慨赴死的精神与行事，与墨家何其相似！他们大概便是一群最后的墨者吧！以崇高的理想为目标，以严格的组织为规范，以甘愿为理想而献身为精神，这便是墨家的总体特征。

汉代以来，汉武帝"罢黜百家，独尊儒术"的号令一出，儒家占据了主导地位，与封建统治阶级相抵触的墨家侠义精神只能是进一步地转向与消隐。笔者认为墨家的侠义精神这一时期是一种消隐与躁动的交织，如果说"转向与消隐"时期主体是"公开的义侠"，但自先秦以来，义侠精神与封建统治者维护等级观念、强化政教秩序、崇尚怨而不怒的人格具有根本冲突，故有"侠以武犯禁"（《韩非子·显学》）之说，所以自汉景帝时就"尽诛此属"，诛杀了当时有名的游侠，王莽专权后也诛除豪侠，于是任侠之风渐衰，东汉以后，侠客的行迹不再出现于史册上。但义侠的存在形式在此时是一种"溶迹"，他们溶迹于民间江湖,继续行侠仗义,这种"溶迹"不仅在于主体的隐身于江湖和"姓名渐灭",而且还在于具体的主体形象假借了代表正义的抽象名称——义侠,另外这种"溶迹"还在于它部分地溶于主流人格模式——儒家理想人格模式中行"墨家之义"。毕竟"兼爱"与儒家之"仁"殊途同归。

宋元明时期墨家侠义精神并没有明确的实物载体,但却在金庸先生以宋、元、明、清为历史背景的小说中得到了大量的体现,像《射雕英雄传》中的郭靖、《神雕侠侣》中的杨过,特别有代表意义的是《天龙八部》中的萧峰,并且主题都集中到了一个——侠之大者,为国为民,历史上应有金庸先生小说中诸位大侠的原型人物,金庸先生之所以要那样写,也是因为尊重历史真实。比如说《射雕英雄传》中的郭靖,他在《射雕》及《神雕侠侣》中矗立起真正的大侠形象,突出了他"为国为民,侠之大者"的崇高品格。郭靖之女郭襄被金轮法王抓住绑在高柱上逼郭靖投降。郭靖答道:"鞑子若非惧我,何须跟我小女儿为难?鞑子既然惧我,郭靖有为之身,岂肯轻易就死?"又对郭襄说:"襄儿听着,你是大宋的好女儿,慷慨就义,不可害怕。爹娘今日救你不得,日后定杀了这万恶奸僧,为你报仇!"直至《倚天屠龙记》中提到,郭靖夫妇最终死在襄阳围城之役,城破人死,他的高大光辉的侠义形象才最终完成。

我们说金庸先生是武侠小说的集大成者不仅仅是因为他武侠小说表现出的侠义精神是几千年来人们心中所想的所希望的童话样式,还因为他小说中的侠义精神与我国几千年来的传统文化内涵是暗合的,其中影响最大的是墨家侠义精神,因为"侠之大者,为国为民"正是墨家所提倡的"仁之事者,必务求天下之利,除天下之害"。《天龙八部》中的萧峰生性豪爽,仁义为先,勇而有谋,守信重诺。他得知自己是契丹人便誓不杀汉人,言出必行。萧峰雁门关上悲壮的行径,尽显大侠风范,终于阻止耶律洪基的大肆杀掠,可谓大仁大义。为死谏辽主免征北宋,如此轰烈,如此牺牲,也得其所矣。萧峰的死可换取辽宋几十年的和平,可换取天下百姓免遭战争之苦,其死可谓重于泰山。有道是"侠之大者,为国为民"。

金庸先生的小说《倚天屠龙记》中的一幕场景也深深体现了心忧天下的侠义情怀:

六大门派围攻明教光明顶,明教和天鹰教教众中毒力尽,俱知今日大数已尽,众教徒一齐挣扎爬起,除了身受重伤无法动弹者之外,各人盘膝而坐,双手十指张开,举在胸前,作火焰飞腾之状,跟着杨逍念诵明教的经文:

"焚我残躯,熊熊圣火,生亦何欢,死亦何苦?为善除恶,惟光明故,喜乐悲愁,皆归尘土。怜我世人,忧患实多!怜我世人,忧患实多!"

明教自杨逍、韦一笑、说不得诸人之下,天鹰教自李天垣以下,直至厨工夫役,个个神态庄严,丝毫不以身死教灭为惧。

空智大师合十道："善哉！善哉！"

俞莲舟心道："这几句经文，想是他魔教教众每当身死之前所要念诵的了。他们不念自己身死，却在怜悯众人多忧多患，那实在是大仁大勇的胸襟啊。写的悲天悯人，慷慨悲壮，闻之不觉涕下！"

这首明教教义总是令人感动。人人只道明教是无恶不作的魔教，教众多是邪魔歪道，但是教义中最后两句却是在可怜天下苍生忧患多多，这样的胸怀，绝非一般帮派能比。这首明教教义与墨家侠义精神暗暗相合。

虽然墨家侠义精神在这一时期是以主体溶迹来体现的，但也交织着"躁动"，每当社会矛盾激化之时，代表侠义的人格个体觉得自己的力量不足以向"不平"的社会现实挑战时，便会形成一种团体的力量，当然它不会像战国时代的墨家团体那样自始至终公开地活动，它只是一种"潜性"的存在，当"官逼民反"的时候，他们便自觉成为领导者，从而使"溶迹"被"激活"，开始公然"造反"，"躁动"起来，当它一旦形成较大的群体力量之时，有的足以改写历史。而短暂的爆发过后，它又转入长期的"潜性"存在，所以"潜性"存在始终是其主要存在形式。

由上所述，笔者认为墨家的侠义精神在这一时期集中体现在以追求扶弱济危、"铲尽不平"的价值观上，其主体代表在个体为"赖力仗义"，在集团为"替天行道"的侠义集团，而墨家的侠义精神为其提供了充足的理论依据。

　　历史进入近代以来,面对艰难国运,崛起的一大批救亡图存的仁人志士不仅积极寻求中国古老文化在西学逼迫下的出路,而且也以匡时救世为己任。颇具意味的是,这一代充满担当精神与悲剧意识的仁人志士虽然大多出身传统士人,但却多以游侠自居,其生存方式与行为准则也颇有墨侠遗风:"拔剑欲高歌,有几根侠骨,禁得揉搓。"这是"好任侠,善剑术"的谭嗣同之感慨,表达的是那一代人特有的共同心态。墨学精神成为谭嗣同傲岸一切、视死如归的人格动能。将墨子兼爱思想与侠义思想践行到底的,也首推谭嗣同。谭嗣同在《仁学·自序》中写道:"墨有两派:一曰任侠,吾所谓仁也,在汉有党锢,在宋有永嘉,略得其一体;一曰格致,吾所谓学也,在秦有《吕览》,在汉有《淮南》,各识其偏端。仁而学,学而仁,今之士其勿为高远哉!即墨之两派,以近合孔耶,远探佛法,亦云汰矣。"谭嗣同将两千年来几乎绝迹的墨学,提升到与儒教、基督教、佛教同等的高度。谭嗣同接受墨子的人格力量影响在前,系统学习墨家的理论在后,"吾自少至壮,遍遭纲伦之厄,涵泳其苦,殆非生人所能任受,濒死累矣,而卒不死。由是益轻其生命,以为块然躯壳,除利人之外,复何足惜!深念高望,私怀墨子摩顶放踵之志矣"。谭嗣同希望以任侠精神,拨乱反正,救国救民。《仁学》三十四言:"若其机无可乘,则莫若为任侠,亦足以伸民气,倡勇敢之风,是亦拨乱之具也。西汉民情易上达,而守令莫敢肆,匈奴数犯边而终驱之于漠北,内和外威,号称一治。彼吏士之顾忌者诸软?未必非游侠之力也。

与中国至近而亟当效法者,莫如日本,其变法自强之效,亦由其俗好带剑行游,悲歌叱咤,挟其杀人报仇之气概,出而鼓更化之机也。儒者轻诋游侠,比之匪人,乌知困于君权之世,非此益无以自振拔,民乃益愚弱而弱败!言治者不可不察也。"1898 年 9 月 21 日,慈禧太后发动政变,囚禁光绪皇帝并开始大肆搜捕和屠杀维新派人物。谭嗣同当时拒绝了别人请他逃走的劝告(康有为经上海逃往香港,梁启超经天津逃往日本),决心一死,愿以身殉法来唤醒和警策国人。他说:"各国变法,无不从流血而成,今中国未闻有因变法而流血者,此国之所以不昌也。有之,请自嗣同始。"被捕后在监狱里坚韧不屈,写了一首诗:"望门投止思张俭,忍死须臾待杜根。我自横刀向天笑,去留肝胆两昆仑。"谭嗣同的意思是逃亡受人保护与忍死求生这两种人生方式我都不采取,有人收留我,我也不躲,我也不装死,我自横刀向天笑,去留肝胆两昆仑。

1898 年 9 月 28 日,谭嗣同、杨锐、林旭、刘光第、康广仁、杨深秀等六人被残害于北京菜市口。谭嗣同临刑前高呼:"有心杀贼,无力回天。死得其所,快哉快哉!"如此以身殉国、英勇就义,以其生命践行了"摩顶放踵以利天下"的墨家理想。

梁启超就自号"任公",便是取墨者任侠之义。梁启超早年即服膺墨学,"幼而好墨",自称"墨学狂"。他认为墨家"轻生死,忍苦痛"的武侠精神"可以起中国之衰"。因此,"欲救今日之中国,舍墨学之忍苦痛则何以哉,舍墨学之轻生死则何以哉!""今欲救之,厥惟墨学"。尤其在戊戌变法失败后,深感其师康有为"托古改制"之不足，于是便大力宣传与倡导墨子之学与墨家精神，大谈"墨学救国"。"墨学救国"的口号固然有失偏颇，但此时的墨学似乎已成了一种反对传统文化和传统儒学之流弊、在中国儒家文化外建立一种根植于本民族文化渊源之中的新文化的唯一选择。由于梁启超在国内的重要影响，使其成为杰出的墨学"复兴"鼓动家。在 20 世纪初，研究墨学者日渐增多，谈论墨学成为学术时尚，崇尚墨侠成为革命志向。

章太炎也曾悉心钻研墨学，他在其《检论》中认为，凡是游离于蒿莱（顺民）和明堂（官吏）之间的人，都有为侠的可能。章太炎投身排满民族革命，政治上可以说终究不得其志，然其本色却在仍不堕其志，与当途斗，与乡愿斗，七被追捕，两入幽禁，使酒骂袁，以死相抗，不是坐而论道，而是舍身赴难，身践履行，大有墨家"轻生死，忍苦痛"的性情、气质和人格。

近代革命家陈天华辅佐孙中山筹组同盟会，起草《革命方略》；《民报》创刊后任编辑，参与对康、梁保皇派的论战。为抗议日本政府颁布的《清国留学生取缔规则》，在日本东京大森海湾愤而投海殉国，时年 31 岁。

深受陈天华事迹震动的留日学生，不光一个秋瑾，之后弃医从文的是鲁迅。而 12 年后，一位即将赴日留学的青年还不忘此事，写下一首诗表达怀念之情，"大江歌罢掉头东，邃密群科济世穷。面壁十年图破壁，难酬蹈海亦英雄"，这个人，叫周恩来。

秋瑾素有侠名,为了救国,抛弃了优厚的生活,离家弃子去日本寻求救国的道路,其诗言明了她的侠义豪情:"不惜千斤买宝刀,貂裘换酒也堪豪。一腔热血勤珍重,洒去犹能化碧涛。"后起义失败,拒绝了要她离开的一切劝告,表示"革命要流血才会成功",被捕后坚贞不屈,仅书"秋风秋雨愁煞人"以对。1907年7月15日凌晨,秋瑾从容就义于绍兴轩亭口,时年仅32岁。孙中山称秋瑾为"最好的同志秋女侠",题词:"鉴湖女侠千古巾帼英雄";宋庆龄曾经给秋瑾题词,说"秋瑾工诗文,有秋风秋雨秋煞人"名句,能跨马携枪,曾东渡日本志在革命,千秋万代传侠名。孙中山、宋庆龄认为她是侠,是什么侠?不是儒侠,不是道侠,是墨侠。

正由于资产阶级改良派及革命派对墨家"轻生死,忍苦痛"的武侠精神的大力宣传,使得近代"侠义"精神亦深受墨家思想的影响,在对墨侠精神的赞美之辞中,尚武精神、平等意识、锄强扶弱等等最令仁人志士们倾心,从而使他们对以"流血"方式促革命成功愈加崇拜,对"牺牲"一己以成全天下非常渴望,使得仁人志士们在解读墨侠时极容易将其刺客化。清末革命党人暗杀风潮的形成,与这一解读密切相关。而以行刺暗杀为革命手段,也为当时的革命志士所普遍认同。这样,得益于启蒙思想家和革命家们的宣传与鼓动,墨学的革命精神、伦理价值观以及墨侠之行为方式,得以为在辛亥革命初期参加武装斗争的革命党人(包括会党人物)自觉与不自觉地所接受,并把其中一些与之相适应的东西内化于自己的心理与行为方式之中,实现了墨学与革命斗争的结合。这一点,在以孙中山为代表的革命者们的革命理论和实践中有突出体现。

在近代资产阶级革命派的领导下,以小资产阶级为主的会党组织最终成为革命前期的主要力量,在战斗中浴血奋战,极富牺牲精神,可谓"赴火蹈刃,死不旋踵"(《淮南子·泰族训》)。这其中固然有资产阶级革命者的带动之功,但也不乏内化于小资产阶级身上的那种"墨者精神"。这种精神在革命处于低潮时尤为突出,如墨家的无畏献身信条"杀己利天下"(行刺暗杀行为),也一度成了一些革命志士的一种手段,虽然行刺暗杀不可取,但其革命精神十分可贵。据统计,辛亥革命前十余年的武装起义基本上均是资产阶级革命党依靠会党组织发动的,"由于会党参加武装起义和会党成员的勇敢精神,增强了革命派斗争的决心与信心"。笔者认为这种"勇敢精神"应该就是存在于小资产阶级身上的那种"墨者精神"所释放出的巨大的人格力量,在革命派的领导下,会党组织最终成为革命前期不可忽视的一支力量。而会党人物在革命战斗中浴血奋战,英勇无畏,极富牺牲精神,确有墨家"赴火蹈刃,死不旋踵"之遗风。这其中固然有革命者的带动之功,但也不乏内化于会党人物身上的那种侠肝义胆的"墨者精神",其中的墨侠遗风和革命精神昭然若揭,十分可贵,对近代资产阶级革命产生了一定历史影响。

现代以来,每当中华民族到了最危急的关头,中国人民就向世界展示出天下兴亡、匹夫有责的爱国情怀,视死如归、宁死不屈的民族气节，不畏强暴、血战到底的英雄气概，百折不挠、坚忍不拔的必胜信念。其中必然有墨家侠义精神中的"侠之大者，为国为民"思想，这就是中国的脊梁。如抗日战争中中华民族英勇抗战的历史惊天地、泣鬼神，仁人志士崇尚舍生取义，许许多多中华儿女"是争着死，抢着死，因为大家有绝对的信仰，知道牺牲自己，是换取中华民族子子孙孙万代的独立自由"，"甘愿征战血染衣，不平倭寇誓不休"。中华儿女以爱国相砥砺、以救亡为己任，以不畏强暴的英勇抗争打败了不可一世的日本侵略者。杨靖宇、赵尚志、左权、彭雪枫等一批抗日将领，八路军"狼牙山五壮士"等众多英雄群体，就是中国人民不畏强暴、血战到底的杰出代表，他们就是中华民族中的大侠。

（二）墨家的侠义精神，在国外也有较大影响，最为突出的是对日本武士道的影响

墨家的侠义精神与日本武士道同属于东方的文化价值体系，日本武士道在思想渊源方面受到了墨家的侠义精神的影响，在价值取向上重视自我价值、社会价值的实现。两种价值体系都被中日两国民众所景仰，并且影响着两国民族性格和民族行为方式的形成，但是近现代以来，日本军国主义利用武士道给世界人民带来了极大的伤害。

墨家讲"争一言以相杀"，指在大义面前义贵于其身，对日本武士道有一定程度的影响。尽管武侠与武士关于"义"的思

想有差别,但中日历史上因言语上的矛盾让武侠与武士贵义轻生的例子屡见不鲜。日本人佐藤幸治理解武士道"即决意一死。当汝处歧路之时,应速择死路,别无缘由"。新渡户稻造认为义理是正义的理由,不仅仅包括对君主尽忠,对双亲尽孝,对恩人报恩,而且还包括对武士名誉、道德的维护,武士经常以死来诠释这种信仰和责任感;墨家讲"言必信,行必果,使言行之合,犹合符节也",体现的是墨家重然诺、讲信义的精神,对日本武士道也有一定的影响。司马迁在《史记·游侠列传》中称武侠"其言必信,其行必果,已诺必成",武侠的行为体现了墨家精神。武士重然诺,因此他们的诺言无须文字证明就会得到履行,书面保证被认为是对他的侮辱。日本武士道受墨家思想影响同样有重然诺的精神。武士如因特殊情况没有履行或实现诺言将会以死来洗刷自己的耻辱,中国的侠为了履行诺言可以献出宝贵的生命。为了信念和名誉武侠与武士可以义无反顾地去死。

《墨子·尚贤下》中提到:"有力者疾以助人,有财者勉以分人,有道者劝以教人。"山本常朝说"对于倒运或落难的人,要给予尽可能的种种关心,想方设法助他恢复元气。这是武士的义理"。可见武士同样受墨家博爱思想的影响。新渡户稻造把武士之爱理解成"结合了公正的仁爱,而且那里仁爱不仅仅是某种特定的心灵状态,而是背后有着生杀予夺之权的仁爱"。并且声称"对弱者、劣者或失败者的仁爱,一直被称赞为特别适合武士的美德"。体现的是墨家"兼相爱"的思想。

（三）墨家的侠义精神，在中国历代文学作品中有着更加
充分的体现

在中国历代文学作品中像"风萧萧兮易水寒，壮士一去兮
不复还""三杯吐然诺，五岳倒为轻"等都有墨家的侠义精神的
影子。历代文学作品歌咏侠士精神的诗歌与描写侠士形象的
传奇和小说也大量反映了墨家的侠义精神。如曹植在《白马
篇》中"捐躯赴国难，视死忽如归"的"幽并游侠儿"，寄托了他
希望赴身国难、建立边功的愿望和理想。再如王维的诗："孰
知不向边庭苦，纵死犹有侠骨香。"杜甫赞叹："白刃仇不义，黄
金倾有无。杀人红尘里，报答在斯须。"在这些诗中，侠士的豪
情都是与报国守边、建立功勋联系在一起的。唐代诗人之中，
写侠最多又最好的，当然要数李白。他写侠的诗歌，约有一百
多篇。这些诗中，最有名气的当属《侠客行》："赵客缦胡缨，
吴钩霜雪明。银鞍照白马，飒沓如流星。十步杀一人，千里不
留行。事了拂衣去，深藏身与名。闲过信陵饮，脱剑膝前横。
将炙啖朱亥，持觞劝侯嬴。三杯吐然诺，五岳倒为轻。眼花耳
热后，意气素霓生。救赵挥金锤，邯郸先震惊。千秋二壮士，
烜赫大梁城。纵死侠骨香，不惭世上英。谁能书阁下，白首太
玄经。"李白和唐人这些咏侠士的诗，充分地展现了大唐时代
的诗人们任侠尚武的时代风气和昂扬向上的进取精神。其中
也对侠士们扶危济困、见义勇为、排难解纷的"兼爱"精神表示
由衷的敬仰和企羡。

　　唐以后的文士们还以小说来表达他们对侠士们由衷的向往和企盼。唐人在传奇小说中，就塑造了不少侠士形象，为后人开了先河。《虬髯客传》中的风尘三侠、《聂隐娘》中的侠女聂隐娘、《无双传》中的侠士古押衙，形象生动，绘声绘色，对后代的武侠小说有很大的影响。明清的武侠小说，逐渐增多，一部《水浒传》可以说大半是为侠士作传。像鲁智深、林冲、武松、李逵、孙二娘、顾大嫂等，他们在上梁山之前，个个都有扶危济困、劫富济贫、仗义行侠的光荣经历和精彩表演，因此《水浒传》可以称作是一部中国小说中最优秀的武林豪侠传。此外，像《儿女英雄传》《绿牡丹》《三侠五义》等，都写出一批路见不平，拔刀相助，或共保圣君贤相，或志在除暴安良的英雄豪杰。

　　虽然墨家学派没落了，但是墨家侠义精神两千年来一直深刻影响着我们中华民族。为了崇高的理想而不计个人得失，坚定站在底层百姓身边，以弱胜强，以侠制暴。"虽千万人，吾往矣"成为我们民族最纯洁灿烂的精神追求。

　　真正的侠者，要有为国为民之仁心，不可为而为之勇义，能够将心融入江湖、国家。为自己的理想而努力奋斗。在21世纪，侠又是一种风度，能够从容、洒脱的面对生活，无愧于心，无愧于国，便是侠。

第十讲　墨子的天志明鬼和非命思想

李存山

内容提要：墨家讲"天志"，是以天神的道德意志作为其"兼爱""非攻""尚贤"等社会主张的"天道"根据。墨家认为，用天志、鬼神的赏善罚恶来在思想观念上保障"天下有义则生，无义则死"的必然性。因为墨家讲天志、鬼神的赏善罚恶，所以墨家"非命"，认为人生的贫富、祸福、寿夭等等不是"命中注定"的，而是被自己的善恶行为和鬼神的赏善罚恶所决定的。在墨家的有神论中包含着重视人力和向往社会公正的合理思想。

今天我们讲墨子思想中的"天志""明鬼"和"非命"，这三个命题在墨子思想中也占有重要的地位。为什么这样说呢？我想首先讲第一个问题，即墨子的十大命题，然后讲墨子的"天志""明鬼"思想，最后讲墨子的"非命"思想。

第一个问题，墨子的十大命题。

讲这个问题的目的就是想突出一下"天志""明鬼"和"非命"在墨子思想中所处的地位。

在《墨子·鲁问》篇记载墨子说：

> 凡入国，必择务而从事焉。国家昏乱，则语之尚贤、尚同。国家贫，则语之节用、节葬。国家憙音湛湎，则语之非乐、非命。国家淫僻无礼，则语之尊天、事鬼。国家务夺侵凌，即语之兼爱、非攻。

在这段话中包括了墨子思想的十大命题，即：尚贤、尚同、节用、节葬、非乐、非命、尊天、事鬼、兼爱、非攻。

在墨子的十大命题之中，他的最高范畴、核心思想是"兼爱"。作于战国后期的《吕氏春秋》有《不二》篇，其中说："老聃贵柔，孔子贵仁，墨翟贵兼……""贵"在中国古代是表达价值观或价值取向的词汇，"以什么为贵"就是以什么为最有价值。说"老聃贵柔"，就是说老子以自然柔顺为最有价值。说"孔子贵仁"，就是说孔子以仁爱精神为最有价值。说"墨翟贵兼"，就是说墨子以"兼爱"为最有价值。在先秦文献中还有《论语》里说的"礼之用，和为贵"，就是说礼的社会功能是以和谐为最有价值。孟子也曾说"民为贵，社稷次之，君为轻"，这是说与社稷和君主相比，民众是最有价值的。"墨翟贵兼"，墨子以"兼爱"为最有价值，所以说，"兼爱"是墨子思想的最高范畴、核心思想，它是统率其他九个命题的。

如何去理解墨子的"兼爱"呢？我想这和儒家的思想是有联系的。据西汉初期的《淮南子·要略》所说，墨子曾经"学儒者之业，受孔子之术"，后来因为不满于儒家礼乐的烦琐和浪费,所谓"其礼烦扰而不说(悦),厚葬靡财而贫民,服伤生而害事",于是"背周道而行夏政",从儒家中分化出来,创立了墨家学派。

墨子及其创立的墨家学派,为什么要批评儒家礼乐的烦琐和浪费? 我觉得这和组成墨家群体的主要社会成员有密切的关系。对此,研究者可能会有不同的认识。而我的理解是,组成墨家学派主体的可能主要是"工匠之士",也就是掌握了工匠技术而又有知识的人。

我这样说有一定的根据,像《墨子·尚贤上》所说:"古者圣王之为政,列德而尚贤,虽在农与工肆之人,有能则举之,高予之爵,重予之禄,任之以事,断予之令。"儒家和墨家都是主张"尚贤"的,而儒家的"尚贤"主要是选拔读书的"士人",墨家却把"农与工肆之人"突出出来。这里的"农"因为被束缚在土地上,做官不容易,而"工肆之人"可能正是墨家队伍的主体,墨家主张要把工匠中的贤德之人选拔上来,这是儒家所没有提到的。"工肆之人"就是外出做工或打工的人。

《论语·子张》篇记载孔子的学生子夏说:"百工居肆以成其事,君子学以致其道。""肆"是"官府造作之处",也就是官府周围的工坊,在这里集结着许多工匠。中国传统的社会结构是"四民"结构,也就是"士农工商"。"士"就是读书人,在春秋以前,士是下层的官员,或贵族的下层,他们本来是世袭的,但是到了春秋时期"礼崩乐坏",随着社会的变动,有一部分士失去了官职,于是有了平民中的士阶层,它是"四民之首"。孔子说"学而优则仕",士阶层的成员如果学得好,他被选拔上来做了官,那就是"仕"。先秦时期"百家争鸣"的"百家",绝大部分都是说的这批士阶层。墨家学派也属于其中之一,但是他们兼有"工"的身份,他们有知识,是"士"和"工"结合的一个群体。

《墨子·贵义》篇说:"子墨子南游使卫,关中载书甚多。"说墨子在周游列国时车厢中"载书甚多",可见墨子是很有学问的人。墨子说自己"上无君上之事",可见墨子不是当官的;又说自己"下无耕农之难",可见墨子也不是务农的。《韩非子》书中有"墨子为木鸢,三年而成,蜚一日而败"的记载。《墨子·公输》篇也有墨子"止楚攻宋"的记载,说"子墨子解带为城,以牒为械,公输盘九设攻城之机变,子墨子九距之。公输盘之攻械尽,子墨子之守圉有余"。又说"弟子禽滑厘等三百人,已持臣守圉之器,在宋城上而待楚寇矣"。这些都说明,墨子以及墨家学派的主体是掌握了工匠技术的,他们不是做官的,也不是务农的,而是"士"与"工"相结合的一个群体。知道了墨子和墨家队伍的特点,有助于我们理解墨子和墨家学派的思想。

墨子的十大命题是把"兼爱"作为首要命题,和"兼爱"有密切关系、可以放在一组的是"非攻""节葬""节用"和"非乐"。"非攻"就是反对侵略战争,墨子为什么要讲"非攻"? 因为墨子讲"兼爱",而"兼爱"就是"兼相爱,交相利",对不同的人要有同等的爱,要"兴天下之利,除天下之害"。《墨子·兼爱中》说：

> 然则天下之利何也？天下之害何也？子墨子言
> 曰：今若国之与国之相攻，家之与家之相篡，人之与
> 人之相贼，君臣不惠忠，父子不慈孝，兄弟不和调，此
> 则天下之害也。

在这些"天下之害"中，"国之与国之相攻"，也就是战国时期各诸侯国之间的残酷兼并战争，其规模之大，给民众的生命财产造成了巨大的灾害。墨子说，"此实天下之巨害也"（《墨子·非攻下》）。所以，墨子讲"兼爱"必讲"非攻"，如果"诸侯相爱则不野战"，那就是为天下"兴利除害"了。

儒家和墨家都讲仁爱，"仁者爱人"，后来有的儒家也讲"成不独成，爱必兼爱"，这在儒、墨两家是相通的。两家的区别在于，儒家更强调孝悌为仁之本，重视道德的内在价值；墨家更强调仁爱也是"交相利"，重视道德的社会功效。墨家从互利互惠的社会功效立论，所以先讲"爱利人之亲"，然后讲"人报我以爱利吾亲"，这样对"人之亲"和"己之亲"就要同等地爱之。儒家则从人具有真诚的、非功利性的道德情感立论，这种道德情感必源于最本真的"亲亲"之情，由此加以扩充而达到"泛爱众"。墨家的血缘宗族情感不如儒家浓厚，这可能和墨家群体主要是一批工匠有关，工匠就是离开了乡村而外出的打工者。

从工匠这个社会群体来讲，他们处于社会地位较低的阶

层,所以他们更加强调社会的物质利益,而首先需要解决的就是衣食问题。他们主张节俭,反对浪费,这也就是墨子所主张的"节葬""节用"和"非乐"。《墨子·非乐上》说:"民有三患,饥者不得食,寒者不得衣,劳者不得息,三者民之巨患也。"墨家要消除"民之巨患",就是首先要解决饥者无食、寒者无衣、劳者无息这三个问题。墨子说"五谷者,民之所仰也"(《墨子·七患》),"衣食者,人之生利也"(《墨子·节葬下》)。显然,墨家所讲的"利",重在讲物质生产和生活方面的功利,他们首先要解决下层民众的"饥寒交迫"的问题。

《墨子·节用上》说:"去无用之费,圣王之道,天下之大利也。"《节用中》说:"古者圣王制为节用之法,曰:凡天下群百工,轮车、鞼、匏、陶、冶、梓匠,使各从事其所能。曰:凡足以奉给民用,则止。诸加费不加于民利者,圣王弗为。"这里说的"百工",包括做车的工匠,还有皮匠、铁匠、木匠,以及制作水瓢、陶器的匠人等等,他们制作的器具都是为了满足社会生活的实用需求,"足以奉给民用",有这些就够了。除此之外,"诸加费不加于民利者,圣王弗为",就不要做了。

《墨子·公孟》篇批评儒家:

> 儒之道足以丧天下者,四政焉。儒以天为不明,以鬼为不神,天、鬼不说,此足以丧天下。又厚葬久丧,重为棺椁,多为衣衾,送死若徙,三年哭泣,扶后起,杖后行,耳无闻,目无见,此足以丧天下。又弦歌

鼓舞，习为声乐，此足以丧天下。又以命为有，贫富
寿夭、治乱安危有极矣，不可损益也。

在这"四政"或四条中，第一条和第四条就是墨家要讲"天
志""明鬼"和"非命"，第二条是墨家主张"节葬"，第三条是墨
家主张"非乐"。

墨家主张的"节葬"和"非乐"都是针对儒家讲的，主要思
想就是主张节俭，反对浪费，同时也反对等级差别。墨子之所
以从儒家分离出来，一个重要的原因就是认为"其礼烦扰而不
说（悦），厚葬靡财而贫民，服（丧）伤生而害事"，这是反对儒家
的厚葬久丧。而墨家有"节葬之法"，对衣、棺、墓穴等等都做
了节俭的规定，丧期也要简短。墨家反对音乐，这也是因为当
时的"礼乐"太浪费，而且有等级差别，王公大臣们需要有乐
器、乐队，还要有让人陪着听乐的时间，这些都"厚措敛乎万
民"，浪费财用，耽误政事，而对于兴天下之利，除天下之害"无
补也"。墨家反对等级差别，反对享乐主义、奢靡之风，这在当
前也是有现实意义的。

墨子的十大命题中，"兼爱""非攻""节用""节葬"和"非
乐"可以分为一组，这是墨家的社会道德和功利实用主义的思
想。而"尚贤"和"尚同"是另一组，是墨子在社会组织制度方
面的主张。第三组就是"天志""明鬼"和"非命"，这是墨子思
想中的天道观或天命观，也可以说是墨家的宗教观。这一组
的三个命题在墨子的十大命题中占十分之三的位置，它们是

墨子思想中非常重要的一部分。

下面讲第二个问题,墨子为什么要讲"天志""明鬼"?

简单地说,"天志"就是天的意志,墨子所讲的"天"是最高的神,它是有赏善罚恶之意志的,因此,墨子主张"尊天"。"明鬼"就是讲明鬼神的明智或严明,它们是有善必赏、有恶必罚的,因此,墨子主张"事鬼"。

重要的是我们要知道,墨子为什么要讲"天志""明鬼"?首先,中国传统哲学的一个普遍架构就是"推天道以明人事",不仅墨家学派是如此,其他学派也是如此。先秦是如此,到汉、唐、宋、元、明、清都是如此,普遍的架构都是"推天道以明人事"。在我看来,不仅《周易》如此,我理解之中国哲学就是"以明人事"。老子如此,墨子也如此,儒家自子思《中庸》也是如此。

近代的王国维曾经评论说,在孔子的思想中还没有突出"天道"与"人事"的关系,"推天道以明人事"是从老子开始。老子主张自然无为柔顺,如果问为什么要主张自然无为柔顺,那么老子将回答说"天道如是,故人道不可不如是",因为"道生之,德畜之,物形之,势成之",所以"万物莫不尊道而贵德"(《老子》五十一章),"道"和"德"就是自然无为柔顺的,因此,人就应该自然无为柔顺。王国维在讲到墨子思想的时候说:"墨子道德政治上之原理,可以二语蔽之曰:'爱'也,'利'也。今试执墨子而问人何当爱当利,则彼将应之曰:天道如是,故人道不可不如是……则其道德政治之说,不为无据矣。"墨子的社会主张是"兼相爱，交相利"，他要讲出一套根据，就是以天道为根据，他所讲的"天志""明鬼"就是墨家的天道观，他把"天志""明鬼"作为他的社会主张的根据。

《墨子·天志上》说："我为天之所欲，天亦为我所欲。"我所要做的，就是天要做的，所以天要做的和我要做的是一致的。"然则我何欲何恶？"那么，哪些是我想要的，哪些是我不想要的呢？墨子说："我欲福禄而恶祸祟。……天下有义则生，无义则死；有义则富，无义则贫；有义则治，无义则乱。然则天欲其生而恶其死，欲其富而恶其贫，欲其治而恶其乱。此我所以知天欲义而恶不义也。"这就是说，我愿意生，不愿意死，我愿意富有，不愿意贫穷，我愿意社会得到治理，不愿意社会动乱，这些都是天也愿意如此。因为"有义则生，无义则死；有义则富，无义则贫；有义则治，无义则乱"，这些都是天所决定的，天意是如此，所以我就知道天是主张"义"而反对"不义"的。"义"在墨子的思想中就是道义，也就是"兼相爱，交相利"。

《天志上》又说："顺天意者，兼相爱，交相利，必得赏；反天意者，别相恶，交相贼，必得罚。"因为"天意"就是主张"兼相爱，交相利"，反对"别相恶，交相贼"，天是有赏善罚恶之意志的，所以"顺天意者"，人能够"兼相爱，交相利"，就必能得到天的奖赏；而"反天意者"，那些"别相恶，交相贼"的人，就必遭天的惩罚。

《墨子·天志中》说："天之意，不欲大国之攻小国也，大家之乱小家也；强之暴寡，诈之谋愚，贵之傲贱，此天之所不欲也。"这里讲的"天之所不欲"，就是墨子主张的"非攻"。

《墨子·尚贤中》："天亦不辩（辨）贫富、贵贱、远迩、亲疏，贤者举而尚之，不肖者抑而废之。"墨子主张"尚贤"，天也是不论贫富、贵贱、远近、亲疏，"贤者举而尚之"，不称职的坏官则"抑而废之"。

墨子还主张"尚同"，《墨子·尚同上》说："天下之百姓，皆上同于天子，而不上同于天，则灾犹未去也。今若天飘风苦雨，溱溱而至者，此天之所以罚百姓之不上同于天者也。"墨子主张的"尚同"不仅是"上同于天子"，而且更是"上同于天"。因为天的意志就是"兼爱""非攻""尚贤""尚同"等，所以"推天道以明人事"，墨子的社会主张也就有了天道之合法性的依据。

墨家对社会政治制度的设计是"尚贤""尚同"，选择贤人做天子和各个级别的官长，"上之所是，必皆是之；所非，必皆非之"（《墨子·尚同上》），一级一级地上同，直至"上同于天子"。天子应该是"天下之贤者"，但是如果天子不贤，他做坏事怎么办？这就需要有天神来监管天子，通过天神的赏善罚恶来制约天子。因此，墨子说："天之为政（正）于天子。"（《墨子·天志上》）"天子为善，天能赏之；天子为暴，天能罚之。"（《墨子·天志中》）这种思想在秦以后的儒家思想中也较为普遍地存在，如汉代的董仲舒提出"屈君而伸天"，用天的"阴阳灾异"或"谴告"来警戒皇帝，这是受到了墨家思想的影响。

墨子说："我有天志,譬若轮人之有规,匠人之有矩"(《墨子·天志上》),"置立天志,以为仪法"(《墨子·天志下》)。"规"和"矩"本来就是工匠的工具,"仪法"也有标准的意思。引申开来,"天志"就是"人事"的规矩、仪法,也就是墨子用"推天道以明人事"的方式来为人的生活世界确立价值准则。

墨家很注重逻辑推理,先秦诸子百家争鸣,在战国中期形成了"名辩"思潮的高峰,这主要是由墨家推动的。因为墨家从儒家分化出来,儒家讲仁义,墨家也讲仁义,那么哪些是真仁义,就需要分辨和争辩,在分辨和争辩中就需要有逻辑推理,需要有论证的必然性。墨子说:"天下有义则生,无义则死;有义则富,无义则贫;有义则治,无义则乱。"(《墨子·天志上》)又说:"今用义为政于国家,人民必众,刑政必治,社稷必安。所以为良宝者,可以利民也。"(《墨子·耕柱》)在这里,"天下有义则生""有义则富""有义则治""人民必众,刑政必治,社稷必安"的必然性是从哪里来? 对此,墨子除了诉诸人与人之间"兼相爱,交相利"的道德回报之外,更重要的是墨子又寄望于"天志""明鬼"的赏善罚恶,也就是"顺天意者,兼相爱,交相利,必得赏;反天意者,别相恶,交相贼,必得罚"。墨子所讲的"天",就是有道德意志、能够赏善罚恶的最高神,它成为社会秩序和公平正义的维护者。

墨子不仅讲"天志",而且持多神论的观点,承认"有山水鬼神者,亦有人死而为鬼者"(《墨子·明鬼下》)。针对当时的"执无鬼"论者,墨子以众人之耳目"有尝见鬼神之物,闻鬼神之声"以及古书中的记载来证明鬼神的存在。后来汉代的王充曾批评"墨议不以心而原物,苟信闻见,则虽效验章明,犹为失实"(《论衡·薄葬》)。

墨子说:"上尊天,中事鬼神,下爱人。"(《墨子·天志上》)天是最高的神,在天与人之间还有众多的鬼神。如果说天神主要是"为正于天子",那么鬼神就是奉行"天志",普遍地对人间的善恶予以赏罚。天神主要是监管天子,而鬼神是监管社会上所有的人。

墨子说:"故鬼神之明,不可为幽间广泽、山林深谷,鬼神之明必知之。鬼神之罚,不可为富贵众强、勇力强武、坚甲利兵,鬼神之罚必胜之。""鬼神之所赏,无小必赏之;鬼神之所罚,无大必罚之。"(《墨子·明鬼下》)"鬼神之明智于圣人,犹聪耳明目之与聋瞽也。"(《墨子·耕柱》)这就是说,鬼神的明智远远超过了圣人,对于人间的善恶,无论人处在什么地方,无论其贫富、贵贱、强弱,也无论其善恶的大小,"鬼神之明"都无所不知,对人间善恶的赏罚也无所不至、无所不能。

在墨子的思想中,作为最高主宰的天神和众多的鬼神,构成了对人间善恶的明察秋毫、公正无私、有善必赏、行恶必罚的监察司法网。我们从中可以感到墨家对于社会道德、公平正义的强烈追求,但也可以发觉墨家是在以虚构的神灵世界来弥补对社会政治制度设计的不足。这种宗教性的鬼神的警戒作用,在现代也有一定的正面意义,如现代也仍有人说"万事劝人休瞒昧,举头三尺有青天",这对于人的行为善恶仍有一定的警戒作用。但是现代社会主要还是靠民主和法治，用民主的方式来选举、监督和制约领导人的权力，用法治来维护和保障社会的公平正义，所以现代社会要"依法治国"。我们要"通古今之变"，在古今之间有文化的继承性、连续性，这就是文化的"常"；也有文化的时代性、阶段性，这就是文化的"变"。我们要正确处理文化的"变"与"常"的关系，传承和弘扬传统文化的"常道"，也要有所"损益"，即减损和增益，实现传统文化的创造性转化和创新性发展。

墨子批评"儒以天为不明，以鬼为不神"，这有一定的根据。因为儒家不仅讲宗教性的"意志之天"，而且讲哲学意义的"义理之天""时命之天"和"自然之天"。墨子主要讲的是"意志之天"，到了汉代的董仲舒也主要讲"意志之天"。而"义理之天"，如孟子讲的"尽心知性则知天"，宋代理学家讲的"天者理也"；"时命之天"，如《论语》中说的"死生有命，富贵在天"；"自然之天"，如荀子说的"天行有常，不为尧存，不为桀亡"。这几种意义的"天"都没有意志，不是赏善罚恶的，而这在墨家看来就是"以天为不明"了。

《论语·雍也》篇记载："樊迟问知。子曰：'务民之义，敬鬼神而远之，可谓知矣。'"这和墨家讲的"尊天""事鬼"不一样。对于生死鬼神的态度，《论语·先进》篇记载："季路问事鬼神。子曰：'未能事人，焉能事鬼？''敢问死？'曰：'未知生，焉知死？'"孔子更加重视"生"，重视"事人"而不重视"事鬼"。对于人死之后是不是会成为鬼，孔子不给予明确的回答。但是儒家又很重视丧祭之礼，比如曾子说"慎终追远，民得归厚矣"，"慎终"就是重视丧礼，"追远"就是重视祭礼，而重视丧祭之礼的目的又是为了"民德归厚"。在《墨子》书中，儒家的公孟说"无鬼神"，但是又说："君子必学祭祀。"墨子批评说："执无鬼而学祭礼，是犹无客而学客礼也，是犹无鱼而为鱼罟也。"（《墨子·公孟》）这就指出了公孟的说法有自相矛盾处。其实，明确讲没有鬼神的只是儒家中的一小部分，而儒家基本上对这个问题持一个比较淡化的态度。

在汉代成书的《说苑·辨物》中记载："子贡问孔子：'死人有知无知也？'"如果人死之后还有知觉活动，那就是有鬼了。但是孔子对此并不给予明确回答，他说："吾欲言死者有知也，恐孝子顺孙妨生以送死也；欲言无知，恐不孝子孙弃不葬也。"这两种选择都会引起不利的后果，这是一个两难的问题。孔子最终回答说："欲知死人有知将无知也？死徐自知之，犹未晚也！"这是一个实用理性的明智回答。而墨子主张"天志""明鬼"，这里也有要为"兼爱""非攻"等等作论证的实用理性。

第三个问题，墨子为什么要"非命"？

墨子批评儒家"又以命为有，贫富寿夭、治乱安危有极矣，不可损益"。儒家的"以命为有"，一是认为有作为道德之根源的"天命"，如《中庸》所说"天命之谓性"；二是认为有非道德性的、人力所不能改变的"时命"，如《论语》中所说关于个人的"死生有命，富贵在天"，关于社会治乱的"道之将行也与，命也；道之将废也与，命也"。墨子的"非命"，即反对儒家认为有

"贫富寿夭、治乱安危"不可改变的"时命"。

曾有学者认为,墨子讲"天志""明鬼",这是宗教迷信的思想;而墨子又"非命",这是反宗教迷信的;这两点是相互矛盾的。其实,这两点并不矛盾,而是密切联系、相互统一的。墨子否认有"命",与他的义利统一和"天志""明鬼"的思想相联系。天和鬼神既然能够赏善罚恶,那么人的"贫富寿夭、治乱安危"就是天和鬼神对人的义与不义进行赏罚的一种必然结果。

儒家则认为,人的义与不义和人的"贫富寿夭"没有必然的因果关系。比如孔子最得意的学生颜渊,他在孔子的学生里面是德行第一,但是颜渊一辈子受穷,而且早死。像颜渊这样一个德行第一的人,为什么贫穷而且死得又早? 这一点用墨家的鬼神赏善罚恶就解释不通,所以儒家就分辨了哪些是德行上应该做的,哪些不是被自己的行为所完全决定的。像颜渊的早死和受穷,就是由"时命"所决定的,而不是被他个人的善恶行为所决定的。但是若如墨家所说,就是你的一切吉凶祸福都是被你的善恶行为所决定的。

儒家的公孟说:"有义不义,无祥不祥。"(《墨子·公孟》)意思就是说,在道德上有义与不义的区分,你的行为哪些是符合道义的,哪些是不符合道义的,这是被你的自我选择所决定的,但是义与不义并不能带来鬼神所赏罚的祥与不祥。

儒家持"义利之辨"的观点,人的德行道义具有超越功利的内在价值,君子不是为了富贵长寿而"行仁义"。人的"贫富寿夭"往往是被自我所不能控制的外在因素所决定,儒家就将这种情况归之于"命"。

墨子批评儒家"教人学而执有命,是犹命人葆而去其冠也"(《公孟》)。这似乎有矛盾,但实际上并不矛盾,因为儒家的"教人学"是教人努力提高自我的道德境界,这是被自我的努力修身所决定的,而"执有命"则是指人的寿命长短和贫富穷达并不完全被个人的努力所决定。孟子说:"知命者不立于岩墙之下。"(《孟子·尽心上》)知命者当然不是不顾危险,自己去找死,但是人的"贫富寿夭"的确不是由个人所完全决定。人的行为善恶与寿命长短没有必然的联系,你当官还是不当官,或者当多大的官,这并不完全决定于你的主观努力,而是也要看"时遇",这就是儒家讲的"时命"。

1993 年在湖北荆门郭店村出土了一批竹简,里面有一篇叫《穷达以时》。其中说舜做了天子,他的德行很高,但是他做了天子并不是完全由他的德行高所决定,而是遇到了尧,他有这样的"时遇"。儒家把"贫富寿夭"等等归于"时命",实际上是把这些看淡了,富贵长寿并不是你所要努力追求的,也不是你自己所能决定的,那你就少操心,而把精力更多放在个人修身上。

《穷达以时》篇中说:"动非为达也,故穷而不怨;隐非为名也,故莫之知而不吝。……穷达以时,德行一也……故君子敦于反己。"意思是说,你做了好事并不是为了要多么发达,得到多少荣华富贵,所以你受了穷也没有什么怨言;你的退隐也不是为了得到什么名声，所以别人不知道你，你也没什么遗憾。"穷达以时"，人的发展是顺利还是不顺利，都是由"时命"所决定，但是"德行一也"，无论什么情况下君子的德行都应是一贯的，所以"君子敦于反己"，总是反省自己在德行方面做得如何。

儒家和墨家对于"命"的看法不一样，墨家反对有"命"。按照墨家的讲法，人的寿命长短和贫富穷达都是由个人的善恶行为和鬼神的赏善罚恶所决定的。这种思想也有它的积极作用。儒家在一定程度上也讲道德的回报，如说"积善之家，必有余庆；积不善之家，必有余殃"（《易传·问言》）。后来像道家或道教也讲后辈"承负"了前辈的善恶报应，而佛教更是讲"六道轮回"的因果报应。这些对人的社会行为都起劝善戒恶的作用。

墨子"非命"，与"非命"相对而言的就是墨家更重视"人力"。墨子认为，人与禽兽的区别在于"赖其力者生，不赖其力者不生"（《墨子·非乐上》）。墨子所讲的"力"，包括"刑政"之力和物质生产之力。他指出，"强必治，不强必乱；强必宁，不强必危"；"强必富，不强必贫；强必饱，不强必饥"；"强必暖，不强必寒"（《非命下》）。天下之治和人民的衣食富足只有充分发挥人的主体力量，强力从事于政务和生产活动才能实现。

墨子批评"执有命者不仁"（《墨子·非命上》），"执有命者，此天下之厚害也"（《墨子·非命中》）。因为"执有命"就会使人相信人力不能改变"命定"的事，从而消极怠惰，"王公大人怠乎听狱治政,卿大夫怠乎治官府","农夫怠乎耕稼树艺,妇人怠乎纺绩织纴",如此则"天下必乱矣","天下衣食之财将必不足矣"(《墨子·非命下》)。

如果说儒家因为讲"命",就不去做主观的努力了,这并不符合事实。孔子说:"人能弘道,非道弘人。"(《论语·卫灵公》)"人能弘道"就是人要做主观的努力,但是有些事情是"谋事在人,成事在天",所以儒家就讲"尽人事而听天命"。只要人事的努力尽到了,如果仍不能成功,那就归于"天命"。人不免有"无可奈何""无力回天"的时候。有时候,这也给人提供一种"命该如此"、不再继续努力的借口。然而墨子的"非命"不给人提供这个借口,你做好事而没有成功,只是因为你的用力有不足,而不言有"命"。因此,墨家比儒家更加强调主体能力的发挥,主张刻苦自励,强力而行,这正体现了墨家主张勤于政务,勤于劳作,不避任何危难困苦,为了天下之治和人民之富而积极有为、努力奋斗的精神。

《淮南子·泰族训》说:"墨子服役者百八十人,皆可使赴火蹈刃,死不旋踵。"孟子也说:"墨子兼爱,摩顶放踵利天下,为之。"(《孟子·尽心上》)墨家有一种侠义的积极救世、一不怕苦二不怕死的精神,他们由此也形成了一个准宗教或准军事的组织,以致当墨子"止楚攻宋"时,其弟子禽滑厘等可以率领数百人,拿着守御的武器,"在宋城上而待楚寇矣"。

在先秦诸子中,墨家是一个不避危难困苦,舍生忘死,具有高度献身精神而积极救世的学派。他们崇尚平等,反对战争,竭尽全力地为民"兴利除害",而且特别重视逻辑和科学技术,成为与儒家并称的"显学"。然而,秦以后由于政治制度和社会环境的变化,墨家的思想虽然部分地被儒、道两家所吸收,但是作为一个学派,墨家中道断绝了。这是中国文化发展中的一个损失和遗憾,其中的历史经验教训值得反思和吸取,而墨家的精粹思想则需要传承和弘扬。

第十一讲　20世纪墨学之复兴

谭家健

内容提要:近代墨学之复兴可分为两个阶段:第一阶段,19世纪末至20世纪30年代中期,墨学复苏。所谓"复苏"是指重新被世人重视,不再长期受冷落;第二阶段,20世纪80年代至21世纪初,墨学重光。所谓"重光"是说重新发出耀眼的光芒,至今方兴未艾。

一、　墨学复苏

墨家学派形成于战国前期,兴盛于战国中后期。战国中期的孟子说"杨墨之言盈天下""天下之言不归杨,则归墨"。战国后期的韩非把墨学与儒学并称"显学"。先秦其他诸子也常常"孔墨"并提。孔子门下有弟子三千,贤人七十二。墨子救宋,十天之内聚集自愿上前线的勇士300人,可见墨学在战国时期的盛况。

秦汉时墨学逐渐走下坡路,汉武帝独尊儒术以后,儒学日盛，太学立五经博士，师从者代有传人。而墨学未见传承著作和师从记录，只见不断有人批评。秦末汉初有《诘墨》，西晋鲁胜为《墨经》作注，已佚，仅存其叙。东晋道教徒葛洪《神仙传》把墨子神仙化，其《抱朴子》记录有《墨子枕中记》《墨子丹法》，隋代有《墨子占法》，均不见书，从题目看可知与墨子无关。唐人乐台曾注《墨子》十八卷，已佚。后来道教徒编辑《道藏》，把《墨子》纳入其中，从而使之得以流传。今所见最早的全本《墨子》是明正统十年(1445)道士张宇初刊刻的《道藏》本《墨子》(国家图书馆藏)。

从汉至明，文人学者提到墨子的，代不乏人，多数贬墨崇儒，把墨子作为孔子的对立面。只有唐代大儒韩愈，提出孔墨相通相用，墨子必用孔子，孔子必用墨子，不相用不足为孔墨，儒墨之争是双方不肖弟子挑起来的门户之见。这是一个比较通达的见解。宋以后，有人不同程度同意韩愈，如欧阳修、陆稳、白贲柄等；有人反对，如程颐、朱熹、陈振孙、高似孙、马端临、胡应麟等，反对者占上风。

明中叶以后，评点之风大盛，不少学者评点先秦诸子时也包括《墨子》。今所见《墨子》版本有二十多种，多非单行本，而是与诸子合刊本。选《墨子》数篇，加眉批、尾批，评点文章笔法，不涉及训诂和义理。这批书属于鉴赏性普及性质，尚不足以说明墨子思想受到明人重视。

明末到清中后期，逐渐有一批学者为《墨子》作注，今所见有三十来种。比较重要的，有傅山校释《大取》，毕沅校注《墨子》全书。汪中批评孟子非墨，对墨子作高度的肯定，引起学界轩然大波。多数学者以读书札记性的文章注墨，而非系统的全面的研究，虽然取得一定成绩，但在清代考据大盛，朴学盛行，经史子集名作如林的学术界，墨学研究成果尚不算突出，只能说初步被人们关注了。

到了晚清，中国社会政治思想文化发生质的变化。鸦片战争以后，列强纷纷入侵，清廷频频丧权辱国，一向唯我独尊的天朝上国，沦为帝国主义的半殖民地。随之而来的是西学东渐，古老的中华传统文化，受到西方近代自然科学和社会科学的严重挑战和巨大冲击。保守派顽固抗拒，视西学为洪水猛兽，连派子弟出洋留学都不情愿。洋务派主张"师夷长技以制夷"，学习西方科学技术以对付侵略者的坚船利炮，但政治学、伦理学还是中国的好，坚持"中学为体，西学为用"的原则。改良派前进一步，不但要学自然科学，还要学社会科学，君主专制可以改良为君主立宪，三纲五常不能原封不动了。资产阶级革命派更坚决，要推翻帝制，建立民国。不少人主张废科举兴学校，教授声光化电、农桑路矿之学。稍后激进分子提出"打倒孔家店"，请来德先生、赛先生。这场大变革伴随着大争论，从清末发展到五四，持续到20世纪30年代。

墨学在这种历史背景之下，地位发生根本性转变，从两千多年的崇儒抑墨，渐变为批儒兴墨。这个时期激进的新派知识分子，认为批儒反孔就等于反封建。辛亥革命前他们集中批判孔子尊君，就是为了推翻封建君主专制。辛亥革命以后他们集中批判封建道德,进而否定封建旧文化,提倡新文化,以为这样才能救中国,极端者甚至主张全盘西化,中国才能走向现代世界。旧派学者认为批儒反孔就是彻底否定中华传统文化,那样必将失去国魂,丧失国家命脉,中华将何以立国?于是他们主张保存国粹,尊孔读经,甚至建立孔教。新旧两派势若水火激烈争辩。这时有一些比较通达的知识分子跳出二元对立的框子,认为儒学并不等于全部中华文化,批儒不等于斩断文脉。儒家之外还有墨家、道家、法家、兵家、农家⋯⋯诸子百家有些精华可以为中国现代化所用,可以与西学相匹敌。这派人要吸收西学,并不赞成全盘西化;要批判封建文化,但不赞成全面否定中华传统文化,而要有选择地继承。他们把眼光投向长期受儒家批评与轻视的墨家,发现《墨经》里有自然科学的因素,与西学相通;兼爱与博爱相通,尚贤有工农与贵戚平等的观点,尚同有民约论和选举王公大臣各级官吏的观点⋯⋯这些精华不仅可以用来促进中国的现代化,而且可以提高中华民族的文化自信心,批判当时流行的民族自卑感和中国样样不如洋人的悲观论调。西方有的东西我们中国早就有了,不少好东西是你们从我们祖先那里学过去的。于是,许多人对墨学发生兴趣,逐渐形成热潮,从而出现墨学的复苏。

30年代初,山东籍的墨学专家栾调甫在《二十年来之墨学》一文中概括地说:"道咸以降,西学东来,声光化电,皆为时务。学人征古,经传蓁如。墨子书中多论光重几何之理,足以颉颃西学。光宣之交,博爱之教,逻辑之理,大张于世。而孔门言语之科,不闻论辩之术。……惟墨子立兼爱则杀身以利天下,出言谈则持辩以立三表。事伟理圆,足以相当,此其由微而得以大显于世者。"

这样的分析相当透彻。"道咸以降"就是鸦片战争以后,人们开始发现墨子有论及光学、声学、几何学者,可与西学匹敌。其中最早的人是广东人邹伯奇,他既熟悉中国文化,又了解西方科技。1845 年,他写作《计学一得》,发现《墨经》中有西洋数学、视学、几何学。"圆,一中同长也",这是圆的定义。有表度说和测量之理,光线有重影,有倒影,小孔能成像就是摄影的原理,还有升重法即重力学和物理学等。接着有一些人响应,进一步阐发。如陈澧的《东塾读书记》,殷家俊的《格术补笺》,张自牧的《瀛海论》,王仁俊的《格致古微》,冯初的《光学述墨》等。这时对墨家自然科学的发现,难免存在望文生义,勉强比附之弊,但其作用巨大,使学界耳目为之一新,墨子名声大振。

栾调甫所谓"光宣之交,博爱之说,逻辑之理,大张于世",就是辛亥革命前夜,学人们的兴趣聚集到墨家逻辑学。首功应推梁启超,他在 1904 年发表《墨子之论理学》(论理学即逻辑学的最早名称),以西方逻辑的概念、术语与原理为工具,解释《墨经》的逻辑内容,在墨家背后发现与亚里士多德相似的身影,从《墨辩》中提炼出三段论。1921 年,梁启超又出版《墨经校释》,分列正文,旁行原文,经上下,经说上下,前有自序、凡例,后有余论。1909年,章太炎作《原名》,进一步深化梁启超之说,以西方逻辑与《墨辩》作对比研究。1917年,章士钊作《逻辑概要》,主张以《墨辩》与西方逻辑相结合,建立以欧洲逻辑为经,本邦逻辑为纬,融贯中西的逻辑学。1920年,他又发表《名学他辩》,试图论证《墨辩》与西方逻辑共通之处。1914年尹桐阳有《墨子新释》专门注解《墨经》,对《城守》各篇也有注解。1915年至1917年,胡适在美国撰写并出版其博士论文《先秦名学史》,实为中国第一部断代逻辑史,中心内容是分析《墨辩》。胡适注重从文本的训释上求得与西方逻辑一致性的解释,把美国的实证主义方法与中国的考据相结合,从而达到更全面更系统的梳理。胡适称墨翟是中国最伟大的人物,认为《墨经》的作者是后期墨家,他们是伟大的科学家、逻辑家和哲学家。胡适还深刻揭示三表法作为推理论证的方法的逻辑意义,具体阐发了后期墨家的认识论。

20世纪二三十年代,关于《墨经》的著作相当多,重要作者有伍非百、张之锐、范耕研、邓高镜、张其煌、栾调甫、鲁大东、顾实、杨宽等,他们都从不同角度进行研究,取得不同的成绩。

关于墨学的社会科学的总体与分科研究以及墨子的历史地位,在20世纪初期,大改以前贬墨倾向,给予全新的评价。

维新变法时期,谭嗣同以墨子为榜样,决心摩顶放踵以利天下。梁启超大声疾呼:"欲救今日之中国,舍墨学之忍苦痛何以哉!"意谓只有墨子精神才能救中国。觉佛在1904年第7

期《觉民》杂志发表《墨翟之学说》，说墨子是我国社会学家第一伟人，"墨氏之主义，专重人事，不尚天道，以为国家之兴，由于人智之开通与否，政治之改良与否"。"非命之说，其策人进取之心乎？""亲士、尚贤、节用诸说，其治国之主脑乎？""薄葬之说，其力除虚伪之风乎？""观其言兼爱，则社会学家也。观其论政诸篇，则大政治家也。""其伟大之能力，实不可思拟。""作木鸢而能飞，造炮而能为守御之备，则机器发明家，当推墨子第一人也"。

五四时期反孔先锋吴虞，于 1919 年发表论文《辩孟子辟杨墨之非》，批评孟子是出于门户私见。他说："墨子之兼爱，即耶稣之博爱平等也。墨子之节用，即爱笛纽斯之消除情欲也。墨子之修身，即柏拉图之智德同一也。墨子之《大取》《小取》，即穆勒之名学也。墨子之非攻，即俄皇弭兵之旨也。墨子以利为善，即达克斯之功利主义也。"吴虞把墨家主要社会学观点与西方著名思想家相联系，尽管有些牵强，然而其目的是提高墨学的世界地位。类似的种种说法见诸报刊甚多，往往只作判断，而未进行分析论证。

二三十年代，不断有专书出版，证述更全面更具体了。此前的开山之作是 1904 年《新民丛报》连载的梁启超《子墨子学说》，共六章，分墨子之宗教思想、实利主义、兼爱主义、政治学院、实践精神，前有墨子传略，书末考证墨家后学，是第一部全面介绍墨子的专书。1922 年，陈顾远有《墨子政治学》。1923 年，张纯一有《墨学分科》，分教育学、算学、形学、微积、论理、伦理、政治、哲学、法理、理财、军事、宗教等章。1924年，胡韫玉出版《墨子学说》，分总论、非攻说、节用论、非乐说、节葬短丧说、尚同说、法天说、杂论。1926年，陈柱有《墨学十论》，分墨子大略、墨学大略、经学体例、教育主旨、政治学说、文学、诸子异同、历代评墨等章。1927年，蒋维乔有《杨墨哲学》，下篇专论墨学，分十章论墨家学说基础、兼爱、交利、贵俭、力行、非功、交友、修齐治平、缘起、评论，附录墨子与耶稣之比较。1936年，方授楚有《墨学源流》，共十四章，分论墨子身世、事迹、著作、生活背景、墨子政治、经济学说、宗教信仰、根本精神、墨家组织、传授、后期墨家、真墨、别墨、非墨、《墨经》之作者、《墨经》内容概要、墨义之修正与发展、兼爱非攻新解、知识论与辩学、与他家之论辩、实用科学、墨学之衰微与复活、驳墨子非姓墨说、驳墨子为印度佛教教徒说，方氏此书实为墨学通论，是二三十年代墨学研究最全面最细密的一种。

二三十年代出版多种中国哲学史、中国思想史、中国文化史，也都设专节介绍墨子。其中以冯友兰《中国哲学史》（1930年出版）最有分量。

从清末到30年代，以传统方法对《墨子》全面进行校刊、训诂、注释、笺证的著作有一大批。前期以孙诒让《墨子间诂》最重要，集毕沅之后墨子校注之大成，初版于1905年，修订定本于1910年。梁启超说："自此书出，然后《墨子》人人可读。现代墨学复活，全由此书导之。"孙书之后，不断有人补正，使之更完善。1921年，杨嘉有《墨子间诂校勘》。1922年，张纯一有《墨子间诂笺》,1931年又增补为《墨子集释》。同年,李笠有《定本墨子间诂补》。1926年,陈柱有《定本墨子间诂补正》和《墨子刊误》。其他不一一列举。

采用传统方法校释《墨子》者与采用近代社会科学方法分析《墨子》者,并非前述旧派新派学者的分野。有的学者两种方法同时采用,如张纯一、陈柱。有的学者在注墨时采用旧法,在其他方面站在新派一边。如孙诒让既是考据训诂学大家,著作等身,又是坚定的爱国主义者和维新派教育家。在中法战争、中日战争和八国联军入侵之时,他三次负责浙江瑞安民防局事务,积极备战。康梁倡导变法时,他参与公车上书,支持梁启超的《变法通义》。变法失败后,在家乡瑞安办新式学堂,分中文班、英文班、算学班,除教授经史子集和国文外,还教英文、世界史地、伦理、体操、数学、物理、化学。他的《墨子间诂》对墨子人格表示由衷的敬佩。

以上是对20世纪初期30多年墨学复苏之简单介绍。若再细分,前十余年是开创期,后十余年是初成期,儒家被批判,墨学受注意是当时的大趋势。但是,如何更准确更周详地对墨学各方面成就给予现代科学的阐释,还仅仅是开始,肤浅、附会、臆测、夸张之见在所难免,不论是基本学理还是基本方法,都还有待进一步加强和提高。

二、　墨学重光

从 1937 年全面抗战到 1949 年底全国解放，这十多年，武装斗争不停，无暇顾及文事。比较重要的墨学著作只有吴毓江《墨子校注》、杨宽的《墨经哲学》、岑仲勉的《墨子城守各篇简注》等少数几种。50 年代至 70 年代，由于众所周知的原因，以阶级斗争为纲，学术研究乏善可陈。尤其"文革"十年，中华传统文化遭受空前浩劫，孔子和儒家被彻底否定，打翻在地，再踩上千万双脚。法家被政治绑架，成为影射史学的幌子。墨子没有人认真研究。五六十年代，只有任继愈、谭戒甫、栾调甫、詹剑峰、高亨等人出版了五本书而已。

新时期后，改革开放的春天来了。乌云散去，日月重辉，政通人和，百废俱兴，传统文化受到空前的重视，20 世纪 80 年代出现了全民文化热。孔子平反了，儒学复兴了，儒墨关系不再是对立的，而是互通互补，各有所长，与诸子百家一道，共同构成中华民族文化之精华，受到全国各界的尊重，继承与发扬，这是 20 世纪末墨学重光的时代背景。

从 20 世纪 80 年代初开始，一批又一批墨学著作陆续出版。1980 年沈有鼎有《墨经的逻辑学》，1981 年谭戒甫有《墨经分类译注》，1981 年詹剑峰有《墨子的科学与哲学》，1983 年方孝博有《墨经中的数学和物理学》。全面的综合性的墨子研究，到 90 年代以后逐渐多起来。三十万字以上的专书(以出版时间为序)有杨俊光的《墨子新论》,孙中原的《墨学通论》,邢兆良的《墨学评传》,谭家健的《墨子研究》,苏凤婕、程梅花《平民理想——〈墨子〉与中国文化》,胡子宗等五位合作的《墨子思想研究》,陈克守、桑哲《墨子与当代社会》等。

新时期三十余年与20世纪初三十余年相比,无论著作和论文,数量大大超越,质量大大提高,墨学进入一个新的历史阶段。概括起来,有五个特点:

第一,新墨学以马克思主义的基本思想方法为理论武器。

墨学复苏初期,指导学人的研究方法首先是乾嘉朴学的考据训诂方法,校正文字,训释音义,厘清句读等,目的是读懂文本。其次是运用西方的方法,发掘《墨子》书中的现代自然科学和社会科学因素。由于初期学人对西学尚未精通,用来观察墨子,往往仅得皮毛,罕及精髓。

民国初年,梁启超从欧洲游历归来,稍后胡适、冯友兰留学美国获博士学位,这一代人比起前辈对西学的掌握深入得多,成绩可观。但是,胡适用的是实证主义,梁启超所接受的是严复翻译的西方经典的政治经济学、法学、逻辑学等。还有些人的方法是从日本翻译的西学学来的,花样繁多,什么主义都有。

到了80年代,拨乱反正,人们不再把马克思主义当成教条,摒弃庸俗社会学,力求掌握马克思主义的精神实质,与中国的历史实际相结合,以唯物论辩证法为基本方法,本着实事求是的原则,以文本和历史资料为依据,对墨家著作进行认真的解读、分析、归纳,从而做出科学的结论,这已成为 80 年代以来墨学研究的主流趋势。也有人学习西方新的方法,文化人类学、系统论、语义学等,提出新墨学、元墨学等新概念,力图开辟一条新思路,尚在尝试之中。

第二个特点,墨学研究的成果更全面更深入更科学,尤其注重现代价值,使之与当代发展经济,加强管理,建设和谐社会,提高全民道德等时代要求相适应。

有些问题在 20 世纪前三十年奇谈怪论迭出,现在已经没有人理会。如说墨子的国籍是印度人、阿拉伯人等等,已成为笑柄。关于墨子的里籍,经反复讨论,多数人赞成出生在山东滕州,后来也到鲁国、宋国、卫国、楚国、魏国、越国生活,游说,讲学。"孔席不暇暖,墨突不得黔"正是他居无定处的写照。关于墨学的体系,墨子本人已总结为十论。学者们认为,兼爱是其社会学的核心,最可宝贵。非攻反对侵略战争,支持防卫战争,有理论又有实践,今天仍然弥足珍贵。尚贤的人才观把工农商人与贵族同等对待,量才使用,赏贤罚不肖。尚同有民选王公大臣及各级官吏的萌芽,有民主监督的因素。节用节葬的经济思想,开垦荒地以加强农业,提倡早婚以增加劳动力,虽有过于简单化倾向,出发点是为大众着想,为国家着想。提倡强力,反对命定论,充分发挥人的主观能动性,尊重劳动者对劳动成果的所有权,这些被学者充分肯定。对于非乐,学者们肯定他反对统治者享乐,批评其轻视文化娱乐的社会作用。对于天志、明鬼，大多数学者认为是宗教迷信，反映小生产者的狭隘性，但也有人肯定其以天的无限权威约束君主的有限的权威。对于墨家哲学中的唯物论、认识论、知识观、真理观、三表法，伦理学中的义利观，刻苦耐劳，不怕牺牲的品格，以及教育观、法治精神，不少人写文章、写书，力图多角度发掘，使之在现实中发扬光大。

关于墨学逻辑学的书很多，见解不尽相同，学者们互相尊重，共同讨论。关于《墨子》全书注释校勘今译，以姜宝昌《墨论寻释》《墨经训释》《墨守训释》（合计 180 万字）最详。一般的今释今译今解的选本之书特别多，起到了普及的作用，但是往往大同小异。关于墨学之自然科学的文章和著作也很多，墨子在科学史上的地位愈来愈为国内科学界所公认，被尊为"科圣"。2016 年 8 月 16 日，中国制造的全球首颗量子科学实验卫星被命名为"墨子号"，这是墨学的光荣，充分说明墨子在世界科技史上的贡献。

关于墨子的历史定位，有学者概括为：中国古代伟大的思想家、军事家、科学家、教育家，基本上已成墨学界的共识。

第三个特点，新时期的墨学研究队伍不断壮大，日益广泛，已经出现许多位墨学专家，初步形成老中青三代接力的梯队。

目前，撰写墨学研究著作和论文的作者，有专业研究所的研究人员、大学教师、中学教师、出版社和报刊编辑、各级政府不同部门的公务员，工厂、企业、商业从业人员，军队文职人员等,数量相当庞大。年龄包括老中青,其中少数可以称为墨学专家,下面介绍几位比较突出者。

孙中原(1938—),中国人民大学哲学系教授,1960年毕业于中国人民大学哲学系,1961年中共中央高级党校研究生班毕业后,在中国科学院哲学研究所攻读诸子学、墨学和中国逻辑学。从事中国逻辑史和墨学研究长达五十余年,90年代以来,已出版墨学专著十多部,如:《墨学通论》《墨者的智慧》《墨子及其后学》《墨经分类译注》《墨学与现代文化》,《中华大典》中的《墨学总部》《墨子今译今注》(合著)、《墨经正读》(合著)、《墨子鉴赏辞典》《墨子解读》《墨子与墨学》《墨学大辞典》(主编)、《墨子大辞典》《墨子趣谈》等,另有包括墨子在内的中国逻辑史著作八部,在国内外发表有关墨学的文章百余篇。就论著数量而言,在20世纪墨学研究者中无出其右;就论著水准而言,包罗全面,新意迭出,属于当前一流。既有论述,又有注译;有研究性的,又有普及性的;既熟悉国内墨学情况,能吸收古今墨学之优长,又能从海外借鉴,从日文翻译文章,借鉴希尔伯特的元数学和塔尔斯基的元逻辑概念,提出元墨学概念。他同时还利用了英国学者德龙开发的《中国哲学书电子化计划》网站的有关资料。所以孙中原的著述成果丰厚。

姜宝昌(1940—),山东大学中文系教授,本科为物理系,硕士为古汉语专业,90年代以来,以墨学为主攻方向。已出版著作《墨经训释》《墨守训释》《墨论训释》,三大部书共180万字,体例是:原文、校注、校后之文、今译、余论。既广泛吸收前人成果，又多有创获之见，其成果最可贵部分为《墨守》部分。此部分素称难读难解，目前专门解释此书只有五部：岑仲勉《墨城守以下各篇简注》、台湾地区冯成荣《墨子兵学及备城门以下十一篇之新注新译》、秦彦士《古代防御与墨家和平主义》、史党社《墨子城守诸篇研究》、叶山《攻守城器械及东周军事技术》。墨子《城守》诸篇包括军事机械学、动力学、声学、通讯、城防工事、火力配备、人力动员、侦察、防奸、组织、纪律、监督等等内容，详细周密，不像《墨经》中自然科学只言片语，文字残缺。《墨守》已构成一个科学的防御体系，价值极高。姜教授有物理学和古汉语的基础，与墨学研究结合相得益彰。他另有《墨家与现代科技》一书，属普及性质。

张仁明（1954—），贵州毕节人，1982 年贵州大学中文系本科毕业，1989 年山西大学中文系硕士研究生毕业，之后在贵州毕节学院任教，现为该校教授。2003 年在贵州人民出版社出版《墨子词典》50 万字。2010 年贵州人民出版社出版《墨经词典》（合著）48 万字和《墨守词典》（合著）56 万字，三书合计 150 多万字，按字词音序排列，是系列完整的墨学词典。主编《墨经汇释》50 万字，2016 年出版。张仁明先生的学术环境相对偏远，工作繁重，健康状况欠佳。他在坚持完成教学任务的同时，积数十年之力编写出一部又一部高水平的墨学词典。与张仁明同时，王裕安、孙卓彩、郭正旦主编的《墨子大辞典》，山东大学出版社 2006 年出版，也是同类词典中的优秀著作。

郑杰文（1951—），山东大学中文系硕士，南京大学中文系博士，山东大学中文系教授。2002年出版《二十世纪墨学研究史》(46万字)，2006年出版《中国墨学通史》(86万字)，是目前最系统最完整的墨学通史。第一至五章，介绍墨家的形成和战国至明清的流传，第六、七章为近百年墨学之整理与研究。另有四个附录：1.历代墨学书目及版本；2.中国(含台湾)墨学论文目录；3、4为日本墨学著作及论文目录，皆极具参考价值。郑杰文还有《墨学与当代伦理道德》(合著)等书及论文数十篇。

在2015年、2016年获得"中国墨子学会"颁发的墨学优秀成果奖中，除上面提到的几位外，还有杨向奎、周云之、杨俊光、谭家健、齐瑞端、秦彦士、陈克守、杨武金(以年龄为序)等知名学者，不一一介绍。在一批墨学专家周围，还有他们的学生、同事、朋友，共同探讨，交流讯息，合作撰写专书或论文，初步形成一个个小型的学术团队，这在20世纪前三十年是没有的。

第四个特点是，近三十多年的墨学研究，得到各地各级政府和人民群众大力支持，有组织有计划地推进。

20世纪90年代初，成立了中国墨子学会，山东大学与滕州市人民政府共同建立墨子研究中心，现有专职工作人员二十多人，配合中国墨子学会开展了一系列卓有成效的工作。

从1991年迄今，举办了十一届国际墨学研讨会，先后有二十多个国家的学者与会。举办了两届"墨子小孔成像国际摄影学术研讨会"。出版了内部发行的期刊《墨学研究》(已发行 50 期）。编辑出版超大型资料性丛书《墨子大全》，任继愈、李广星主编，共 100 册，收书 261 种，1949 年以前编为五十册，1949—2001 年编五十册，涵盖两千年来墨学著作和《墨子》的不同版本，1949 年以后台湾地区出版的书也包括在内。出版《墨子研究论丛》，迄今已有十一辑。出版张知寒主编的《墨学与当今世界丛书》十种，包括《墨学与现代科技》《墨学与现代军事》《墨学与现代经济》《墨学与当代教育》《墨学与当代政治》《墨学与新伦理道德》《墨学与新文化建设》《墨学的当代价值》《墨学与世界和平》《墨学与思维方式的发展》。这十本皆着眼于墨学研究的现实应用，与现代社会接轨。还出版一批普及性著作——《科圣墨子》《墨子兵书》《墨子名言》等。

2012 年中国墨子学会建立墨学研究评选表彰机制，并于 2014 年、2016 年举办两次墨学研究成果评奖活动，有二十部墨学著作、九篇论文获优秀成果奖，有十五位学者获突出贡献奖（包括海外四位），有三位获得墨学新人奖。滕州成立了墨子纪念馆、墨子研究资料库、中国墨子网站。滕州市柳琴剧团制作并演出柳琴古装戏《墨子救宋》和《墨子与鲁班》。在滕州举办了六届"国际墨子文化节"。

山东大学设有墨子研究所。山东枣庄学院有墨子研究院，出版了多部墨学著作。除山东省之外，其他地区也成立了墨子团体，开展墨学研究活动。河南成立了河南省墨子研究会，主办了四次研讨会，出版了十来部墨学著作。位于安徽合肥的中国科技大学自然科学史研究室成立了"《墨经》研究会"，开过两次《墨经》研讨会。贵阳、包头分别主办过国际墨学研讨会。包头的《职大学报》定期开辟《墨学研究》专栏，已连续数年。

2009年，复旦大学钱文忠教授应邀为中央电视台"百家讲坛"作《鲁班与墨子传奇》的讲座，扩大了墨子的影响。山东电视台也举办墨子讲座，多人多次讲演，起到宣传和普及墨学的作用。

在中国墨子学会开展的评奖活动中，山东大学历史系张知寒教授获得唯一的杰出贡献奖。他于1957年被错划成右派，1978年改正之后，回到山东大学任教，1988年退休后，全身心投入墨子研究和墨子学会组织工作，直到1998年去世，长达十年。经过他的调查考证，得出墨子里籍在滕州，出版了《墨子里籍考论》和《墨学余论》，其结论获得大多数墨学家的认同。他是中国墨子学会秘书长，参与组织第一次到第五次国际墨子研讨会，在国内国际广交朋友。编辑《墨子研究论丛》，主编《墨子与当今世界丛书》，主编《山东通志》中的《墨子志》，提议编辑《墨子大全》并参与最初的策划。身患重症，多次手术，仍然不顾身体健康，鞠躬尽瘁，直到生命的最后一刻。许多人为之感动，称誉他为当代墨子。山东籍作家焦世瑜专门写作传记文学《历史·墨子·张知寒》(山东文艺出版社出版)，全面介绍他的生平业绩。获得突出贡献的十五位中，有墨子研究中心办公室李广星编审，他担任此职17年，参与组织历次墨学研讨会，联络国内外有关学者，主编或合编多种丛书,他本人与他人合作撰写了《墨学与当代教育》《墨学十讲》等著作,长期超负荷的繁重劳动,损伤了身体健康。

第五个特点,广泛开展国际交流,海内外合作,把墨学推向世界。这方面的工作,可以概括为两句话:请进来,走出去。

近三十年来,有不少海外墨学专家应邀到中国讲学、开会,合作研究。

美国爱丁堡大学李绍昆教授(1928—2014),原籍中国湖南,在美国取得博士学位,在国外多所大学担任教职,20世纪80年代以后经常回祖国探亲、访友、讲学、论道、办讲习班。80年代末,在南开大学讲墨子二十多学时,讲义题为《墨学十讲》,在台湾出版。继而到北京、武汉、长沙、滕州、枣庄,办心理辅导员培训班,作关于墨子精神的宣讲报告,多次出席墨学会议,多次向墨子研究中心、枣庄墨子研究院捐钱赠书,多次邀请中国墨学专家出席美国、韩国及台湾地区的相关会议。李绍昆先生是对中国传统文化和墨子研究出力最多的外籍学者。

几乎每次中国墨子学会主办的墨学研讨会都有日本、韩国学者参加。其中日本的原孝治、韩国的朴文铉参加最多。还有英国、德国、法国、比利时、俄罗斯、新加坡、马来西亚的学者。

台湾高雄师范大学史墨卿教授,原籍山东青州,常到中国会见乡亲,拜谒孔陵,出席山东、北京各种会议,多次邀请内地学者访台,亲自驾车陪同,介绍内地学者论文在台湾发表,与中国社会科学院谭家健教授合作编辑两地墨学研究论文资料。台中大学李贤中教授,多次到大陆参加墨学会议,多次邀请大陆学者到台湾开会、讲学,与中国人民大学孙中原教授合作编书。

中国大陆学者出国开会甚多,王裕安、郑杰文、李广星以墨学家身份出访美国,李广星还访问过中国台湾、韩国和瑞典,秦彦士访问过比利时。台湾东吴大学在 2005 年举办过墨学研讨会,内地十多位学者应邀出席。

在海外宣讲墨学次数最多、时间最长的是中国社会科学院文学研究所谭家健教授。他在新加坡国立大学、新加坡东方文化学院、马来西亚新纪元学院分别担任全职受薪客座教授,先后累计八年,讲授中国文学、中国哲学、中国文化方面的课程十多门。其中"墨子研究"作为高年级选修课分别讲授七遍,每遍三十多学时,是计入学分的课程。在中国国际电台讲授《墨子》六讲,制成光盘,全世界发行。请他作一次性讲演墨子的海外地区和国家有中国台湾、香港,印尼,马来亚大学和博托拉大学等,讲题分别为《平民哲学家墨子》《近二十年来之墨学》《墨学之现代价值》,讲稿在当地报刊发表。谭家健的专著《墨子研究》(50 万字)是在新加坡国立大学讲义基础上扩展补充而成的。

中国人民大学孙中原教授于 2008 年受聘为台湾东吴大学客座教授,讲学半年,为哲学系大学部和硕士班讲墨家智慧和墨家逻辑学课,每周 8 课时,共 18 周,计 144 课时。记录本次讲学的讲义《逻辑哲学讲演录》,列入"大学名师讲课实录"丛书,广西师范大学出版社 2009 年出版,55 万字,附有东吴大学讲课录音光盘。《人民日报》(海外版)2009 年 7 月 29 日第 3 版"台港澳侨"专栏,刊登了孙中原此番在台湾讲学的报道。孙中原主编的《墨学与现代文化》,邀请台湾韦政通教授、王赞源教授、李贤中教授,日本山边进教授,韩国学者李善瑛、黄成圭、林洪兑撰稿。孙中原、姜宝昌、杨武金、周才珠、齐瑞瑞几位教授与台湾的王赞源教授、王冬珍教授合作撰写了《墨经正读》。

日本的西山尚志、英国的德龙,获得中国墨子学会颁发的墨学新人奖。韩国李承律、比利时安妮的论文,分别在中国的《文史哲》和《学术月刊》发表,获得中国墨子学会颁发的优秀论文奖。

在充分肯定近三十年来墨学研究取得的巨大成就的同时,要看到真正的墨学复兴任重而道远,现在仅仅是开始。目前中华传统文化的主阵地仍然是儒学。儒学研究得到中国政府乃至国际人士的大力支持,道家研究得到社会各方面(包括道教)的支持,兵家研究得到中国军界和国际军界的广泛关注。墨学研究还不能与他们相比。就研究成果的影响力、普及率而言,墨学还不能说已进入显学之列,对此我们要有清醒的认识。

要看到墨学研究存在的不足之处甚至有待克服的缺点。任继愈先生在《中国哲学发展史》(先秦)序言中针对当时的

《墨经》研究指出:"有两种做法在我们看来是不妥当的:(一)对暂时难以确定的条文,臆测妄度,强为之解,或利用古字辞含义多方,古音通假的现象,随意推衍,轻率增减改字,以自圆其说,致使结论陷于武断。(二)不顾时代条件,将其哲学和自然科学无限提高,给它穿上现代哲学和自然科学的时装,好像近世许多伟大的自然科学学说,在《墨经》中早已被发现。这两种方法都不是实事求是的态度。"任先生指出的上述现象,主要针对80年代墨学界情况而言,近二十年来已有很大改进,但还不同程度地存在,值得注意。过分拔高与推衍,并非科学评价。实事求是才能经得起时间的考验,才能获得更多人的认同。在出版方面,《墨子》注译类数量很多,仅2004—2015年就有25种,起到普及墨学的作用,但新见解较少;在论文方面,围绕某些热点论题,某些文章和著作为了普及和向大众宣讲而难免重复,可以理解。若是硕士、博士写作学位论文和研究性论著,应该尽可能多些有独到性的新东西。必要的复述是难免的,但应尽量减少。

墨学的真正复兴与繁荣,有待广大墨学爱好者进一步努力。

第十二讲　墨学价值

孙中原

内容提要:墨学产生于世界文化的轴心时代,墨家建立博大精深的学说体系,积极倡导科学人文精神,是中国传统文化的瑰宝,在全球先进文化的大格局中占有一席之地,在政治、经济、文化、军事、逻辑等诸方面,都有重要的现代价值和世界意义。现代墨学研究的理想目标,是推动墨学的创造性转化和创新性发展,建立新墨学和元墨学,为国家文化战略注入新的活力和元素,为振兴中华,实现中华民族伟大复兴的中国梦,提供锐利的思想武器和强大的精神动力。

引言

2016 年 6 月,重大文化活动"墨子公开课"在北京召开备课会,会议委托我承担最后一讲"墨子思想与墨学的当代价值与世界意义"的讲课任务。我在备课中,把这个讲题的文字表述,缩减为"墨学价值"四个字。①

　　"墨学价值"是一个抽象概念,具体化为一首诗,就是这一讲的内容:"墨学滕州今结缘,文化张力树典范。墨学现实相融通,连接中外通世间。轴心时代根底深,理论潜能大无边。创转创发康庄道,理想期待倡新元。"

　　这一讲,借这首诗的四句话,分四个标题。第一个标题:"墨学滕州今结缘,文化张力树典范。"以滕州墨学研究为典型,讲墨学价值,用典型分析式的科学归纳推理方法论证。第二个标题:"墨学现实相融通,连接中外通世间。"讲墨学价值的内容。以上两个标题,回答墨学价值"是什么"的问题,用《小取》的术语说,这叫"知其然":知道事实怎样。

　　第三个标题:"轴心时代根底深,理论潜能大无边。"讲墨学价值的理论和历史根源,说明墨学之所以有价值的原因、理由和根据,回答墨学"为什么"有价值的问题,用《小取》的术语说,这叫"知其所以然":知道事实的原因如何。

　　第四个标题:"创转创发康庄道,理想期待倡新元。"讲墨学研究发展的方向、道路和方法,说明怎样实现墨学价值,回答墨学研究"做什么,怎么做"的问题,用《墨经》的术语说,这

---

① 《墨子公开课》举行备课会,《光明日报》国学版 2016 年 6 月 20 日 16 版;孔德立:《墨子公开课备课会议纪要》;《墨子公开课课程安排》,《光明日报》国学版 2016年 7 月 25 日。

叫"为知",即有意识的自觉实践的知识。①

一、 墨学滕州今结缘，文化张力树典范

（一）滕州墨研成功例

这个标题讲滕州的墨学研究，促进滕州社会的全面发展，同时推动海内外墨学研究的进展，成为中国和世界墨学研究的重镇，是实现墨学价值的一个典型案例。

我主编的《墨学大辞典》，列入国家社会科学基金后期资助项目。2016 年 7 月，经全国哲学社会科学规划办公室审核，批准结项。《墨学大辞典》列"墨学与滕州"条目，释文说："墨学滕州今结缘，文化张力树典范。登高一呼群响应，墨学复兴有根源。"概括当代中国和世界墨学研究，怎样从滕州掀起一场持久强势的墨学研究新潮流。张知寒教授论证墨子故里在滕州，成为滕州社会全面发展，发生巨大变化的强大动力，表现了文化的强劲张力，文化对社会全面发展的巨大能动推引作用。"墨学与滕州"条目释文说："墨学文化与滕州发展的课题和实践，是墨学文化发展推动社会全面发展的典型。"②

---

① 《墨经》第 81 条讲知识分类，其中一类知识叫"为知"，定义是："志行，为也。""为知"是有意识的自觉行动（实践）的知识。知道做什么（目的），怎么做（方法），从而有计划有步骤地去做。

② 孙中原邵长婕杨文编：《墨学大辞典》，北京：商务印书馆 2016 年版，第 440 页。

马克思说："一步实际行动比一打纲领更重要。"[1]强调实际行动的重要,即使拿出一打纲领,都不如一个实际行动更重要。滕州墨学研究,是当代实践墨学价值的现实性行动,比拿出一打纲领都更有实证性和说服力。

墨学价值是什么? 在滕州剧变,墨学文化和经济社会全面发展的实践中,我们耳闻目睹。墨学跟滕州有不解之缘,现代墨学研究引来滕州巨变,这是墨学价值的实证,实践证明。现代墨学研究,促进滕州社会的全面发展,产生巨变,典型表现文化对社会发展的巨大反作用力。从 20 世纪 80 年代末起,近三十年来,滕州市专注墨家思想的挖掘、研究和传承、普及工作,在国内外产生了积极的影响,强化了文化引领功能,扩大了滕州的知名度,涵养了城市的文化内涵,提升了民众的文化自信和自觉,为滕州经济的快速、持久发展提供了强大的内驱动力。

"非命尚力",是墨子从"非儒"的学术论争中,概括升华的人文科学命题,是墨学真理性、哲理性的重要关键词。儒家孔子讲"命",弟子跟从。墨家墨子讲"力",持续发挥。《墨经》科学定义"力"的概念,专条阐发"力"的范畴,给"力"的概念下定义,列举典型实例证明。《经上》说:"力,形之所以奋也。"《经说上》说:"力:重之谓,下举重,奋也。"力量是形体之所以能奋

---

[1]　马克思:《哥达纲领批判》,《马克思恩格斯选集》第 3 卷,北京:人民出版社 1972 年版,第 3 页。

起运动,引起速度和状态变化的根源。一个常见的典型实例,是举重。人力奋起,形体动作,举起重物,由下往上,迁移位置,翻山越岭,靠的是劳动人民力量的奋发。这是广大人民群众人力主观能动作用的典型表现。

墨子有《非命》三篇,专讲"非命尚力"的科学论点,反驳儒家天命论、命定论的迷信谬说,主张强力发挥广大劳动人民群众的积极能动作用,认知和改造世界,靠大众之力,靠人民群众的智力体力,发明工具,操作和充分利用机械力。《非命》载墨子说,国家安危治乱,不靠天命靠人力,提倡充分发挥人力的积极能动作用,批判儒家消极的命定论。《非命上》说:"古者桀之所乱,汤受而治之,纣之所乱,武王受而治之,此世未易,民未渝,在于桀纣则天下乱,在于汤武则天下治,岂可谓有命哉?"《非命中》说:"昔者桀之所乱,汤治之,纣之所乱,武王治之,此世不渝,而民不改,上变政,而民易教,其在汤武则治,其在桀纣则乱,安危治乱,在上之发政也,则岂可谓有命哉?"《非命下》说:"昔桀之所乱,汤治之,纣之所乱,武王治之,当此之时,世不渝,而民不易,上变政,而民改俗,存乎桀纣,而天下乱,存乎汤武,而天下治,天下之治也,汤武之力也,天下之乱也,桀纣之罪也,若以此观之,夫安危治乱,存乎上之为政也,则夫岂可谓有命哉?"这是典型的应用求异法的科学归纳证明。墨子由暴王桀纣幽厉"执有命",概括出"命者暴王所作",懒人所述,应该抛弃,代之以"强力而为"的人力能动论,这是墨家科学人文精神的突出代表。篇中强调,不是神仙命运决定一切,而是"强力"人为创造一切。所谓"强力",就是努力工作,充分发挥人的主观能动作用。墨子主张在认知世界的基础上,运用自身力量顽强奋斗,改变现状,达到理想目标。这种积极进取的精神,体现中华民族自强不息的传统美德,值得传承弘扬。

"墨学对现代有什么作用",是指墨学的现代价值。"价值"表现为"作用",包括使用价值、理论价值、历史价值、现代价值、未来价值。在时间绵延上,适用于历史、现实和未来。在空间延展上,适用于海内外,有世界、全球和全人类的普遍意义。墨学精华,作为正确反映客观规律的真理,必然在理论和实践两方面有作用(效用、效能、效果和影响)。

墨学真理的用途,就是其价值,可分析为理论价值,实践价值,历史、现实和未来价值,全球价值,全人类价值。有人说墨学真理,只对古老的东方的中国人有价值,这样讲是不合乎科学的。凡是科学真理,都是属于全世界,全人类,全球性的,都没有地域性,民族性,跟种族、地区无关。说墨家的逻辑学、科学人文学,专适于古老东方的中国人,这样说是毫无科学意义的谬说。

(二)量子卫星成功例

量子卫星"墨子号",是实现墨学价值的又一典型案例。"墨子号"升空,记者电话采访,邀我发表感言。我写好讲演稿,前面有首诗,第一句诗是"量子卫星墨子号,文化自信树典范"。"量子卫星墨子号",是卫星名称。"文化自信",是首席专家潘建伟的说明。潘建伟说,量子卫星叫"墨子号",表明文化自信。我说量子卫星"墨子号"是为文化自信树立典范,是体现墨学价值的典型范例。

潘建伟是中国科技大学常务副校长,推崇曾任中国科技大学副校长钱临照的学术思想,钱临照留学英国,专攻光学。抗战时,在昆明西南联大看《墨经》,感觉梁启超解释不够,见到李约瑟成为好朋友,开始用《墨经》资料写文章。钱临照用西方光学知识,确解《墨经》光学八条。有人误批据西释中,诬称为"方法论弊端"。拒绝用西方光学知识分析,就不能确解《墨经》光学八条。《墨经》用特殊古汉语表达,难以索解。用西方科学知识规律性语言,才能把《墨经》科学知识解释清。用清楚的东西,可把不清楚的东西,解释清。这是为什么确解《墨经》,要用西方科学方法的奥妙所在和典型案例。有人把用西方科学方法解释《墨经》科学和逻辑,误批为"方法论弊端",诬指为"比附""牵强附会",是理论混乱,是非颠倒,误导学人。

二、 墨学现实相融通,连接中外通世间

第二个标题,讲墨学价值的内容。从现实世界需要出发,回答墨学价值"是什么"的问题,用《小取》的术语说,这叫"知其然",即知道事实怎样。"通世间"即"沟通世界"。墨学融通现实,连接中外,沟通世界,在全球先进文化的大格局中占一

席之地。

历史学家杨向奎比喻《墨经》崇高的文化价值，出语惊人：
"一部《墨经》，无论在自然科学哪一方面，都超过整个希腊，至
少等于整个希腊。"①

《墨经》文字简约，狭义《墨经》四篇 5714 字，广义《墨经》
六篇 8405 字，蕴涵宏富，概括万有。《墨经》成书于战国末，跟
《荀子》和《公孙龙子》同时，是中国最早的百科概念命题集萃
和论证，中国古代一部微型的百科全书。

《经上》《经说上》是各门科学概念范畴的定义、划分和简
单命题。《经下》《经说下》是各门科学的定理和概括论证。
《墨经》富含中国古代各门科学信息，是中国文化永续研发的
起点，进一步说明发挥的基元，是有开端，无终点，有预想，待
完善的中华学术理性化、逻辑化的蓝图。

世界科学分科，是近现代的新生事物。西方文艺复兴和
工业革命后，进入近现代，科学空前发展。逻辑学，数理化天
地生，自然科学，技术科学，人文科学，特化细化，分门别类研
究。现代世界一体化，全球如一村，互联网联机，瞬间全球通，
人类融一体。

现代墨学研究，要用现代人可接受的分科概念，融入现代
知识教育体系。现代墨学研究，如果只满足于狭隘经验论的
主观片面的所谓"考辨"，把这种所谓"考辨"，视为终极真理，

---

① 《墨子大全》第 68 册页 52，北京图书馆出版社 2004 年版。

认为"至矣尽矣,不可以加矣",而极端轻视理论思维和科学理性的方法论,排斥科学分析和综合,必然迷失方向,陷于各种谬误和理论混乱。否定墨学的分科分析和综合研究,拒绝运用系统超越、有普遍指导意义的科学研究方法论,是这种谬误和理论混乱的典型表现与产生根源。

《荀子·正名》说:"凡同类同情者,其天官之意物也同,故比方之疑似而通。"同是人类,有同样性质,面对同一世界,天生认知器官相同,对物质世界的意识相同,经过比较推论,排除假象,把握真相,形成全世界全人类本质共同的科学。世界人类逻辑学和数理化天地生基础科学、技术科学、人文科学,有一元性,唯一性,同质性,共同性,共有性和共享性。本质相同(一般性,普遍性,共性),语表不同(现象,特殊性,个性)。一元多表:科学唯一,语表不同。

终生致力于中西哲学会通交融的贺麟先生说:"我们不但可以以中释西,以西释中,互相比较而增了解,而且于使西方哲学中国化以收融会贯通之效,亦不无小补。"[①]中西互释,比较研究,融会贯通。"以西释中"(据西释中,以西解中,以西框中):根据西方,解释中国;用西方逻辑方法,解释中国逻辑。

有人误称用西方科学分析《墨经》是"'以西解中'的方法论弊端",说"产生于东方古老文化环境中的墨学特别是墨辩逻辑和墨家科技,是否用西学思想来比附和用西学方法来解

---

① 　贺麟:《哲学与哲学史论文集》,商务印书馆1990年版,第269页。

析就能把握得了?"说"这种用西方科技知识比附解释《墨经》的方式是否恰当?"①这是借口"墨学特别是墨辩逻辑和墨家科技"的地域性("东方")、历史性("古老")和"文化环境"(中国),人为割裂全世界同一科学的整体性和普遍性,挖沟筑墙,而不是连接中外,沟通世界,铺路搭桥,融会贯通。

墨子论题尚贤、尚同、兼爱、非攻、节用、节葬和非命,各有不同程度的真理性和合理性。天志、明鬼包含迷信糟粕,非乐有批评侈靡享乐的合理性和否定音乐的片面性,不宜全盘继承。墨家的科学人文观,有七大要义。

第一要义,劳动生产观。《非乐上》说:"今人与此异者也:赖其力者生,不赖其力者不生。"劳动生产观,是马克思主义历史唯物主义的观点,墨子有这一观点的萌芽。人凭自己力量劳动,满足衣食需要,这相当于说:"劳动者得食,不劳动者不得食。"这是墨学第一精华观念。

第二要义,劳动本位观。《辞过》说:"民富国治。"人民富足,国家才能得治。《尚贤上》说:"农与工肆之人,有能则举。"主张从社会基层农工贱民举荐能人治国。墨子是劳动圣人,墨家是劳动学派,墨学表达劳动者心声。

墨子认为劳动人民是国家本位,跟儒家相反。《荀子·王霸》说:"役夫之道也,墨子之说也。""圣王之道也,儒之所谨守也。"把墨学看作干粗活人的道理,跟儒家谨守的"圣王之道"

---

① 《墨子大全》第95册,北京图书馆出版社2004年版,第402页。

有不同本质。荀子说的"役"即役使,"役夫"即供人役使,干粗活的人,体力劳动者。"役夫之道"指劳动者的道理。

《孟子·滕文公上》说:"或劳心,或劳力。劳心者治人,劳力者治于人。治于人者食人,治人者食于人:天下之通义也。"又说:"无君子莫治野人,无野人莫养君子。"东汉赵岐注:"劳心者,君也。劳力者,民也。君施教以治理之,民竭力治公田,以奉养其上,天下通义,所常行者也。"这是中国长期封建社会正统思想的标本。又说:"君子劳心,小人劳力。""劳心者"指君子,贵族,统治者。"劳力者"指劳动者,人民,被诬称"野人""小人",专供役使、生产财富,供统治者享受的被统治者。封建社会为统治者服务的思想家,极少有人为"役夫"代言。荀子说"墨子之说",是"役夫之道",即劳动者、"野人""小人"的道理。"儒之所谨守"的儒家学说,是"圣王""君子"、贵族和统治者的道理,典型地透露出墨儒两大学派不同的社会基础和价值取向。

第三要义,劳动人权观。《尚贤中》说:"民生为甚欲。"人民生存,世代延续,是第一愿望。《非乐上》说:"民有三患:饥者不得食,寒者不得衣,劳者不得息,三者民之巨患也。"《非命下》:"必使饥者得食,寒者得衣,劳者得息。"吃饭、穿衣和休息,这是劳动者的基本人权。《尚贤下》说:"有力者疾以助人,有财者勉以分人,有道者劝以教人,若此则饥者得食,寒者得衣,乱者得治。"《兼爱下》说:"万民饥即食之,寒即衣之,疾病侍养之,死丧葬埋之。老而无妻子者,有所侍养以终其寿。幼弱孤童之无父母者,有所放依以长其身。"

第四要义,群众智慧观。《尚同中》说:"夫唯能使人之耳目,助己视听。使人之唇吻,助己言谈。使人之心,助己思虑。使人之股肱,助己动作。助之视听者众,则其所闻见者远矣。助之言谈者众,则其德音之所抚循者博矣。助之思虑者众,则其谋度速得矣。助之动作者众,即其举事速成矣。"《尚同下》说:"一目之视也,不若二目之视也。一耳之听也,不若二耳之听也。一手之操也,不若二手之强也。"这是群众观点和群众路线的萌芽。

第五要义,人力能动观。墨子批判儒家消极的命定论,主张不靠天命靠人力,提倡充分发挥广大劳动人民的积极能动作用。《非命下》:"命者暴王所作,穷(懒)人所术。"《公孟》载墨子说命定论的"儒之道足以丧天下",儒家"以命为有,贫富寿夭、治乱安危有极矣(命有定数),不可损益也。为上者行之必不听治矣,为下者行之必不从事矣,此足以丧天下"。《非儒》说,儒家"强执有命以说议曰:寿夭贫富、安危治乱,固有天命,不可损益。穷达、赏罚、幸否有极,人之智力不能为焉。群吏信之,则怠于分职。庶人信之,则怠于从事。吏不治则乱,农事缓则贫,贫且乱政之本。而儒者以为道教,是贼天下之人者也。"儒家有命论、命定论害人,是懒汉哲学,使人放弃奋斗,安于贫穷。墨家主张强力拼搏,改变命运。

第六要义,人民价值观。墨子首次提出检验言论真理性标准,肯定人民经验对判定言论真理性的价值。"三表法"要求"下原察百姓耳目之实""观其中百姓人民之利",到下层考察人民经验,观察言论在实行中符合人民利益的程度。

第七要义,兼爱平等观。墨子兼爱有五种性质:整体性、普遍性、穷尽性、交互性和平等性。兼爱有整体性,只要是人就应该爱。普遍性,不能遗漏。整体性、普遍性、穷尽性、交互性和平等性,是最深刻的人道主义、人文主义,是长期坚持实现的目标。

墨家在战国时期二百多年间,始终坚持兼爱平等观理想,提出十多个论证角度。我对墨家著作思想用语,穷尽搜索,完全归纳,确认墨家的兼爱理想,是尽爱、俱爱、周爱,不分民族、阶级、阶层、等级、亲疏、住地、人己、主仆等差别,包括过去、现在和未来人,是最普遍深刻的人道主义、人文精神。

兼爱有整体性。兼即整体,兼爱是遍爱人类整体。《经下》说:"无穷不害兼,说在盈否。"《经说下》说:"人若不盈无穷,则人有穷也,尽有穷无难。盈无穷,则无穷尽也,尽有穷无难。"世界无穷,人无穷,不妨碍推行兼爱理想。

兼爱有周遍性。《小取》说:"爱人,待周爱人而后为爱人。不爱人,不待周不爱人。不周爱,因为不爱人矣。"《经上》说:"尽,莫不然也。"要爱所有人,才叫爱人;有一部分人不爱,不叫完全意义的爱人。

爱人有一贯性。《大取》说:"昔者之爱人也,非今之爱人也。"爱人要一贯:过去爱人,现在爱人,永远爱人。施爱于过去、现在和未来。《大取》说:"爱上世与爱后世,一若今之世人也。"

兼爱不容割裂。《大取》说:"兼爱相若,一爱相若。一爱相若,其类在死蛇。"爱人包含爱奴隶臧获。《小取》说:"获,人也;爱获,爱人也。臧,人也;爱臧,爱人也。此乃是而然者也。"爱奴隶"臧获",是"兼爱"整体不可分割的部分。

人口密度,不妨害兼爱。《大取》说:"爱众世与爱寡世相若,兼爱之又相若。"不知人数,不妨害兼爱。《经下》说:"不知其数而知其尽也,说在问者。"《经说下》说:"尽问人,则尽爱其所问。若不知其数,而知爱之尽之也,无难。"

不知处所,不妨害兼爱。《经下》说:"不知其所处,不害爱之,说在丧子者。"爱人包含爱己。《大取》说:"爱人不外己,己在所爱之中。己在所爱,爱加于己。伦列之:己,人也;爱己,爱人也。"

《孟子·滕文公下》说:"墨氏兼爱。"《孟子·尽心上》说:"墨子兼爱,摩顶放踵利天下为之。"《庄子·天下》说:"墨子泛爱兼利。"《尸子·广泽篇》说:"墨子贵兼。"《荀子·天论》说:"墨子有见于齐。"齐指平等。皮嘉佑说:"平等之说导源于墨子。"孙中山《三民主义》说:"古时最讲爱字的莫过于墨子。"梁启超《墨子学案》说:"墨学所标纲领,其实只从一个根本观念出来,就是兼爱。"

墨家论证兼爱,用很多词表述:"尽爱,俱爱,周爱。"想象中人类的各种差别,都排除,都要兼爱。墨家从墨子到《墨经》

一直坚持兼爱。《墨经》有十几个新角度,进一步论证兼爱。如强调整体性、普遍性和穷尽性,不知道世界上人口数量,不妨碍兼爱。不知道世界上人住在哪,不妨碍兼爱。丢孩子的父母,不知道孩子在哪住,还是爱他。爱人包括爱自己。爱人口密度大的地区,也爱人口密度少的地区。爱过去、现在和未来人。从各个角度,细致论证兼爱的整体性、普遍性和穷尽性。

墨家强调兼爱的整体性、普遍性和穷尽性,跟事实有矛盾。事实不可能人人都爱。《小取》有命题"杀盗非杀人"。墨家恨强盗和发动战争的人,强盗和发动战争的人不能爱。怎么解决这个矛盾?兼爱是从理想角度讲的。强盗和发动战争的人不能爱,是从事实角度讲的。兼爱是奋斗目标,现实生活当前做不到。强盗和发动战争的人不能爱,现实生活当前做得到。兼爱用命题表述:"所有人应该爱所有人。""应该"是理想、义务、道义,属于道义、义务逻辑。强盗和发动战争的人不能爱,是事实、真值逻辑领域的命题。两个不同的逻辑领域,有不同的逻辑体系和真值规律。

孟子曾骂墨子是禽兽,但不得不承认兼爱思想了不起。墨子兼爱,是手工业行会会员间道德原则的理想化、抽象化。在现实社会有不能被爱的人,是事实。墨子的兼爱理想,包含对现代和未来有重要意义的人道与人文主义精神,值得弘扬。

从墨学知识的展开面来说,墨子及其学术共同体的思想,在经济、政治、伦理、教育、哲学、逻辑、自然科学技术、军事等诸方面,都有重要建树。在经济方面,墨学讨论了生产、节约和商品交换。《非乐上》提出"赖其力者生,不赖其力者不生"的生产观。《节用》《节葬》和《辞过》等篇提出节约的思想。司马迁《史记·太史公自序》引司马谈《论六家要旨》说"强本节用"是"墨子之所长",《荀子·富国》篇说"墨术诚行,则天下尚俭"。《经说下》论商品交换,提出"价宜则售"的规律,《号令》《杂守》反映等价交换的思想。在政治方面,推崇贤才,倡导统一,提出尚贤尚同的论题。在伦理方面,提出兼相爱交相利的理想,一直为墨家学团所维护和论证。在教育方面,提出"有道者劝以教人""智少则学,智多则教"的命题。在哲学方面,墨家学团经历从有神到无神的飞跃提升,提出"尧善治古不善治今"的历史变化观。在逻辑方面,总结中国古代百家争鸣和朴素科学认识的思辨范式,建立包括概念论、命题论、推理论、规律论和谬误论等系统全面的思维科学体系。在自然科学技术方面,定义和论证了中国古代数学、物理学、力学、简单机械学和光学的概念、范畴与定理,在中国传统文化中是独树一帜的杰出成就。在军事方面,制定积极防御战的战略战术,跟《孙子兵法》构成古代军事思想的双璧。以上墨学知识的诸方面,都有重要的现代价值和世界意义。①

---

① 参见拙著《墨学通论》,辽宁教育出版社 1993 年版;拙编《墨学与现代文化》(修订版),中国广播电视出版社 2007 年第 2 版。

三、 轴心时代根底深，理论潜能大无边

第三个标题，讲墨学价值的理论和历史根源，说明墨学之所以有价值的原因、理由和根据，回答墨学"为什么"有价值的问题，用《小取》的术语说，这叫"知其所以然"，即知道原因如何。

墨学价值的理论和历史根源，是因为墨学产生于世界文化的轴心时代，墨家建立了博大精深的学说体系，倡导科学人文精神。墨学所处时代的特殊性，决定其理论和历史价值。这一时期发生了不寻常的事件，在中国诞生了老子和孔子，中国哲学各种派别兴起，这是墨子、庄子诸子百家出现的时代。这个时代产生了所有我们今天依然在思考的基本范畴。思想家在盘算人们怎样才能够最好地生活在一起，怎样才能够最好地对他们加以管理。墨家思考人类生活所需的全部基本范畴，《墨经》定义几百个各门科学范畴，至今还在用，如第一条讲因果性范畴，第二条讲整体部分范畴，人人在用，天天在用。

春秋战国时代，是中华民族"从来没有经历过的最伟大的、进步的变革"，是一个需要而且产生了巨人的时代，墨子"在思维能力、热情和性格方面，在多才多艺和学识渊博方面"，是中华传统文化的巨人。梁启超形容战国学术勃兴的盛况说："如春雷一声，万绿齐苗于广野。如火山乍裂，热石竞飞

于天外。"①战国学术勃兴盛况,像地震火山爆发,有超大能量。

墨子在世,就被称为圣人。墨子是劳动圣人,百世师。《公孟》载,墨子有病,学生跌鼻进而问说:"今先生圣人也,何故有疾?"唐余知古《渚宫旧事》二记载,楚国封君鲁阳文君对楚王说:"墨子,北方贤圣人。"墨子为圣人,是当时约定俗成的称呼。墨子是劳动者圣人。毛泽东读《二十四史》批注说:"墨子是一个劳动者,他不做官,但他是比孔子高明的圣人,孔子不耕地,墨子自己动手做桌椅子。"②

《孟子·尽心下》定义说:"大而化之之为圣。""圣人,百世之师也。"即格局伟大,融会贯通,教化天下叫圣人。东汉赵岐注:"大行其道,使天下化之,是谓圣人。"墨家学说,普遍推行,教化天下,叫圣人。孟子说圣人可做百代人的老师,从今往后五百年,还在孟子说的"百代"范围。过去、现在和未来很长时期,墨子仍是劳动者的圣人,劳动人民和进步人士的老师。

墨家在中国古代诸子百家中,最有理论意识,注重把生产经验技术上升为科学理论。《经上》说:"巧传则求其故。"对代代相传的手工业技巧,探求其所以然之故,是《墨经》科学知识形成的机理。"巧传"是世代相传的手工业技巧、经验和实践。"求"是探索、思考和研究。对世代相传的各种手工业技巧,要

①　梁启超:《论中国学术思想变迁之大势》,载《饮冰室合集》7,中华书局1989年版,第11页。

②　《毛泽东评点二十四史》,中国档案出版社1998年版,《目录》第4页序号15标题下引。

问一个"为什么",揭示其原因、本质和规律,从手工业技术、经验和实践,上升到各门科学理论。英国科学家李约瑟说:"墨家绝不猜疑人类理性,并且明白订定很可能成为亚洲的自然科学之主要基本概念。"①

《墨经》的科学精神,跟中国传统文化重政治伦理实践、轻自然科学技术理论的主流意识倾向,大相径庭,跟古希腊哲学家重视探索自然奥秘的科学精神酷似。《墨经》第一条讲因果性范畴,《经下》八十三条,全部是讲科学定理的原因。

墨家讲实证。什么叫实证?就是不空说理论,每一条理论都有实际证明。《墨经》讲抽象原理,都用实际例子证明。《小取》概括为一个原则:"摹略万物之然。"认识事物的本来面目和所以然规律,是对人类认知活动目的和宗旨的最高概括。

墨家是中国古代诸子百家中,最有方法论意识的一家。《经上》说:"法,所若而然也。"即法则是遵循着它,能够达到预期的结果,把人自觉实践的环节纳入"法则"范畴的定义,遵循规律行动,能达到预期结果,作为人对规律认识真理性的检验。

"方法"一词希腊文原意是"沿着道路"。《墨经》定义"所若而然",即遵循法则,达到预期结果。中外方法,含义相通,学理一致。《经上》说:"循,所然也。"《经说上》说:"然也者,民

---

① 李约瑟:《中国古代科学思想史》,陈立夫等译,江西人民出版社 1990 年版,第 231 页。

若法也。"循法遵理，在实践中达到预期结果。方法是认识和改造世界的方向、途径、手段、工具与程序的统称。

《法仪》说："虽至百工从事者，亦皆有法。百工为方以矩，为圆以规，直以绳，正以县，平以水。无巧工不巧工，皆以此五者为法。巧者能中之，不巧者虽不能中，仿依以从事，犹逾己。故百工从事，皆有法所度。""法"是标准、方法、法则、规律。墨子率先使用"法则""方法"语词。《天志中》说："匠人亦操其矩，将以量度天下之方与不方也，曰：'中吾规者，谓之方，不中吾矩者，谓之不方。是以方与不方，皆可得而知之。'此其故何？则方法明也。""方法"最初含义是"为方之法"，后普遍化为一般方法。

根据观点和方法一致，世界观、认识论、逻辑学跟方法论一致的原理，观点同时又是方法：用观点观察处理问题，观点转化为方法。用世界观、认识论和逻辑学观察处理问题，世界观、认识论和逻辑学转化为方法论。墨家方法论的至理名言，脍炙人口，韵味无穷。试举数例如下。

第一，同异交得辩证法。同一性和差异性互相渗透，同时把握。同一事物具有矛盾方面。辩证法对立统一规律的别名。《经上》说："同异交得仿有无。"《经说上》说："同异交得。于富家良知，有无也。比度，多少也。蛇蚓旋圆，去就也。鸟折用桐，坚柔也。剑犹甲，死生也。处室子母，长少也。两色交胜，白黑也。中央，旁也。论行、行行、学实，是非也。鸡宿，成未也。兄弟，俱适也。身处志往，存亡也。霍，为姓故也。

343

价宜,贵贱也。超城,运止也。"

同一性和差异性互相渗透,同时把握。如"有"和"无"集于同一人之身。一个人有富家、无良知,或无富家、有良知,是"有"和"无"集于同一人之身。一数与不同的数相比,既多且少。蛇、蚯蚓旋转,既去(离开)且就(接近)。鸟筑窝折用的梧桐树枝,既坚且柔。用剑杀死敌人,同时就保存了自己的生命,所以剑这种杀伤性武器,也有如铠甲一样的防御作用。一个未出嫁女儿的母亲,既长(对于她的女儿来说)且少(对于她的母亲来说)。一物颜色比甲物淡,又比乙物浓,既白且黑。

一圆的中心可以是另一圆的周边,既是"中央"又是"旁"。言论与行动、行动与行动、学问与实践,既有是又有非。母鸡孵雏的某一时刻,幼雏既成又未成。兄弟三人中的老二,说他是兄或弟都合适。一个人的身体处在这里,而心志却跑往别处去了,是既存且亡。霍本指鹤,又因为霍兼做了人的姓氏的缘故,使"霍"这个字有了歧义。买卖双方商议的适宜价格,对卖方来说是够贵的,他才肯卖,对买方说是够贱的,他才肯买,这是贵贱集于同一价格之身。以超越城墙为目标的竞技活动,既有运动,又有停止,这是运动和静止两种性质集于同一人之身。

"同异交得":世界观、认识论和方法论的重要原理。"交":交互,交错,交叉,渗透。"得":获得,占有,把握。同异兼得。"兼":兼有,合取。"于富家良知,有无也":典型事例。"同异交得仿有无":理解"同异交得"规律一个典型事例是"有无"。

《墨经》论证论题,常用举例证明。其所举例数量,大多一两个。为证明"同异交得"论题的真实性,列举十五个典型实例。辩证法是宇宙万物,自然、社会和人类思维的普遍规律,不是实例的总和。多举实例,可加深印象,帮助理解,启发运用。"勇"是"敢"和"不敢"的对立统一。人的才能是"能"和"不能"的对立统一。对任一事物而言,"是久与是不久同说"。

墨家阐发"同异交得"辩证法,标志登上当时世界辩证哲学最高峰。"同异交得"辩证规律的论证,是以"同"和"异"两个概念对立统一的辩证本性为核心的理论思维,是墨家哲学和科学思维的灵魂。当今中华民族复兴中的科学繁荣,需要依赖古代辩证理论思维的发扬传承。

第二,两而勿偏全面性。《经说上》说:"权者两而勿偏。""两而勿偏",跟马克思主义辩证法一样。考虑问题,应顾及两面,不要只顾及一面。墨家列举许多典型事例,非常有趣。《经上》说:"见:体、尽。"《经说上》说:"特者体也,二者尽也。"辩证思维的全面性原则,两点论,避免片面性,一点论。任一事物的矛盾,都有正反两面,不是只有一面。这是事物普遍存在的性质,是辩证法世界观的基本观点。根据世界观、认识论和方法论一致的原理,"两而勿偏"的思维方法是正确的,其反面"片面极端"是错误的。"两而勿偏"是辩证法,俗称"两点论",是正确的世界观、认识论和方法论。其反面,"片面极端"是形而上学,俗称"一点论",是错误的世界观、认识论和方法论。"两而勿偏"的认知方法,是中华民族辩证理论思维的基本原则,有重大的理论意义和实践价值。

第三,有所敢必有不敢。《经上》说:"勇,志之所以敢也。"《经说上》说:"以其敢于是也命之,不以其不敢于彼也害之。"勇是人有意志敢于做某事。因某人敢做某事,就可说他"勇"。并不因他不敢做另一事,妨碍说他"勇"。有所敢,必有所不敢。武松敢打虎,是"勇"。若武松不敢下海救人,不妨碍说他有打虎之"勇"。

第四,有能必有所不能。《经下》说:"不能而不害,说在容。"《经说下》说:"举重不举针,非力之任也。为握者之奇偶,非智之任也。若耳目。"人有所不能,不是害处,像面部器官耳目,各有所能,有所不能。其所不能,不害其所能。举重运动员,不善举针绣花,因举针绣花细微灵巧的力道,不是大力士举重爆发力的职任专长和力道。握筹善算的数学家,不能讲演辩论,因讲演辩论,不是数学计算智慧的职任专长。用面部器官耳目的作用和局限类比:耳能听,不能看,不害其能听。目能看,不能听,不害其能看。耳目各有其职任专长,不能互相替代。揭示人才学的普遍规律:"有所能,必有所不能。""能"和"不能"同异交得(对立统一)。

第五,说久不久都可以。《经说下》说:"是不是,则是且是焉。今是久于是,而不于是,故是不久。是不久,则是而亦久焉。今是不久于是,而久于是,故是久与是不久同说也。"现在是"是",将来变为"不是",就现在而言,还得承认这个"是"为

"是"。现在这个"是",已经存在很"久",这是"是"有其"久"的一面。现在这个"是"变为不是"是",这是"是""不久"的一面。现在这个"是","久"于这个"是",又"不久"于这个"是",说这个"是""久"和"不久"都成立。

对任一事物的存在而言,说"是久",跟说"是不久",都同样成立。因为"久"(长久,指事物存在时间的绵延),是相对概念。我活九十岁,比活八十岁者为"久",比活一百岁者为"不久"。"久"指时间的延续,意味着事物本质的相对稳定性。"不久"指稳定性的界限,即质变,指一事物性质改变,变为别的事物,即《经说下》所说的"知是之非此也"。任何事物,不论其存在时间的长短,都是"久"和"不久"的对立统一。万物存在的时间,都是既久远又短暂。

第六,甘瓜苦蒂无全美。墨子说:"甘瓜苦蒂,天下物无全美。"①这是一个全称必然命题。天下万物无全美,无尽善。有拙诗二首:"兼有实例有概括,个别一般尽囊括。如此辩证去哪找?墨子率先有巧说。""实例原理巧论证,绝妙辩证人称奇。甜瓜很甜瓜蒂苦,任何事物要分析。"

第七,害中取小化为利。《大取》说:"遇盗人,而断指以免身,利也。其遇盗人,害也。""害中取小",在一定意义上可说不是"取害",是"取利"。遇强盗被迫断一指,保全生命,就保

---

① 孙中原:《甘瓜苦蒂,天下物无全美——墨家的辩证理论思维》,《武汉大学学报》2013年第5期。

全生命这一点说,是利。就遇强盗被迫断一指来说,是害。"害之中取小也,非取害也,取利也。"机智巧妙的辩证思维表达。"害之中取小",分明说是"害之中取小",怎么又说是"非取害也,取利也"? 这是墨者运用辩证思维,意为在"处理两害相权,取其小"的实践课题时,"取害"的概念,在整体保存发展的意义上,转化为"取利"。

"利中取大,害中取小"的实践辩证哲学原则,是今日辩证逻辑应用研究的杰出先驱,有重要的实践和理论意义。

第八,兴利必然要除害。《大取》说:"凡兴利,除害也,其类在漏壅。"凡兴办对人民有利的事业,都包含革除对人民有害的因素。如兴修水利,包含革除水害。"壅"是筑堤拦洪。"凡兴利除害"的辩证命题,体现利害互相依赖、互相转化的辩证哲理,是积极有为的实践辩证哲学原理。

四、 创转创发康庄道,理想期待倡新元

第四个标题,讲墨学研究发展的方向、道路和方法,说明怎样实现墨学的价值,回答墨学研究"做什么,怎么做"的问题,用《墨经》的术语说,这叫"为知",即有意识的自觉实践的知识。现代墨学研究的理想期待,是推动墨学的创造性转化和创新性发展,建立新墨学和元墨学,为国家文化战略注入新的活力和元素,为振兴中华,实现中华民族伟大复兴的中国梦,提供锐利的思想武器和强大的精神动力。

古旧墨学转型为新元墨学,是墨学研究的指导原则、宗旨目标、康庄大道、必由之路、必然趋势和恰当归宿。

哲学是时代精神的升华。墨学跟时代同行,跟世界相连,跟随时代发展而转型。适应中国现代化的进程,墨学研究进入跟古代本质不同的崭新发展阶段。战国到清末墨学,随时代的发展而终结,由适应新时代需要的新元墨学取代。墨学研究在新时代经历新陈代谢、除旧布新、推陈出新、革故鼎新的前进发展过程,是不以人主观意志为转移的客观规律。墨学跟新时代需求的对立统一,是墨学持续发展,创转创发,质变飞跃,创新转型的生命张力、强大动力和不竭源泉。

《哲学研究》2006 年第 1 期发表了拙文《墨学现代化、新墨学和元墨学》,其中说:"墨学现代化是新墨学创立的手段、原因、途径、行为和实践,新墨学创立是墨学现代化的目的、结果、宗旨、动机和理想。"①揭示新元墨学产生的机制原理。创建新元墨学,需从超越总体角度,剖析新旧墨学研究的主体、主题、成果、形态、语言、层次、方法等元性质。墨学元性质,见表 1。

---

① 　拙文《墨学现代化、新墨学和元墨学》,《哲学研究》2006 年第 1 期。台湾《墨学现代化》国际学术研讨会主题报告,2005 年 8 月 21－25 日,台湾东吴大学。

表 1　墨学元性质

墨学元性质	旧墨学	新墨学
1.主体	先秦墨家	现代学者
2.主题	战国课题	现代课题
3.成果	战国课题答案	现代课题借鉴
4.形态	旧墨学	新墨学
5.语言	古代汉语	现代汉语
6.层次	一次元研究	二次元研究
7.方法	古代方法	现代方法

新元墨学研究是墨学的超越总体研究。德国数学家希尔伯特提出元数学纲领,英文 meta 表"超越""总的",译为"元"(港译"后设")。希尔伯特把所研究的理论叫对象理论,把研究对象理论使用的另一种工具性理论叫元理论。希尔伯特区分理论为对象和元不同层次的观点,有普遍方法论意义是新元墨学研究的方法论依据。新元墨学的理论层次高于古墨学。新元墨学的性质是新元墨学的中枢、灵魂、主导和统帅因素。

用现代科学观点研究墨学,促进墨学研究的现代转型,把古墨学加工改制为新元墨学,把墨学从学者书斋和课堂解放出来,变为广大人民群众认识和改造世界的锐利武器。这是现代墨学研究者的神圣使命和社会职责。

墨子公开课主讲人简介

郭齐勇,现任武汉大学哲学学院与国学院教授、博士生导师,兼任武汉大学哲学学院教授委员会主任,国学院院长,中国传统文化研究中心副主任及学术委员会主任,孔子与儒学研究院中心主任,是国家重点学科武汉大学中国哲学学科学术带头人,享受国务院特殊津贴。长期从事中国哲学史的教学与研究,专长儒家哲学与 20 世纪中国哲学,先后在海内外学术刊物上发表论文二百余篇。

颜炳罡,山东大学儒学高等研究院副院长、教授、博士生导师,同时还兼任尼山圣源书院执行院长、国际儒学联合会理事、中华孔子学会理事会副会长、山东周易研究会副会长、中华孔子学会副会长等。发起创立了旨在构筑民间传统文化的平台《心灯》报社,发起并参与创立了尼山圣源书院,参与组织世界文明论坛,创立复圣书院,支持济南民间创立济南市传统文化研究会,支持山大学生创立山东大学国学社。

李贤中,台湾辅仁大学哲学研究所博士,现任台湾大学哲学系主任、教授,曾任辅仁大学公共关系室主任、中西文化研究中心主任、东吴大学哲学系教授。李贤中教授同时还兼任中国哲学学会理事长、台湾哲学学会理事、台北城市科技大学董事、马君武博士哲学奖学金基金会董事。著有《先秦名家名实思想探析》《墨翟先生请留步》《墨子新视野》《墨学理论与方法》等,合著《哲学概论》《中国哲学概论》等。

廖名春,清华大学历史系暨思想文化研究所长聘教授、博士生导师,韩国成均馆大学、台北东吴大学、高雄中山大学、台南成功大学客座教授。主要从事中国思想史、先秦典籍和出土简帛文献的研究和教学。著有《荀子新探》《郭店楚简老子校释》《中国学术史新证》《孔子真精神——〈论语〉疑难问题解读》等,在《哲学研究》《历史研究》《文史》《汉学研究》《道》等中外学术刊物上发表论文二百六十多篇。

陈克守,曲阜师范大学文学院教授,中国墨子学会副会长。语言学硕士生导师,主要研究方向是逻辑学与语言学,另外还对墨学进行了系统的研究。已出版学术专著及教材十余部,主持完成国家语委重点项目与山东省社科规划重点项目多项。2016年荣获中国墨子学会"墨学研究突出贡献奖"。

秦彦士,四川师范大学文学院教授,山东大学文学硕士,四川大学历史学博士,中国墨子学会副会长。1985年考入山大攻读硕士期间即开始从事墨学研究,后来的硕士、博士论文均为墨学研究。同时研究方向延伸至中国古代文学、历史、哲学及中西早期文化比较。

杨武金,逻辑学硕士、博士、博士后。现任中国人民大学哲学院教授、博士生导师。中国墨子学会副会长、中国逻辑学会理事、中国逻辑学会中国逻辑史专业委员会副会长、北京市逻辑学会副会长。《职大学报》"墨学研究"专栏主持人,中国逻辑与语言函授大学兼职教授。主要研究墨学、中国逻辑史、现代逻辑与逻辑哲学及批判性思维等。著有《墨经逻辑研究》等著作。

姜宝昌,山东大学教授,本科学物理,研究生攻文史。曾任山东大学中文系副主任、国际教育交流学院院长等职。现为中国墨子学会副会长。有专著《墨论训释》《墨经训释》《墨守训释》等。

薛柏成,历史学博士,吉林师范大学教授、博士生导师,国家社科基金项目同行评议专家、吉林省拔尖创新人才、吉林省高校"双百"优秀人才。现任吉林师范大学中国思想文化研究所所长,学术兼职有中国墨子学会常务理事、中国民族伦理学会理事、中国先秦史学会理事、山东大学硕士导师,吉林省周易学会副会长、吉林省历史学会常务理事等。主要著作有《墨家思想新探》《墨子讲读》等。

李存山,曾任中国社科院《中国社会科学》杂志社哲学编辑室主任、杂志社副总编辑。2001年调入中国社科院哲学研究所,任研究员、博士生导师,兼任中华孔子学会副会长,中国哲学史学会副会长并《中国哲学史》杂志主编,国际儒学联合会理事并学术委员会主任。主要研究中国传统哲学、儒家文化,著有《中国气论探源与发微》《中华文化通志·哲学志》等,发表学术论文二百余篇。

谭家健，1960年毕业后到中国社会科学院工作，现为该院文学研究所研究员，该院研究生院教授。曾经先后到新加坡国立大学、新加坡东方学院、马来西亚新纪元学院担任全职客座教授。在国内，曾担任中国古代散文学会会长、中国骈文学会会长、中国墨子学会副会长。在国内外出版著作二十余部，主要有《中国古代散文史稿》《先秦文学史》（主编）、《墨子研究》《墨子今注今译》（合著）、《墨子选译》（合著）等，其中五部获不同部门的奖励。

孙中原，中国人民大学哲学院教授，博士生导师，中国墨子学会副会长，曾任中国逻辑学会副会长、台湾东吴大学客座教授。1961—1964年师从中国科学院哲学研究所汪奠基、沈有鼎先生，专攻中国古文献和中国逻辑史，受考辨训练。研究逻辑学、哲学和中国传统文化。著《中华大典·哲学典·诸子百家分典》《墨子大辞典》《墨学大辞典》《墨学趣谈》等四十余种。编著《中华优秀传统文化大众化系列读物》丛书十五本。论文二百余篇。

后记：学好用好墨子思想

董沂峰

在这炎炎夏日，"国学系列公开课·墨子公开课"在我市正式开课了。这是我市文化事业发展中的一件大事、盛事，对于促进墨子文化的宣传普及，提升滕州的文化软实力，具有重要意义。

国学是民族之魂、立国之本，是我们每个人安身立命的根本，是我们的生命底色。习近平总书记指出：中华优秀传统文化是中华民族的精神命脉，是涵养社会主义核心价值观的重要源泉，也是我们在世界文化激荡中站稳脚跟的坚实根基。要加强对中华优秀传统文化的挖掘和阐发，努力实现中华传统美德的创造性转化、创新性发展，把跨越时空、超越国度、富有永恒魅力、具有当代价值的文化精神弘扬起来，把继承优秀传统文化又弘扬时代精神、立足本国又面向世界的当代中国文化创新成果传播出去。

墨子文化是中华民族优秀传统文化的重要组成部分。滕州作为墨子故里，传承好、宣传好墨子思想，弘扬好、应用好墨家文化的智慧,是我们义不容辞的责任。近年来,我们坚持"挖掘、开发、研究、普及、传承"并重,先后成功举办了十届国际墨子鲁班学术研讨会、五届墨子文化节,建设了墨子纪念馆,编辑出版了《墨子大辞典》《墨学大辞典》《墨子大全》等300余部学术作品,与20多个国家建立了学术联系。自2014年起,市委、市政府每年拨出专项经费,对墨学研究成果和学术新人等进行评选表彰,"墨子研究"工程成功列入了齐鲁优秀传统文化传承创新工程,有力推动了墨学研究的深入开展和墨子文化的传承普及。

公开课是当下开展国学教育的新形式、好方式。开设国学公开课,是深入贯彻落实习近平总书记大力弘扬中华优秀传统文化系列讲话精神的重要举措,也是加强国学教育的重要平台。通过这一平台,借助专家之力、名家之口和大家之言,有利于提升全民的人文素养,助推经济文化强市建设,促进我市经济社会的繁荣与发展。我们要充分用好国学公开课这一平台,珍惜难得的学习机会,静下心来,认真学习领会,及时消化吸收,不断提升自身的综合素质和人文素养。要坚持学思结合、学以致用,及时把从国学中领会到的修身之道、处世之道、用人之道和廉政之道转化为解决现实问题的智慧和力量,转化为提升能力、促进工作的扎实举措,在稳增长、调结构、促和谐、惠民生的工作实践中积极作为、建功立业,为加快建设幸福滕州做出新的更大贡献!